生育环境的民俗学

迎接『第三次生育革命』的到来

〔日〕安井真奈美 著
郭海红 译

SHENGYU HUANJING
DE MINSUXUE

中西書局

U0748859

图书在版编目（CIP）数据

生育环境的民俗学：迎接"第三次生育革命"的到来 /（日）安井真奈美著；郭海红译. — 上海：中西书局，2024

ISBN 978-7-5475-2272-1

Ⅰ.①生… Ⅱ.①安… ②郭… Ⅲ.① 生育－社会问题－研究－日本 Ⅳ.①C924.313

中国国家版本馆 CIP 数据核字（2024）第 102003 号

著作权合同登记号　图字：09-2022-0883

生育环境的民俗学：迎接"第三次生育革命"的到来

［日］安井真奈美　著　　郭海红　译

责任编辑	吴志宏
装帧设计	梁业礼
责任印制	朱人杰
出版发行	上海世纪出版集团 中西書局（www.zxpress.com.cn）
地　　址	上海市闵行区号景路159弄B座（邮政编码：201101）
印　　刷	常熟市人民印刷有限公司
开　　本	700毫米×1000毫米　1/16
印　　张	17
字　　数	236 000
版　　次	2024年7月第1版　2024年7月第1次印刷
书　　号	ISBN 978-7-5475-2272-1/C·027
定　　价	80.00元

本书如有质量问题，请与承印厂联系。电话：0512-52601369

目　　录

前　言

　　生孩子的人明明是我。为什么那么沉重的负担要由孕妇来扛。怀孕期间我只是单纯地想把肚子里的孩子生下来，为什么又说不行。说实话，我感到十分痛苦，在做出决定之前。

上面这段话是 NHK 电视台《朝闻社会》栏目（2012 年 10 月 17 日）"产前检查：我的抉择"特辑中一位女性的发言。该栏目针对是否接受羊水检查等各种产前检查项目以及得知结果后大家的反应等内容进行采访报道。开头部分是一位 40 岁女性，生育有一名唐氏综合征长女，在怀了二胎以后，面对是否接受胎儿的无创 DNA 检查十分苦恼，讲述了自己的悲怆心境。她和丈夫商量之后，最终决定不做无创 DNA 检查。

　　该节目播出后 5 个月，也就是 2013 年 4 月 1 日，各地都开始实施仅需对孕妇进行血液检查即可发现胎儿唐氏综合征染色体异常的新型无创 DNA 诊断。选择这种诊断，首先需要接受遗传方面的医师咨询指导，当天，各地医疗机构合计有 10 人接受了这样的遗传咨询指导。其中，据说名古屋市的市立大医院，申请接受检查的孕妇中有 6—7 成属于高龄妊娠的家庭。[1]

　　通过新型无创 DNA 诊断可以明确胎儿的诸多信息，其中报道的焦点是唐氏新生儿的出生概率。如果新型无创 DNA 诊断结果是阳性，接

---

[1]　《朝日新闻》2013 年 4 月 2 日《新型无创 DNA 诊断 各地拉开序幕》（一版），《新型诊断 缓解出生前的不安 受到高龄产妇们关注》（三版）。

1

下来还需接受羊水穿刺以进一步确认。这样一来，孕妇及其家庭都要面临进一步的抉择。就是说，是选择在唐氏风险可能性极高的情况下继续妊娠，还是考虑到唐氏风险性太大而选择人工流产。这种医学诊断本身就内含着对缺陷的歧视，但现阶段在对该问题尚未进行充分讨论之前，该诊断已经被付诸实施。

新型无创 DNA 诊断，由于与以往的羊水穿刺相比风险小，所以预测今后会有更多的人选择。是否选择接受新型无创 DNA 检查，如果选择那么后续如何应对？不管你是否乐意，这些都会成为现实问题。伴随着生殖医疗技术的进步，选择项也愈加繁多，正如文章开头部分中那位女士的发言，其结果必然是要由孕妇本人来背负"重担"。

现代的生育在最前沿的生育医疗技术的推动之下，究竟会发展成什么样子？生育本不是一种病症，究竟是经历了怎样的过程，才走到了当下这种生育的医疗环境中呢？

本书的目的在于明晰从近代到现代、围绕生育的环境所发生的变化，在此称之为生育环境。近年来，生育环境这一表述被应用于诸多方面，在本书中主要用于与怀孕、生育、产后相关的所有内容，包括与医疗、母婴保健相关的国家的政策制度；医院与诊所等医疗机构；妇科医生、助产士[1]、护士等相关的医疗从业者；孕产妇周遭的家人、亲属、朋友、地域社会的人与人等各种人际关系；从怀孕到胎儿出生以及产后这一系列环节的相关民俗；涉及下一代成长的社会环境；等等。

当下，"在医院生育"已经成为一种共识，但是 60 多年前，也就是 20 世纪 40 年代后半期，即团块世代集中出生的婴儿潮时期，绝大部分

---

[1] 日语中有"产婆""助产妇"和"助产师"等多个不同表达，分别出现在不同的历史时期。产婆为二战结束前，对日本地域社会从事接生的女性的总称，又根据是否学习了西洋医学知识或者持有资格证书分为旧产婆与新式产婆。"助产妇"的名称则是出现在二战后，为了使其称呼听起来更加正式、更能体现这一职业的重要性，厚生省决定以"助产妇"取代以往"产婆"的叫法。关于"助产师"的称呼，则是日本法律修订后，替代"助产妇"而新启用的说法。在综合考虑的基础上，中文版决定保留日文汉字中"产婆""助产妇"的称呼，"助产师"译为"助产士"。译者注。

的孕妇是在自己家中选择由产婆接生。之后，在短时间内生育场所就从居家变为医院、接生主体从产婆变为产科专业医生。"尽可能选择在大医院分娩更为放心"这种想法的确立更是十分晚近的事情。

而且现代日本，"安全"已经不局限于医疗领域，而是所有领域都最为推崇的指针。同时，日本的"安全"在国际社会也一直得到高度评价。[1]但反之，对于这种"安全"的本质我们也需要进行质疑，这在东日本大地震的福岛第一核电站事故中已经得到了教训。

也就是说，对于医疗领域的、在大医院接受最前沿的生殖医疗技术指导下的生育，究竟是否真的"安全"，我们同样需要重新思考。例如，有些女性在没有听取充分说明之前就接受新型无创 DNA 诊断，然后面对阳性结果一度失控，她们随后能获得满意的、具有"安全"保障的生育吗？而且刚开始起步的遗传心理咨询，不同接待主体的应对方式也不尽相同。

在这样的现状下，女性面对从怀孕到分娩、产后的各个环节，必然会产生各种不安情绪。所以越来越多的女性希望找人倾诉，帮助她们消除生育中的不安、疑惑。基于这样的想法，许多女性会希望在个体接生机构[2]完成生育。

现在，个体接生机构下的生育比例，占全体生育的比例不足 1%，[3]但在整体生育数下降的现状下，这一比例一直保持不变。选择在接生机

---

[1] 据经济协力开发机构（OECD）"美好生活指标（BLI）"（Better Life Index）数据，在 36 个加盟国中，日本的"安全"指标在 11 个评价领域都排在首位。（《日本经济新闻电子版》2013 年 5 月 28 日）

[2] 日语表述为"开业助产所"，"开业医"在日本指的是开办个体、私人诊所的医生，区别于就职于公立医疗机构的"勤务医"，因此这里灵活翻译为"个体接生机构""个体助产所""私营助产所"。译者注。

[3] 2011 年的出生数为 1 050 806 人。按照出生地点划分，在医院、诊所出生的数量为 1 039 917（98.96%），在助产所出生的人数为 8 932（0.85%）。（"出生　第四一七表　市部一郡部出生场所类别下的年度出生数"，《厚生劳动省 平成二十三年人口动态调查》上卷）。此外，1990 年助产所出生数量为 12 521，占整体数量的 1.02%（医院、诊所占比 98.86%，在自家及其他地方占比 0.12%），现在有逐渐减少的倾向（财团法人母子卫生研究会编 2012，47 页）。

构生产，其优点便是可以与助产士充分沟通交流，构筑好牢固的信赖关系之后完成生产。而且，从孕期到产后整个过程的护理十分到位，包括之后的育儿，与助产士建立的是长期的关系。当然，助产士在制度上不具备从事医疗行为的资格，所以个体接生机构也只是接收风险低的产妇的生育行为。

本书重点关注助产士这一职业及其作用和影响。之所以如此，是因为曾经的助产士即产婆、接生婆，她们触碰到了日本生育环境中，使生育成为医疗对象的机关，同时在有关生殖的国家政策调整中，她们在不断转型的同时，一路走来以多种方式面对着女性的身体。不仅如此，就像本文开头介绍的那样，现代的助产士，在孕妇被迫做出抉择的困境中，总能给予孕妇细致的关照，是构建今后令人期许的生育环境所不可或缺的存在。

因此，本书以产婆、助产妇、助产士为线索，旨在明晰日本生育环境的变迁。同时希望通过本书，为描绘下一个时代的生育环境提供素材。

那么，首先我们从序章入手，来考察现代生育环境的定位。

生育场所不足？
——进入 21 世纪的生育

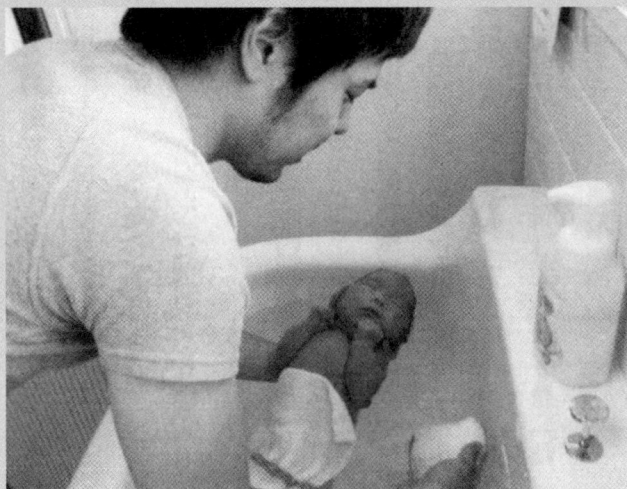

婴儿沐浴

●"第三次生育革命"的时代

当下,"在医院生产"已经成为共识。但在 60 多年前的 20 世纪 50 年代,绝大部分的生产是在自己家完成的。20 世纪 50 年代,在自己家生孩子占据了全体出生率的 95.4%,而在医院、诊所、助产所等专业机构完成的分娩仅为 4.6%,只限于异常情况下的选择。[1]

藤田真一指出,日本生育的形式,在明治以后发生了两次革命性的变化,他称之为"第一次生育革命"与"第二次生育革命"(藤田 1979)。第一次生育革命,指的是明治后半期伴随着产婆的出现,婴幼儿的死亡率、孕产妇死亡率都降低的变化。之后的第二次生育革命,指的是 20 世纪 60 年代以来,医生参与的分娩达到了整体出生数的 41.9% 的变化(藤田 1979,142 页)。该时期实现了短期内分娩场所由居家向医院、诊所等医疗机构的变迁。经历了这一过程之后,生育变得更加依赖医疗,"生育的医疗化"加剧。[2] 在此基础上,我将当下定位为藤田提及的"第三次生育革命"的时代。

"第三次生育革命"的时代,其特征表现为可作生育之选的医疗机构减少,就近分娩的难度增加。分娩的场所从自己家迁移到医院、诊所等医疗机构,我们称之为"生育的(专业)机构化",第二次生育革命之后,生育的机构化程度进一步提高。在医院、诊所完成的生育比例从 1980 年占全体的 95.7%,提高到 1990 年的 98.8%(安井等 2009,58 页),可以说生育的机构化基本完成。

但是,从 20 世纪 90 年代后半期开始,随着产科医生数量的减少,承担分娩的医疗机构也接二连三地关门。据厚生劳动省的调查,全国开

---

[1] 参考《各市郡、出生场所、出生人数及比例(昭和二十五年—平成二十二年)》(财团法人母子卫生研究会编 2012,47 页)

[2] 医疗化(medicalization)这一用语由美国社会学家 Irving Zola 于 1972 年以 medicalizing 使用(Zola 1972)。关于医疗化,Smeenk 等人做了详细论述(Smeenk and ten Have 2003:153)。

设有妇产科、产科的一般性医院数量 1999 年为 1 884 家，到了 2008 年下降到 1 496 家，减少了 388 家。另外，开设有妇产科、产科的一般性诊所由 1999 年的 4 945 家减少到 2008 年的 3 955 家，在大约 10 年间减少了 990 家，有近千家关门大吉。[1]（图 0-1）

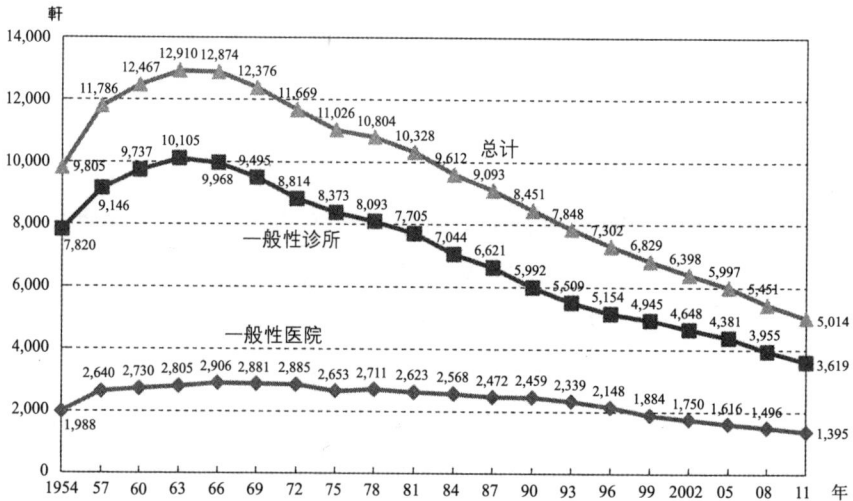

图 0-1　妇产科及产科机构数量的年度变化趋势

出自：厚生劳动省大臣官房统计调查部 1971：14—15、18—19，1974：20—21 页。（厚生劳动省网站 1996、2010、2011）

当今时代"在医院生产"已经成为共识，接受分娩的医疗机构减少，首当其冲受到影响的是孕妇本人。如果就近没有分娩机构的话，就不得不花费几个小时换乘电车、巴士，或者自己开车到相邻的城市区域或者外省的分娩机构。

就像这样，虽然现代我们理所当然地认为是"医院生产"，但现实

---

[1]　依据《医疗设施调查与医院报告概况》的静态调查数据制作完成。该调查始于 1953 年，每年一次，从 1975 年开始，变更为每三年进行一次，因此表中的数据从 1954 年开始，使用的是每三年一次的数据。此外，按照医疗法第一条第五项的内容，"医院"指的是"容纳 20 人以上的患者住院治疗的设施"。

却是面临难以自由选择医院、诊所的困境，而这也正是"第三次生育革命"的时代特征。

分娩机构的减少，最初多被作为地方人口稀疏化的一个问题对待。但是渐渐地，在城市也难以自由选择分娩机构的困境浮出水面。由于城市近郊的分娩机构关门歇业，导致许多孕妇不得已去往更大城市圈的分娩机构。另一方面，由于重视"安全"，考虑到发生紧急情况下可以接受各种医疗措施，所以倾向于在综合性医院以及大学附属医院生产的女性增多，这又给这些地方带来了聚集。产科专栏记者河合兰将其称为"分娩预约竞争"[1]。据河合所言，"人气高的专科医院，在你注意到月经延期一周有可能怀孕的节点上，就必须要立马采取行动进行预约，否则便会来不及"。她还进一步举例说，"也有等待排号的。在孕早期，有时会出现因流产空出名额的情形。但是因为这种情况具有不确定性，所以她们还是会确定好第二个志愿以确保预约"。"就像备考生"。按照她的解释，等待人气专科医院预约号的取消，如同等待其他人的流产，想想都可怕。"分娩预约竞争"已经到了如此白热化的程度。

还记得下面这个事件带给大众的冲击吗？2008 年 10 月东京都内一位情况危急、临近产期的孕妇，被 7 家医院拒绝后，在大约 1 小时 15 分钟后到达医院分娩，三日后因脑出血死亡。[2] 而且最初那家拒绝接收产妇的都立墨东医院，还是一家具有接收高危生产 24 小时应对体制的综合围产期母子医疗中心。就连这样的中心，由于产科医生的减少，都已经导致无法接收急诊患者。

媒体推出了《生育充满危机！》（《朝日新闻》2006 年 5 月 5 日到 6 月 11 日进行连载），《生育如何改变》（《产经新闻》2008 年 8 月 5 日到

[1]　河合兰《生育选择 2 分娩预约竞争》（《朝日新闻》2007 年 4 月 14 日）。
[2]　《脑出血 都内的 36 岁孕妇 被 7 家医院拒收 生产后死亡》（《朝日新闻》2008 年 10 月 22 日），《社论 孕妇死亡 急诊医疗需要强化合作》（《朝日新闻》2008 年 10 月 23 日）。2006 年奈良县也发生了危重孕妇被 19 家医院拒收后死亡的事件（《妻子生命最后的悲剧》，《朝日新闻》2006 年 10 月 18 日）。

9 日连载）的专刊，对产科医生繁重的工作状态、公立医院面临关闭的背景进行了报道。称找不到生育之所的孕妇们为"生育难民"，一并对这种严峻的生育现状进行了曝光。

产科医生的减少给当下的生育环境带来了深刻的问题，这是事实。因此当务之急是为产科医生以及相关联的从事围产期医疗的小儿科医生、手术中不可或缺的麻醉科医生提供宽松的医疗环境。

那是不是说产科医生增加、分娩机构也再度得以确保以后，所有问题就都可以迎刃而解呢？恐怕没有这么简单。把所有问题都归咎于医疗领域这很简单，但我们自身对待生育的观念与想法、价值观，也已经伴随着时代发生了巨大的改变。我们也应该将这些问题考虑进去。

● 参与生育的人际关系的变化

从近代到现代，围绕生育的家庭、共同体、医疗从业者等，支撑生育的人际关系发生了巨大的变化。

落合惠美子研究指出，先于第一次生育革命之前，近世的时候"生育还不是纯粹家庭内部事务，而是被视为村落半公共的事务，村落通过种种关系网对每个孩子的生产养育承担责任。也正由于此，村落会自发地参与到风俗变革的活动中"（落合 1993，30 页）。此外，"近世末期的生育革命，分别通过藩、村的两种社会性组织得以完成。明治国家建立以后这种状态也仅仅进行了微调，第一次生育革命基本上按照相同的方式实现了落地"（落合 1993，30 页）。落合还进一步指出，"真正关心女性生育活动的只有家庭与国家"。人归属为家庭和国家"这种体制的转换，始于大正时期，在战前、战后得以加速渗透，其真正的转换完成是在战后高速经济增长期的第二次生育革命以后"（落合 1993，30 页）。

自落合写作那篇论文之后过去了 20 年，21 世纪的生育环境又进一步发生变化。生育从以家庭为单位、到夫妇二人共同扶持、再到由生育主体的女性个人负担，个人化的程度一路飙升。这与整个社会对"个人化"的推动不无关联。生育的"个人化"，有时带来的是生育女性的"孤立化"，而这导致现代的生育陷入更加窘迫的境地。

不仅是人际关系的变化，人们对待生育的观念也发生了很大改变。例如，过去我们经常提到"顺产"。"顺产"是指"顺利地生下孩子或者顺利生产"，与"难产"一词相对。孕妇会向神佛祈求顺产，在怀孕第五个月的时候缠上腹带，还会片刻不离、贴身携带顺产护身符。但是，现代人似乎已经不能满足于"顺产"，她们追求的是"放心的生育""安全的生育"，追求的方向更加具体。例如，经历长期不孕治疗终于怀孕的女性，她生育的胎儿在医疗从业者之间被称为"贵重儿"。明明任何胎儿的生命都同等宝贵，但为了表达其中付出的各种谨慎才有了上面的称呼。对于孕妇与其家庭来说，她们所感受到的不安与期待是简单的顺产一词难以形容的，因此才会期望最大程度上做到"安全的生育"。简而言之，不仅是人们对于生育的观念，对于胎儿、新生儿的生命以及母婴的身体观念，都伴随着医疗技术的发展发生了巨大变化。

原本应该是在某种新的对策出现以打破现状、面目焕然一新的情况下，才可称之为"第三次生育革命"。但是本书将当下定义为一个开拓未来、持续探索的时代，并称之为"第三次生育革命"。

● 本书的特点

为了考察生育的医疗化以及机构化下人们的意识变化，本书采用以下方法。

第一，将生育置于文化之中即时代与地域的脉络下予以把握，此为特点之一。将各个时代的生育视为国家政策、产科医生及产婆（助产妇、助产士）等医疗从业者、地域共同体、社会构成、家庭、个人等诸多关系交织下的场域，尝试以生育环境的概念予以统括，进行整体性

（holistic）的描述。其中包括了笔者本人以奈良县为主开展的持续性田野调查的成果。田野调查的地域尽管有局限性，但我希望以此为线索，对全国性的倾向展开批判性探究。

此外，我还试图将有关生育的各种习俗的变迁进行一个分时代的梳理。有关生育的习俗，主要由民俗学科进行研究，但是正如民俗学者岩本通弥所言，产育习俗的研究"只能说处于停滞状态"（岩本 2008，272 页），究其原因，则在于"战后民俗学对于超历史性的连续性的片面追求"（岩本 2008，276 页）。本书重点关注近代产婆、助产妇、助产士，对于她们传承的手艺、助产的秘诀、产后恢复护理的方法等这些"助产智慧"进行考察，有意识地避免对"超历史性的连续性"的跑偏，而是致力于描述更加具体的变化过程。

第二，从近代到现代，围绕"生、不生"，国家政策与社会形势都发生了重大变化，女性们如何做出选择，怎样予以应对？为了了解她们的亲身经历，本书尽可能地对她们进行了采访。无论国家推动何种政策或目标，人们也不可能照单全收。荻野美穗回顾了近、现代日本走过的避孕、堕胎、人工流产等"不生"的阶段，研究指出：

> 人的生殖与对其的管理，是个人、家庭、共同体、国家甚至是国际社会等不同层面的"当事人"利害关系交错、同台竞争的场域。其中，人们尤其是作为怀孕、生育的最为直接当事人的女性们，面对各自不同时代的语境与限制之下，对于权力、法律、男性的管理，时而以视而不见或不服从表示反抗，对于符合自己利益的判断则会积极地敞开接纳为我所用，以此平衡各种利害关系。历史，就是在这种多维度、反复的利害冲突与交涉的轨辙中层累而成。（荻野 2008，307 页）

女性们如何进行选择，如何借用以往的惯习与思维方式完成同现实的协商。以及，她们是如何创造出新的方式与惯习，并推而广之。弄清楚这些，不仅需要考察女性杂志上的报道、报纸上的新闻之"被书写的记录"，还需要倾听"当事人"自己的发声。

如上所述，本书在关注每一位个体的日常体验基础之上，试图对时代的价值观与人们的观念进行描绘。我们在进行某种选择时，很多时候即使自认为是遵从自己的意志进行的选择，仍然会受到时代的价值观左右，是被时代要求下进行的选择。因此我会关注时代的价值观，尤其是对于新生命诞生的人们观念的变化、时代洪流的变迁。我认为，据此可以更加鲜明地勾画出我们自己的定位，进而为构建下一个期许的生育环境提供重要的抓手。

● 向异文化学习

贾雷德·戴蒙德在《昨日之前的世界：文明的起源与人类的未来（上）》中曾经提到，为何要研究"传统社会"？他评价说，"传统社会，说到底是以如何建构人类社会为主题，经历了成百上千次自然实验的结果"（戴蒙德 2013，25 页）。

> 选取传统社会中的精华用于当下，或许对我们也会大有裨益。已经有人这样做了，而且的确有利于健康和增进幸福感。我们的肉体和各种习惯，与不断进化、适应发展起来的环境处于截然不同的条件之下，所以我们现代人从某种意义上说，并没有能适应这个环境。（戴蒙德 2013，25 页）

当然，戴蒙德也指出我们不应该一味地美化过去、极端地怀念过去简单生活的时代。他认为，反之我们可以向过去的人们学习，部分地借鉴他们确立的习惯、价值观，说不定可以从中找到崭新的方法，拯救我们对于环境的不适应。更为重要的是，"研究传统社会，不仅能学习到更好的生活习惯，还会帮助我们认识到自己社会中那些被认为是理所当然的习惯实际上是如此地优秀"[1]（戴蒙德 2013，25 页）。

的确，从传统社会中获得开辟新时代的抓手是件十分有益的事情。迄今为止，笔者从日本的民俗学与人类学两方面入手进行研究。因为我想，借助海外的跨文化研究，可以看到海外视角映射下的日本文化，在此基础上再反过头来研究日本文化。最初，笔者在密克罗尼西亚的帕劳共和国开始了田野调查。那时，对于母系社会中通过婚姻、生育织就的亲属组织之间崭新的关系网、惯习行为，我产生了浓厚的兴趣。

例如，在帕劳举行的盛大的生育礼仪中，可以看到诸多线索佐证了贾雷德·戴蒙德对于现代医疗化体制下生育的批判性论述。生育礼仪的主角不是刚刚出生的婴儿，而是完成了生育这一命悬一线使命的女性，体现了女性人生礼仪的侧面，同时考虑到产后女性需要休养，和产妇同属一个亲属组织的女性，会提供泡热水澡、蒸桑拿以及深层护理等对产妇的细致护理，所以很少有女性像日本、欧美社会女性那样出现产后抑郁的症状。我们在探讨现代日本生育环境时，如果参照帕劳社会的生育，恐怕会从中学习到很多。过去的日本社会也有为产后女性祝贺的惯习，类似中国的"坐月子"，有的地方还会安排产妇在产后 21 天内，待在生产的房间内静养。当然，在说法上不是用"静养"而是说避免产妇将"产后污秽"带给周围的人。

当然，我们可以将现代日本的生育环境与帕劳社会的生育环境进行比较，但本书会首先回顾日本的过往，以此为比较对象。在日本，正如本书中提到的，明治政府将习得西洋医学的产婆们定位为助产的专业人员予以大力培养，之后的 130—140 年间，生育的医学化与机构化进一步加强，生育环境发生了巨大变化。而且现代的日本社会，经历了世界

---

[1] 戴蒙德所认为的传统社会，是相对于国家力量下的现代工业化社会之现代"西洋社会"的说法。具体指"人口稀疏、由数十人到数千人的小集团构成，以狩猎采集、农耕、畜牧为生计，是古今历史上的社会，同时是受西洋式的大规模工业化社会影响十分有限的社会"（戴蒙德 2013，21 页）。对戴蒙德本人来说，1964 年他初次到访的新西兰即近似他所感受的"传统社会"，进一步说，文化人类学者选择作为调查地点的社会基本上就等同于这种社会。

上任何社会未曾经历过的短时期内迈向少子高龄化社会的转型。其间，各种惯习、思维方式、价值观也随之巨变。我们舍弃了什么，又获得了什么？明晰了这些，也就能从对照的角度看清现代日本。

● 当下的选择开启下一个时代

当下生育状况不断发生变化，到了我们面向下一个时代做出新的生育选择的时候。这至少决定了今后 10 年、20 年的生育形态。

对于此，首要、必不可缺的前提便是确立 "reproductive healthrights"（生殖权力）——女性掌握有决定生与不生的权力。所谓"选择怎样的生育方式同样是女性的生活方式体现"，是 20 世纪 60 年代以后，在女性主义影响下女性获得的权力。但是，如果不了解其确立的原委的话，这一"生与不生由女性决定"很容易被误解为是女性一方的任性。即使在最近的 2007 年 1 月，厚生劳动大臣柳泽伯夫还在发言中称女性是"生育机器"等，这种认为女性理所当然就要生孩子的言论依旧不少。

后面我也会提到，按照现有国家方针，日本的生育环境大概率是朝向"产科医生主导下的、医院内安全生产"推进。但是，这并没有考虑到生育一方的多元化需求。为了弥补这种缺陷，现在我们应该发声以表达自己的需求。当然，之前也有许多这样的活动和社会运动。例如杉山次子，她在日本推动拉马兹无痛分娩法，坚持举办"生育学校"长达 20 多年。之后 1996 年时机成熟，她切实感受到全体社会与女性们已经开始认真思考生育问题，于是她以自己的第 100 次演讲为节点，宣布活动告一段落。然而，在那之后社会风气不仅没有变好，反而呈现出倒退的趋势。[1]

也就是说，想怎样生、真正的需求是什么，这些都必须清楚地说出

---

[1] 基于 2008 年 9 月笔者的访谈。

口，反复地传递到医疗第一线和行政部门，这是十分重要的。

本书提到了大量我在奈良县所作的田野调查的事例。但这并不是说，本书仅终结于奈良县的问题。的确，现在奈良县有许多居民感到不安，"没有生育之所"，"不能放心生育"，事实上女性人口每10万人享有的产科医生数量，2008年奈良县也是排在全国倒数第一。[1]也就是说，从全国范围看奈良县也属于极端个例，可以说在生育环境方面是畸形的。本书希望从奈良县的事例入手，推开去探讨全国的共性问题。

受惠于医学的进步，日本这一百年间无论是孕产妇死亡率还是婴幼儿死亡率都有了大幅下降。我们的生活是建立在发达的医疗技术的基础之上的。但是，其间我们的身体本身，还有我们对于生育的观念也有了明显的变化。如上所述，现代医疗下的生育，因为对安全的重视，一步步被带入到"预先检查以排除各种危险的身体"观念。最后，或许就成为接受过度保护的、被动的身体。

当然，这并不是说高度发展的医疗与现在的医生不好。妇产科医生大野明子这样说道：

> 当今，生育之所以变得困难，那是现代这一时代面临的问题，即结构性问题。因为生育本质上就是一件低效、非合理性，而且是私人性的事，这与一味追求效率与合理性、拒绝私人性与个体性介入的组织体系原本就不相吻合。（大野 1999，34页）

---

[1] 依据厚生劳动省2008年的调查结果，2008年12月31日的时点上，15—49岁女性人口每10万人享有的"妇产科、产科"医生数量"德岛县为56.3人比例最高，奈良县为28.3人比例最低"，奈良县排在全国的倒数第一，不到排在第一的德岛县的半数［厚生劳动省"平成二十年（2008）医师、牙科医师、药剂科医师调查概况""都道府县（工作地点）划分下每10万人口数占比医生数"，13页。http://www.mhlw.go.jp/toukei/saikin/hw/ishi/08/，查阅时间：2012年12月］。之后，在2010年的调查中，奈良县为34.2人，排名全国第43位，略有改善［厚生劳动省"平成二十二年（2010）医师、牙科医师、药剂科医师调查概况"，http://www.mhlw.go.jp/toukei/saikin/hw/ishi/10/，查阅时间：2012年12月］。

追求效率与合理性的，不仅是组织体系还有我们生活的社会。因为我们追求效率，重视合理性、安全性，所以才导致了现代的"结构性问题"。

但是，如果我们能自觉于此，即使是缓慢的转变，状况终究也会改变的吧。对于身体、生育的观念不是仅仅囿于个人层面，还要考虑到时代、地域赋予其对历史形塑的影响。如果我们能了解过去人们对于身体、生育的思考方式与价值观，我们或许就不会视当下生育的现状是"理所当然"，而是会以相对化——非绝对的，不是一成不变的，用可加以改变的视角看待。

●"安全"之指针

"第三次生育革命"的时代，以生育的"安全性"为最优先事项。但是"安全"这一指针，我们有必要在此对其进行重新讨论。村上阳一郎就脏器移植与脑死亡问题曾经指出，"我们有必要在日本国内的讨论与国际层面上的标准化讨论两者中间找到平衡点，以尽可能缩小两者间的偏差"（村上 2002，26 页）。当然，这里并没有得出明确的结论，只是说"第一，尽管日本人没有基督教、伊斯兰教规定的那样明确的教义，但是日本人内心深处同样有给予自身判断和行动规约潜移默化之影响的东西，我们需要在尽可能广的受众面上将这些东西提炼出来，予以具象化，探索出一个可行的方向。这也即为，以现代性的形式，把握我们自己的出处以及做出各种决断时凭借的基础"（村上 2002，27 页）。这同样是我们思考生育今后应有的形态时需要考虑的。

在面对怀孕、分娩之生命诞生的场景时，"给予我们的判断与行动以潜移默化之影响"的那些东西到底是什么？文化人类学家波平惠美子借助"污秽、晦气"的分析概念，对日本文化的诸多事象展开了考察〔波平 1984、2009（1985）〕。波平指出，"至少在 20 世纪 80 年代之前，日本文化在建构世界认知时所使用的一个重要支柱依然是'污秽、晦气'这一指针。它是解释差异化最为简单易懂、同时又是能够唤起共情甚至引发身体反应的强大指针"（波平 2009，5 页）。

分娩作为"赤不净"，是污秽、晦气产生强力作用的场合之一。后来，随着分娩的场所由自己家变为医疗机构，人们对于生命诞生的观念也随之大幅度改变。生育被视为"可喜可贺"的事情，人们也开始坚定地认为"在医院可以完成安全的生产"。由此一来，与死亡相较，分娩在更早之前就脱离了有关污秽、晦气的色彩。

波平指出，接替污秽、晦气之后"2009 年的时点上，什么会成为理解差异化的指针，这是接下来需要思考的课题"（波平 2009，5 页）。仅从生育来看，继污秽、晦气之后，最新登场的价值观是不是就可以说是"安全"呢？"安全"在生育场合下，完全变身成为划分优劣、区别差异化、进行分类的强有力的指针。对生育而言，"安全"是凌驾于一切之上的最优先事项。反之，以"安全"的名义，过度医疗甚至可以介入到生育女性的身体之中。

人们在时代与社会的变迁中，总是以好为判断做出选择。他们优先选择了便利、舒适、高效的结果，这便是现代社会呈现出的样态，生育也不例外。如果现在所有选择的优先事项都以"安全"为首，那么无论好坏，在探索下一时代我们值得期许的生育环境时，有必要对接下来的问题特别留意。那就是对之前提到的"安全"的内核需要给予持续的探究，这是很有必要的。

● 本书的章节

正如"前言"中提到的，本书重点关注产婆、助产妇、助产士人群，其原因一方面是考虑到在近、现代的生育变化中她们起到了重要作用，另一方面是因为在构建将来崭新的生育环境中她们是不可或缺的存在。基于此，本书会对生育医疗化、机构化的过程予以重新讨论，也为批判性地探讨当下之"第三次生育革命"前史提供素材。

本书的具体构成如下：

在第一章"新式产婆的登场"部分,对现代产婆即明治时代出现的、学习了西洋医学的、崭新含义下的产婆制度进行梳理,明晰国家、地方如何大力推动现代产婆队伍的壮大。并指出在有关明治政府的医疗制度中,已经出现了恍如现代的"医疗差距",医生数量与产婆数量在不同的地区已经出现了不平衡。

第二章"新式产婆采用的方法",以 1915(大正四)年奈良县内统一实施的民俗调查的报告书《奈良县风俗志》为依据,具体考察近代产婆带给生育现场的变革。新式产婆将当时教科书上所学的内容活用于生育现场,确保了卫生达标,指导孕妇采用仰卧的姿势,帮助孕妇在生产时避免会阴撕裂。新式产婆的大放异彩,有效地降低了死胎与孕产妇的死亡率,拉开了"第一次生育革命"的大幕(藤田 1979)。但同时,这也改变了地域社会民众自发积累确立的分娩方式和姿势,最终演变成为全国统一的、方便助产人员观察的仰卧位姿势。

产婆是被禁止实施医疗行为的,因此她们拜师之后重在磨炼手艺。第三章"手上功夫是产婆安身立命之本",便是着眼手上的技艺,论证她们学艺的方法。此外,该章还会以地处山区的奈良县吉野郡十津川村为例,考察昭和战前分处城市与村落的人们如何看待产婆,以及人们对待新、旧产婆方式、观念的不同等。同时指出十津川村的人们,在恶劣的自然环境下,与旧、新式产婆合力为地域社会的生育贡献出智慧与力量的事实。

第四章"从'母婴保护的卫士'到备孕调节的实地指导员",主要对作为全国产婆组织的大日本产婆会如何在战时规定产婆的社会作用予以考察。就物资缺乏与战火之中,产婆们千方百计完成助产的内容进行论述。战后在 GHQ[1] 的管理下,产婆助产的历史就此完结,新制度诞生。尽管如此,战后婴儿潮时期起到支撑作用的仍然是产婆,在一段时

---

[1] GHQ 为英语 General Headquarter 的简称,指第二次世界大战结束后,麦克阿瑟为执行美国政府"单独占领日本"的政策,以驻日盟军总司令的名义,在东京建立的盟军最高司令官总司令部。译者注。

间内还是在自己家完成生产的居多。该章节还提到了在优生保护法出台以后，女性们所经历的人工流产手术的情形。

第五章"从居家分娩到机构分娩的转变"，对生育机构化的过程进行了再讨论。医院的数量、妇产科医生的数量究竟发生了怎样的变化？生育的机构化转变是如何发生的？首先是回顾全国的动向，之后会再次介绍奈良县吉野郡十津川村的事例，目的在于提示与全国动向完全不同的、另外一种生育的机构化运动。

第六章"来自生育主体的声音"，考察的是 20 世纪 60—70 年代分娩场所由自己家转向医疗机构之后，在医院生产的情形。因为"安全"而选择了医院内生产，但那并非一定"安全"，也因此当时的女性针对医疗提出了质疑。经历了针对医疗的质疑时代过后，20 世纪 80 年代出现的是以女性为主体的、旨在追求舒适地完成分娩的多种生育方法。此外描述自身生产体验的漫画家们在随笔"生育书"中，也体现了女性对于既有做法的反叛以及以个人嗜好为优先的内容。可以说，这些都体现了少子化背景下，生育逐渐演变成"对我来说不可替代的经历"的这样一种过程。

第七章"第三次生育革命的当下"，生育的机构化陷入困境。为打破这个困境，近年来医院内助产所进行了多种尝试，也引发了不少社会关注，本章主要就它们的相关活动展开介绍。同时，反思原有的私人助产所，就展望第三次生育革命时代下助产士也可以大有作为的生育机构展开讨论。

终章"面向今后的生育"部分，为以后怀孕、生育的女性们，她们应该如何面对自身的身体提供具体的方案。指出，在当下被认为"生育变得困难"的情形下，借助助产士的一臂之力是十分重要的。在看待助产士这一职业今后的发展时，指出她们的作用不应仅局限于助产，而应该是陪伴女性一生的阶段周期，发挥帮助她们理解自己身体的谈心伙伴、指导者的作用。今后，医疗第一线会更加穷尽对于生育安全性的重视，所以新型无创 DNA 诊断有可能会更为普遍。我们面临着以往未曾面对过的艰难抉择，在此之际如果身边有助产士给我们恰当的建议，那对于孕产妇来说内心一定就有了依靠。

如上所述，本书的特征就是追随以产婆、助产妇、助产士为主线的日本生育环境的变化，关注这一变化下的专业性医疗从业者，完全聚焦女性的身体，明晰生育环境的变迁。

接下来在第一章中，让我们回到明治时代，了解在经历了西洋医学的学习之后，新式产婆是如何参与生育的。

第一章
新式产婆的登场

东京助产女校第 29 届午后部生实习 [《东京助产女校在学纪念写真照 第 29 届午后部生》, 1925（大正十四）年，胜田写真馆提供]

明治政府在建设近代化国家的过程中做出了各种努力，其中包括较早地确立起产婆制度，培养了一批接生的专业人士。距今100多年前的20世纪初，新式产婆掌握了西方医学，已经从人数上超过从事职业助产的传统产婆，这是一个新旧交替的时期，生育状况发生了巨大变化，因此这一时期被定位为过渡期。这便是藤田真一指出的"第一次生育革命"的时代（藤田 1979）。

本章对明治政府时期的产婆相关制度进行了梳理，明确了新式产婆，即近代产婆在各地的队伍壮大状况。近年来医疗社会史等方向的研究表明，医疗相关制度在完善过程中，医院和医生的数量在全国各地并非是一个均等的增长。在参照上述研究的同时，本章首先探究全国产婆数量的变迁，其次以奈良县为例明确了一个府县内存在的产婆数量的地区差距。在此基础上，指出在完善近代医师和产婆相关制度的过程中，已经出现了现代大众传媒所提及的"医疗差距"的萌芽。

1. 制度化的产婆

● 担任多种角色的产婆

产婆作为职业诞生于江户时代，也被称为隐婆、洗婆、抱腰等。"产婆"这个称呼在日本最早见于贺川玄悦的《产论》卷二，江户中期以后，这个称呼逐渐固定下来（杉立 2002，187 页）。玄悦在《产论》中写道："世间产婆，皆孤婆寡妪不得已而得此业为生者。乃无知一女子，唯通沐浴拂拭之事者耳。"如果参照产科文献读书会上的现代语翻译，意思即为"产婆只是无依无靠的寡妇和老妇人，迫不得已才以此为生，本是一介无知女子，只是能够照顾婴儿洗澡、换尿布以及帮助产妇更衣。怎么可能成为与医生同样判断生死、决定接生成败的人才呢？"（产科文献读书会编 2008，84—87 页）由此可见，玄悦对于产婆是持否定和消极态度的。

另一方面，各地都会有单独指代产婆的方言，据此我们也可以了解人们对产婆的认识。柳田国男曾经提到，"取上婆"是自古以来日本对产婆的统一称呼。他还介绍了产婆的另外一些方言说法，如"子取婆"（常陆上野等地）、"子生婆"（青森县）。其中如"子取婆"中"取（取る）"这个动词，与嫁取婚、婿取婚的用词一样，有"作为家庭成员加入"的含义，"子生婆"中"生（生す）"是产妇生产之意。仙台方言与其他地方有些许不同，他们称呼产婆为"后方援手"，意思即为"从背后抱住产妇，助产妇一臂之力的人"[1]［柳田 1969（1927），401—403页］。柳田之所以关注产婆的各地方言表达，不只是想探究"产婆作为职业是如何确立的，以及她们的社会地位"，更是因为方言里，比如"后方援手"这一方言还可以表现出生产姿势，柳田想通过方言去找寻"普通人的家庭是如何看待诞生这一事实的"这一重要问题的线索。

大藤雪认为"'取'这个词语含有将孩子领到人间的内涵"，而不仅仅是一个简单的接生动作，其中还有更为重要的各种仪式及惯习（大藤 1967，57 页）。大藤认为产婆分为两种类别，一种是"仅仅通过技术助产，随着新生儿的平安降生，与他的关系随即断绝"，另一种是"可以视为精神上的助产，与新生儿保持一生的亲子关系"。并且后者又可以进一步划分为"通过直接助产与新生儿建立亲子关系，与不直接参与助产过程而与新生儿建立关系"两种情况（大藤 1967，57 页）。而笔者所关注的是产婆这种多元的作用在后续提到的明治政府设立的产婆制度中是如何变化的。大藤还进一步指出，由于产婆直接接触生育带来

---

[1] 柳田国男、桥蒲泰雄《产育习俗语汇》（柳田、桥浦 1975）中，也汇集了关于产育的方言。

的污秽、晦气，因此产婆这一职业"逐渐呈现出被人蔑视"的倾向（大藤 1967，58 页）。

饭岛吉晴指出"产婆介于阴阳两界之间，直接参与到生死之中，具有神圣和卑贱两种特性，从这一点上说，产婆作为婴儿和产妇的守护神，与沟通阴阳两界的巫女具有象征意义上的近似性"（饭岛 2012，5 页）。胁田晴子在论述关于京都桂地区女子职业的论文中提到"受到触霉思想中生育的不净观影响，有许多地方设置了隔离分娩的生产屋。在专业产婆出现以后，考虑到生育不净的问题，有许多地方会让那些受歧视民承担助产的工作"（胁田 2002，274—275 页）。针对这一点，饭岛没有做出明确表态，只是说到这是一种"十分大胆的言论"（饭岛 2021，5 页）。

产婆作为沟通阴阳两界的媒介，有时通过将新生命接生到这个世界上，从而与孩子建立起长达一生的模拟亲子关系。正如下文所说，此外产婆有时还会协助堕胎和引产的工作。

● 产婆也参与堕胎

借助先行研究我们可以知道，产婆不仅帮助产妇接生，也会参与堕胎和引产。所谓堕胎是指人为地将胎儿流产。引产是指将刚出生的婴儿杀死，也就是我们常说的"杀婴"。这些行为或是为了限制孩子数量，或是为了拉长养育孩子的间隔期。近代，禁止引产的绘马匾广为流传，这恰恰显示出引产的过于频繁（饭岛 2009，58、59 页；松崎 2000，3 页）。

千叶德尔和大津忠男认为引产是一种文化现象，他们基于民俗学方言周圈论的视角，对引产和堕胎的地方差异进行了考察。研究指出受大城市文化影响的地域，从很早开始就不再引产而是选择堕胎。其中的原因在于儒学的教育和佛教中怜悯生命的思想（千叶、大津 1983，133 页）。泽山美果子以近世津山藩地区有关禁止堕胎和引产的政策为例，指出自宽政期到天保期，社会上集中出现了大量的引产教诲书，书中提到堕胎、引产、杀婴等就算是"看不到容貌，但只要是在胎内就还是生命体"，因此堕胎、引产等皆为罪过。但是，实际分析对民众处罚的相关事例，我们可以看到民众相较于引产，更加接受堕胎这种生命观（泽山 2005，113—115 页）。

此外有关堕胎的种种方法在《日本产育习俗资料集成》中（恩赐财团母子爱育会 1975，159—172 页）有多处记载。该书整理自 1935（昭和十）年实施堕胎以来，以近代为主的全国各地的生育习俗。比如饮用"蔓草的根"，或将"酸浆的根插入体内，一个晚上就能堕胎成功"（岩手县），或将"牛蒡从阴道插入，刺入子宫"（冈山县）等。这些都是通过将异物直接插入阴部的比较粗鲁的堕胎方法来达到堕胎的目的。因此，一不小心操作不当，就会丢掉性命。所以，产妇为了避免这种风险，都会选择经验、知识比较丰富的产婆来帮助她们堕胎。

明治政府认为堕胎和引产等行为与近代国家的形象不相符，所以在 1868（明治元）年明确禁止产婆从事贩卖药品和堕胎的行为（明治元年 12 月 24 日，太政官布告第 206 号），并在 1880 年制定了刑法堕胎罪（1907 年修订）。从此，不仅堕胎的当事人会受到处罚，帮助产妇堕胎的人也会受到严处。严厉取缔堕胎的背后，究竟包含了多少以增加人口为目的的国家意志尚不明晰。[1]

虽说制定了严厉的刑法堕胎罪，但堕胎行为并没有立刻消失。正如岩田重则指出的那样，堕胎在现代社会中仍然根深蒂固，处理堕胎"手术"的第一人仍然还是产婆（岩田 2009，87—92 页）。

---

[1] 藤目雪指出：近代的产婆（新式产婆）可以说是一种基于希望通过禁止堕胎、降低新生儿死亡率来增加人口的当政者的意图而成立发展起来的职业［藤目 1999（1997），117—118 页］。可以看出在近代产婆的诞生背后，隐藏着国家层面增加人口的意图。但是，石崎升于对此表示批判（石崎 2000），荻野美穗也发表了这样的见解："明治以后出生率上升，可以说整体上生育较多孩子的家庭增多了，但其中多大程度上是国家有意识的人口政策产生的影响，现在还不清楚。"（荻野 2008，5 页）另外，从事现代堕胎方面研究的学者岩田重则也表示，在研究堕胎的现状及堕胎罪的应用时，至少在 20 世纪 30 年代上半期，堕胎罪的判处与"富国强兵"的人口政策之间并不存在变相的作用关系（岩田 2009，36 页）。

如上所述，明治政府首先禁止了产婆参与堕胎，其后又进一步明确了产婆的资格标准。因此，接下来让我们将目光转向其资格确立的过程。

● 产婆的资格

日本文部省于1874（明治七）年面向东京、京都、大阪三地颁布了《医制》，明确规定了产婆的资格标准。《医制》规定：产婆须为40岁以上，熟知妇女儿童的生理解剖和病理知识，产婆还须在产科医生面前实际上手"接生顺产产妇10人，难产产妇2人"并取得产科医生授予的实践证书（第50条）。之所以限制年龄在40岁以上，是因为这个年龄段的产婆能充分发挥自己丰富的助产经验。此外，除紧急场合之外，没有产科医生、内外科医生的指示，产婆不得擅自行动。而且就算发生紧急状况，产婆也不得使用妇产科医疗器械（第51条）。产婆还不得给患者开药方配药（第52条）。可见，明确产婆资格标准的《医制》发布之初，产婆的业务范围明显受到了限制，而且现代的助产士也几乎传承了相同的业务范围。此外，板桥春夫发现《医制》中并未对产婆性别做出规定，据此他指出当时全国各地也存在着男性产婆。

此外据吉村典子表述，《医制》的制定者是长与专齐。他的传世之作《松香私志》里有这样一段记载。长与专齐曾考察过美国和德国的医疗政策，对于当地被称为"健康保护"的国民福利提升政策深有感触，但是考虑到当时日本"汉方医"占医生中大多数的现状，他认为日本的医疗水平与这些国家相距甚远，无法直接将政策生搬硬套。为了能尽早追赶上欧美国家，长与专齐创作了《医制》（医疗制度），制定了医学教育制度和医生资格证制度等内容。当时，长与专齐引入了"卫生"一词，将其作为健康保护的译词。令人兴味盎然的是，明治中叶流行的"卫生"一词（小野 1997，140—142页）是随着《医制》的问世被引进到了日本（吉村 2008，551—552页）。

　　1899（明治三十二）年7月18日《产婆规则》（敕令第345号）颁布，实现了产婆规则在全国范围内的统一。《产婆规则》规定：女性，年满20岁，通过产婆考试并在产婆名册上登记后方能取得产婆职业资格（第1条）。此外由地方官负责举行产婆考试并管理产婆名册（第4条）。于是，掌握近代医学知识并通过考试的，20岁及以上女性开始以新式产婆的身份从事助产工作。

　　针对传统型产婆，《产婆规则》也制定了相应的优待措施。《产婆规则附则》第18条的记载如下："本令发布之前，获得内务省或地方政府下发的产婆执照并确在从业者，可在本令发布后的6个月内，向地方官提交申请并记入产婆名册。"总而言之，《产婆规则》发布之前从事产婆职业的人可在规则实施之后的6个月内向地方官员申请记入产婆名册。

　　其次，《产婆规则附则》第19条规定："产婆严重稀缺的地区，由地方官员审核申请者简历，合格者被允许在限定的区域内以五年为限从事经营活动。"这项举措是指针对产婆数量稀少的地区，特别开通绿色通道，允许简历合格者以五年为限从事经营。后者"地方型产婆"作为尽可能消除地区产婆不足问题、缩小各地产婆数量差距的措施而备受关注。

　　同年9月6日《产婆名册登记规则》（内务省令第48号）颁布，规定地方政府备置规定格式的名册用于登记。同一天，《产婆考试规则》（内务省令第47号）公布，明确记载了考试科目由理论和实践组成（第2条），未通过理论考试者，不得参加实践考试（第3条）。

　　产婆规则制定后的第二年，1900（明治三十三）年通过全国产婆考试，成为新式产婆者有228人，在总数为25 090人（除一个英国人）的产婆中仅占比9%（内务省卫生局 1900，213—215页）。

　　但是，之后考试合格者逐年递增。内务省于1910年5月5日修订了产婆规则，规定指定学校或教育机构的毕业生，即使不参加产婆考试，也能取得产婆资格，以此放宽了产婆行业的门槛（产婆规则中修订 敕令第218号）（产婆名册登记规则中修订 内务省令第16号）。关于如此致力于增加产婆数量的原因，大出春江指出，"仅依靠通过考试的产婆，无法满足逐年增加的生育需求"以及"解决居高不下的死胎率和婴幼儿死亡率是国家的当务之急"等（大出 2008，325 页）。至于内务省的目的，则主要是：一、保护母亲的生命；二、保护孩子的生命；三、"期待产婆通过生育过程与新生儿家庭建立联系，向普通民众普及卫生观念，通过育儿相关知识的启蒙来促进'（强）健民（众）'的培育工作"（大出 2008，325 页）。

这样一来，江户时代负责堕胎、引产等业务的产婆，进入明治时代伴随着产婆制度的不断完善，逐渐变得"被置于法律和西方医学的管理、监督之下"（荻野 2008，4 页），"业务范围在体制上受制于医生管控，其行为合法性方面受到警方的监督与管控"（大出 2008，350 页）。对于新式产婆来说，包括堕胎和引产在内，整个业务范围都受到了严格的限制。

● 新式产婆和旧产婆

产婆制度虽然得到完善，但产婆的资格认定却不尽相同。在当时的统计资料《卫生局年报》中，除通过产婆考试的产婆以外，产婆规则附则中也记录了"传统型""地方型"产婆的人数。

西川麦子认为"大正时期，提到'产婆'会让人联想到新、旧两种产婆。从资格上看，新式产婆是'通过考试'以及'毕业于指定学校或教育机构'，旧产婆则是'传统型'和'地方型'"（西川 1997，65 页）。依据西川定义的"'通过考试'和'毕业于指定学校或教育机构'的产婆为新式产婆，'传统型'和'地方型'的产婆为旧产婆"这样的划分方式，全国的新式产婆和旧产婆的人数和占比见于表 1-1。如表所示，在产婆规则制定的第二年即 1900 年，旧产婆占到全体产婆的99.1%。但到 1915 年，情况发生了逆转，新式产婆的比例超过半数达到了 55.8%。到 1930 年，新式产婆更是超过九成，达到 90.5%。可以看出自 1900 年初开始，历经约 30 年日本实现了旧产婆向新式产婆的更替。另外，正如"大正三年（1914），新式产婆人数为 15 776 人，旧产婆人数为 15 272 人。此后，在统计人数上，新式产婆人数持续超过旧产婆人数"（西川 1997，66 页）所提示的那样，1914 年是一个转折点。西川还称呼"以产婆身份接受学校教育、学习西方医学，通过产婆考试拿到'资格证'的新一代产婆"为"近代产婆"（西川 1997，4 页）。西川的"新式产婆"和"旧产婆"分类，对于掌握近代助产从旧产婆到新式产婆更替的变化趋势，十分有帮助。

表 1-1　全国范围内新式产婆与旧产婆的数量与比例

产婆的分类　年		新 式 产 婆		旧 产 婆		合计
		通过考试	指定学校或教育机构毕业	传统型	地方型	
明治33年（1900）	人数	228	—	23 533	1 329	25 090
	小计（人）	228		24 862		
	比例（%）	0.9		99.1		
大正4年（1915）	人数	17 618	148	12 989	1 099	31 854
	小计（人）	17 766		14 088		
	比例（%）	55.8		44.2		
昭和5年（1930）	人数	42 586	2 944	4 246	536	50 312
	小计（人）	45 530		4 782		
	比例（%）	90.5		9.5		

选自安井编 2011，68 页。
出自：各年《卫生局年报》。

　　然而，大出春江认为"要对新式产婆或者说近代产婆（西川 1997）

进行严格定义，其困难程度超乎想象"，"内务省所登记的产婆之中，除'地方型'产婆以外，接受过近代医学教育的产婆统一被称为近代产婆"（大出 2008，324—325 页）。的确如大出所言，对"近代产婆"进行严格定义是非常困难的。但是，为了追溯助产方式的变化过程，本书也选择效仿西川的分类，排除"传统型"和"地方型"的旧产婆，将"通过考试"和"毕业于指定学校或教育机构"的新式产婆称为近代产婆。

更进一步看，在新式产婆出现并逐渐活跃的过程中，地区间的差异也非常明显。由于 1874 年的《医制》只面向东京、京都、大阪这三府颁布，所以其他地方也效仿《医制》按自己的方法确立了新式产婆的资格。另外，即使在 1899 年日本制定了全国统一的产婆规则后，各地仍按照符合自己地区情况的方式培养新式产婆。为了弄清这些问题，接下来我们看看产婆数量的地区差异。

2. 产婆数量的地区差异

● 明治、大正的人口

据推测，明治初期日本的人口不足 3 500 万人，之后人口数量逐渐增长，大约半世纪以后，1920（大正九）年时，日本人口增加了1.6 倍，达到将近 5 600 万人（荻野 2008，2 页）。尤其是受到日俄战争的影响，三年间不断减少的出生人数从 1907（明治四十）年开始增加，大正前半期时（仅被登记的）出生人数达到年平均 180 万人（草野 2008，39 页）。之后人口数量暂时保持平稳，到 1920 年时又突然急剧增加，后来年出生人数连续保持在 200 万人左右，大正时期正可谓是孩子大量出生的时期（草野 2008，39 页）。特别是 20 世纪 20 年代，平均每年人口增加约 75 万人，1926 年增加了约 100 万人（佐古 2007，66 页）。另外，以人口每千人比例计算的一般生育率来看的话，大正九（1920）年是 36.2，创下了近百年以来生育率的最高纪录（草野 2008，39 页）。并且，将这一数值换算成"合计特殊生育率"[1]即近年用来指代女性一生中生育孩子数量的比率的话，每名女性一辈子生育孩子的数量会达到 5.5 个（草野 2008，39 页）。当然，5.5 个只是平均数，所以实际上有可能会生 7 到 8 人，多的时候可能会生 10 个孩子。另外，参考表 1-2 可以看出，虽然进入 20 世纪后新生儿的死亡率和孕产妇的死亡率仍然很高，但都呈逐渐下降趋势，婴儿死亡率在 1920 年达到 165.7 的最高纪录，在这之后死亡率开始下降，此外死胎率在 1960 年达到 100.4 的最高纪录，此后也不断下降。

把当时的婴儿死亡率与欧美各国相比较，对照表 1-3 和图 1-1，可以看出，1886—1890 年间意大利的婴儿死亡率为 19.6%，德国为 20.8%，荷兰为 17.5%，欧洲各国都呈现出了较高的数值，而日本的死亡率最低，为 11.7%。然而，在这之后，意大利、德国、荷兰的婴儿死亡率缓慢降低，欧洲其他各国的数值在 1900（明治三十三）年达到顶峰后也逐渐减小。此外，只有日本的婴儿死亡率在 1920 年之前不断增长，1916 至 1920 年间，创下了 17.4% 的最高值纪录。让我们把目光转向日本，1921 至 1925 年日本的婴儿死亡率由增变减期间，尽管意大利、德国的数值依然很高，但英格兰、威尔士、法国、比利时以及荷兰的婴儿死亡率数值已经低于 10%，与日本 15.9% 的数值相比，有很大的差距。特别是 1934 年，日本的婴儿死亡率为 12.5%，是英格兰、威尔士的两倍还多。

当时的日本，以欧美各国为样板在各领域推行近代化改革，日俄战争（1904—1905）的胜利使其势头更盛，尤其是第一次世界大战，日本参战的联盟方取得了胜利，日本对外开始与欧洲列强并称，促进了以

---

[1]　合计特殊生育率（TFR），指平均每个妇女在育龄期生育的孩子数。译者注。

表1-2 主要的人口动态统计（1900—2010年）

年	出生率（人口每千人计）	死亡率（人口每千人计）	婴儿死亡率（每千人出生计）	新生儿死亡率（每千人出生计）	孕产妇死亡率		死产率（每千人生产计）	合计特殊出生率
					（每十万生产计）	（每十万出生计）		
1900	32.4	20.8	155.0	79.0	397.8	436.5	88.5	—
1905	31.2	21.6	151.7	71.2	387.8	425.7	89.1	—
1910	34.8	21.6	161.2	74.1	333.0	363.6	84.2	—
1915	34.1	20.7	160.4	69.7	332.5	358.6	72.8	—
1920	36.2	25.4	165.7	69.0	329.9	353.4	66.4	—
1925	34.9	20.3	142.4	58.1	285.4	302.4	56.3	—
1930	32.4	18.2	124.1	49.9	257.9	272.5	53.4	—
1935	31.6	16.8	106.7	44.7	247.1	260.1	50.1	—
1940	29.4	16.5	90.0	38.7	228.6	239.6	46.0	—
1950	28.1	10.9	60.1	27.4	161.2	176.1	84.9	3.65
1955	19.4	7.8	39.8	22.3	161.7	178.8	95.8	2.37
1960	17.2	7.6	30.7	17.0	117.5	130.6	100.4	2.0
1965	18.6	7.1	18.5	11.7	80.4	87.6	81.4	2.14
1970	18.8	6.9	13.1	8.7	48.7	52.1	65.3	2.13
1975	17.1	6.3	10.0	6.8	27.3	28.7	50.8	1.91
1980	13.6	6.2	7.5	4.9	19.5	20.5	46.8	1.75
1985	11.9	6.3	5.5	3.4	15.1	15.8	46.0	1.76
1990	10.0	6.7	4.6	2.6	8.2	8.6	42.3	1.54
1995	9.6	7.4	4.3	2.2	6.9	7.2	32.1	1.42
2000	9.5	7.7	3.2	1.8	6.3	6.6	31.2	1.36
2005	8.4	8.6	2.8	1.4	5.7	5.8	29.1	1.26
2010	8.5	9.5	2.3	1.1	4.1	4.2	24.2	1.39

出自：财团法人母子卫生研究会编 2012，23 页。

表1-3 各国的婴幼儿死亡率

年	日 本	英格兰、威尔士	法 国	意大利	德 国	美 国	比利时	荷 兰
1886~1890	11.7	14.5	16.6	19.6	20.8		16.3	17.5
1891~1895	14.7	15.1	17.1	18.5	20.5		16.4	16.5
1896~1900	15.3	15.6	15.9	16.8	20.1		15.8	15.1
1901~1905	15.4	13.8	13.9	16.8	19.9		14.8	13.6
1906~1910	15.7	11.7	12.7	15.3	17.4		14.1	11.4
1911~1915	15.6	11.0	11.2	13.9	16.4		12.9	9.9
1916~1920	17.4	9.1	12.3	15.4	14.5		12.1	8.4
1921~1925	15.9	7.6	9.4	12.5	12.2		10.0	6.4
1926（大正15）	13.7	7.0	9.7	12.7	10.2	7.3	9.7	6.1
1927（昭和2）	14.2	7.0	8.3	12.0	9.7	6.5	9.2	5.9
1928（昭和3）	13.8	6.5	9.2	12.0	8.9	6.9	8.7	5.2
1929（昭和4）	14.2	7.4	9.5	12.5	9.6	6.8	10.4	5.9
1930（昭和5）	12.4	6.0	7.8	10.6	8.4	6.5	9.3	5.1
1931（昭和6）	13.2	6.6	7.6	11.3	8.3	6.2	8.3	5.0
1932（昭和7）	11.8	6.5	7.6	11.0	7.9	5.8	8.7	4.6
1933（昭和8）	12.1	6.4	7.5		7.7		8.5	4.4
1934（昭和9）	12.5	5.8	6.9		6.6			4.3

出自：清水1991，462页。注：每100人出生中未满1岁的婴幼儿死亡。

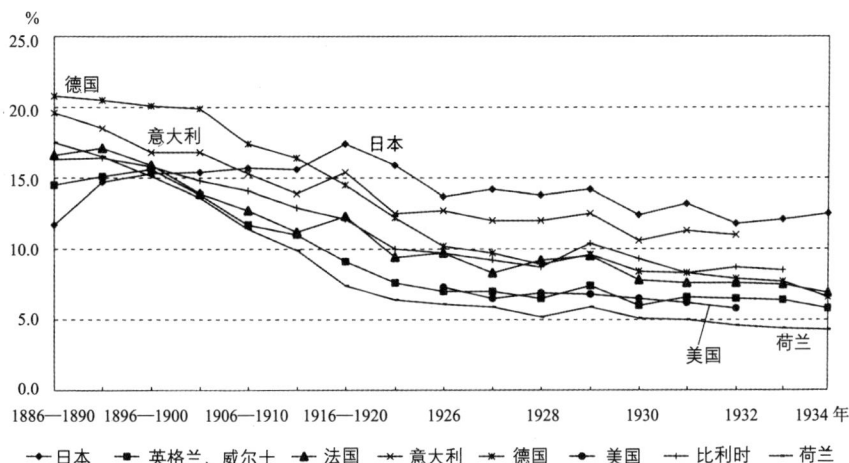

图1-1 各国的婴幼儿死亡率

注：基于表1-3绘制。

帝国主义为基础的国家的形成。但正如表1-3和图1-1所分析的那样，婴儿死亡率等数值显示出日本的母婴保健状况并不理想。

因此，与欧洲各国不同，日本的婴儿死亡率在1920年之前呈现由增到减的特征，充分反映出日本母婴保健和卫生状况的落后。

清水胜嘉指出，在当时的日本，相比于婚内生产的孩子，非婚生子的死亡率和死胎率明显更高。[1]（清水 1991，466 页）例如，1927（昭和二）年非婚生子的死亡率（婴儿死亡数/出生数）是21.95，而"婚生子"的死亡率只有13.64（清水 1991，466 页）。非婚生子给人的一般印象是"通奸出生的孩子"，实际上"只是没做婚姻登记，是被地域社会所认可的关系中出生的孩子，这种观点应该是无误的"（木下 2007，129 页）。但是，非婚生子面对着社会经济环境的恶劣、不稳定性、不受欢迎的孩子降生环境的恶劣等问题，可以说婚生子、非婚生子的死亡率、死胎率的数值差异便是这些问题的外化表现（清水 1991，

---

[1] 在1920（大正九）年，每1 000个新生儿中，婚生子的死婴率有56.5‰，而非婚生子的死婴率达到上述的3倍，高达161.3‰。因此木下博道指出"私自生育的死婴率高很有可能是由于人为的介入而造成的"（木下 2007，135 页）。

466 页）。

如上所述，孕产妇死亡率也很高，参照表 1-2 可以看出：1900
（明治三十三）年十万名活产儿中，产妇死亡人数平均是 436.5。但是，
再看 1900 至 1940 年间孕产妇死亡率并不是均匀地下降，1905 至 1910
年间孕产妇死亡率大幅下降，此后保持平稳，并缓慢下降，1925 年之
后再次大幅减少。1905 至 1910 年期间，我们推测日本的生育环境发生
了变化，从而规避了孕产妇死亡。其中一个重要因素是掌握西方医学知
识的近代产婆数量增加，她们来到孕妇家中助产。

● 医生数量的地域性失衡

近年来产科医生减少，能接收生育的医疗机构越来越有限，这在
本书的前言部分已经提到。而且产科医生的数量在全国各地并不是均匀
减少，正如"医疗差距"这个词所表述的，其地区差异很大。但是"医
疗差距"并不是进入现代社会才突然出现的新状况，1874（明治七）年
《医制》颁布后，医生数量是在逐渐增加，随之出现的是不同地区医生
数量的差别状况。

研究近现代历史的高冈弘之对明治中期到昭和战前这一时期的医
生地区分布变动情况进行了考察（高冈 2009）。高冈首先将历史前提不
同的北海道和冲绳县排除在外，对剩余的 45 个府县，根据 1890（明治
二十三）年当下的府县区划基本确定时的医生数量和居住人口，计算出
实际的医生数量，即每 10 万人中的医生数量，并分析了医生数量排名
靠前的地区的特征。据此可知，1890 年的时点上，医生数量分布不均，
"九州、中国、北陆较多，而在甲信东海、关东、东北、四国地区医生
数量较少"（高冈 2009，36—37 页）。考虑到当时的医生绝大部分是
"传统的个体经营"，高冈认为医生数量相对多的这些府县"应该可以看
作是近世'医疗环境'的'延续'"（高冈 2009，36—37 页）。

接下来，观察 1890（明治二十三）年至 1935（昭和十）年每十万

人中的医生数量的变化，可以发现这段时期医生总数和人口数量都在逐步增加，因此与总人口相比，每 10 万人中的医生人数从 100 人减少到了 85 人（高冈 2009，37 页）。并且，高冈指出此时期更大的变化是"医生向一部分府县的聚集"。即从 1890 到 1935 年，在包含拥有东京、大阪、京都、名古屋、横滨、神户、福冈的大城市圈在内的 9 个府县，医生数量增加了五成以上，向着这部分府县聚集。而另一方面，医生的绝对数量在减少的府县超过了 24 个（高冈 2009，38 页）。其中鸟取、富山、高知、岛根（减少了大约一半）、佐贺（减少了大约 40%）等县医生数量的减少尤其显著。熊本、大分、奈良、滋贺紧跟其后，大约减少了 25%—30%（高冈 2009，38 页）。

到了近代，医生集中于被称为"七大都市"——东京、大阪、京都、名古屋、横滨、神户、福冈的大都市圈。医生数量出现了地域性失衡。当时，朝日新闻社的评论委员柳田国男在 1929（昭和四）年的《东京朝日新闻》上曾匿名发表了一篇名为《医生是否过剩？》的文章。他毫不留情地评论道："文部大臣小桥说医生数量已经足够了，这不过只是将登录在册的医生数量除以全国总人口得出的结论罢了。如此，这个方法便是大错特错了。我建议必须重新调查当下民间的需求究竟是否得到了某种程度的满足。"他甚至指出："医疗卫生事业如同当今内阁打出的一块招牌，就现在这种情况而言，毫无信用可言。"［柳田 2001（1929），148—149 页］对医疗卫生事业的滞后进行了批评。

● **产婆数量的地区分布**

伴随着近代制度的变革，让我们再回头看一下产婆数量的多、寡分布是不是也和医生一样，出现了地域性失衡的情况呢？

图 1-2 展示了从 1880（明治十三）到 1935（昭和十）年这 55 年中每 5 年的产婆数量。在全国统一产婆制度制定后的第二年 1900（明

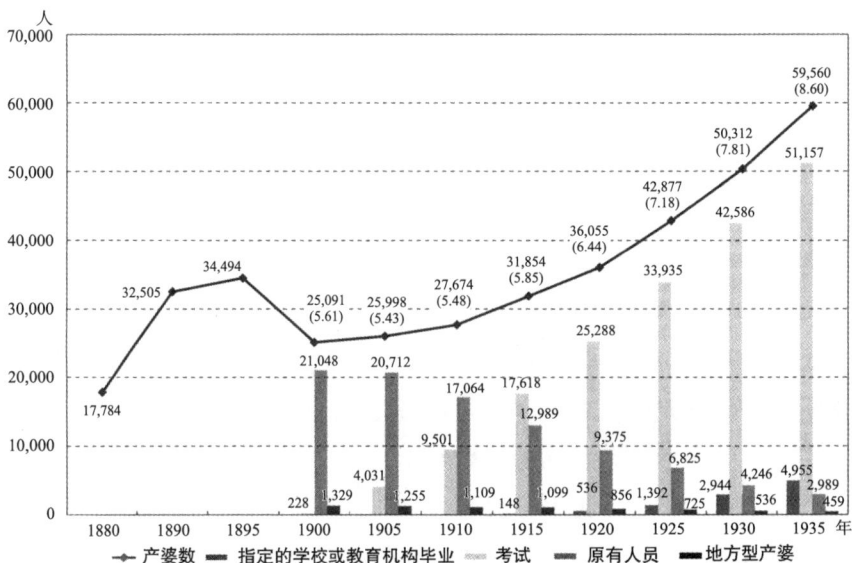

图 1-2　1880—1935 年的产婆数变化

注：1900 年的产婆数 25 091 人中包含一位英国人。另，标注的产婆（ ）中的数量为人口一万人对应的产婆数。

治三十三）年产婆数量为 25 090 人（注：除去一名英国人）。以此为基点考量的话，30 年后的 1930 年，产婆数量几乎增加了一倍，达到 50 312 人。由此可以得知，在产婆规则出台，实现了全国统一的制度之后，产婆数量在 30 年间实现了成倍增长。

如上所言，根据 1910 年产婆规则的修订，毕业于内务大臣指定的学校以及教育机构的人，可以免试取得产婆资格。也就是说，明治政府为了降低新生儿死亡率以及孕产妇死亡率，修订了产婆规则，缓和了限制条件，为在短时间内提升产婆数量开放了门户。

此时，全国有大约 70 所产婆养成所和产婆培养学校。[1]其中，新潟县数量最多，从 1910 年产婆规则修订以后，到 1918 年为止，新设置

---

[1]　参照绪方正清《日本产科学史》（1919 年，1731—1739 页），统计了各个府县的工会、同盟会、产婆会等。

了 6 所产婆养成所，可见为了响应制度的修订，各地在培养产婆方面都下了大功夫。

那么，让我们具体看一下由于产婆规则的修订，产婆数量实际上增加了多少。除去因历史原因有所不同的北海道和冲绳县，表 1-4 展示了从 1910 到 1915 年这 5 年间 45 个府县各自产婆数量的增减。首先，产婆数量增加的前五位是东京（增加 877 人）、大阪府（增加 626 人）、福冈县（增加 286 人）、神奈川县（增加 276 人）、京都府（增加 232 人）。除此之外，长崎县（增加了 225 人）、爱知县（增加了 175 人）、兵库县（增加了 174 人）、福岛县（增加了 164 人）、千叶县（增加了 125 人）紧随其后。总之，继大都市圈的东京之后，包含大阪市、福冈市、横须贺市、京都市、名古屋市等都市圈在内的其他府县产婆的数量也在增加。据此，大概可以确定，产婆规则的修订与大都市产婆数量的增加有关。

表 1-4　1910—1915 年各府县产婆数的增减（人）

排 名	府 县	产 婆 数		增 减
		1910 年	1915 年	
1	东京府	2 151	3 028	877
2	大阪府	1 297	1 923	626
3	福冈县	1 403	1 689	286
4	神奈川县	399	675	276
5	京都府	609	841	232
6	长崎县	656	881	225
7	爱知县	1 403	1 578	175
8	兵库县	1 625	1 799	174
9	福岛县	675	839	164
10	千叶县	556	681	125
11	长野县	216	337	121
12	佐贺县	427	542	115
13	宫城县	495	607	112
14	大分县	184	278	94
15	新潟县	1 271	1 358	87
16	冈山县	237	324	87
17	群马县	236	317	81

排　名	府　县	产　婆　数		增　减
		1910 年	1915 年	
18	秋田县	408	483	75
19	鹿儿岛县	334	401	67
20	岩手县	353	416	63
21	德岛县	111	169	58
22	栃木县	236	293	57
23	埼玉县	286	337	51
24	三重县	910	947	37
25	香川县	387	420	33
26	茨城县	432	449	17
27	熊本县	678	692	14
28	山形县	642	654	12
29	广岛县	801	807	6
30	鸟取县	164	166	2
31	富山县	412	411	−1
32	宫崎县	374	372	−2
33	福井县	266	262	−4
34	山梨县	81	76	−5
35	石川县	592	581	−11
36	静冈县	542	524	−18
37	岛根县	620	598	−22
38	奈良县	434	409	−25
39	滋贺县	509	476	−33
40	青森县	571	535	−36
41	爱媛县	404	363	−41
42	高知县	306	258	−48
43	和歌山县	536	480	−56
44	山口县	658	554	−104
45	岐阜县	932	825	−107
	总计	27 674	31 854	4 180

出自：各年《卫生局年报》。

另一方面，我们也要关注产婆规则修订之后产婆数量减少的地区。产婆数量减少的府县共有 15 个，其中倒数第一是岐阜县，五年间减少了 107 人，其次是山口县，减少了 104 人。

接着，让我们把目光转向 1915 年每一万人口所对应的府县划分下产婆的数量（表 1-5）。首先，东京为 10.82 人，是唯一一个达到两位数的地区。可见伴随着大都市圈人口数量的增加，产婆数量也随之增加。接下来我们把每一万人口对应产婆数量在 8.01—10.00 的府县划为第二梯队，那么就有五个府县位列其中，分别是排在第 2 位的福冈县和第 6 位的长崎县所在的九州地区以及排在第 3 位的三重县、第 4 位的兵库县、第 5 位的大阪府所在的近畿地区。接下来是每一万人口对应产婆数量位于 6.01—8.00 的第三梯队，共有 15 个府县上榜。排名从高到低依次是九州地区的佐贺县和宫崎县，中国地区的岛根县，中部地区的爱知县和岐阜县，北陆地区的石川县、新潟县，关西地区的滋贺县、奈良县、京都府、和歌山县，以及东北地区的青森县、山形县、福岛县、宫城县。但是除东京外，关东地区其他县都没有上榜。可见 1915 年每一万人口所对应产婆数量较多的地区是以关西地区为中心的日本西部地区。

表 1-5　1915 年各府县每一万人对应的产婆数（人）

排　名	府　县	人口 1 万人对应产婆数
1	东京府	10.82
2	福冈县	8.97
3	三重县	8.63
4	兵库县	8.51
5	大阪府	8.46
6	长崎县	8.04
7	佐贺县	7.85
8	岛根县	7.84
9	爱知县	7.74
10	岐阜县	7.54
11	石川县	7.35
12	新潟县	7.06
13	滋贺县	7.03
14	青森县	6.97
15	奈良县	6.89
16	山形县	6.71
17	京都府	6.59

排　名	府　县	人口 1 万人对应产婆数
18	福岛县	6.49
19	宫城县	6.48
20	和歌山县	6.14
21	宫崎县	6.10
22	神奈川县	5.75
23	香川县	5.52
24	熊本县	5.28
25	富山县	5.15
26	秋田县	5.14
27	山口县	5.12
28	千叶县	4.90
29	岩手县	4.86
30	广岛县	4.86
31	福井县	4.05
32	高知县	3.65
33	鸟取县	3.55
34	静冈县	3.44
35	茨城县	3.40
36	爱媛县	3.24
37	群马县	3.12
38	大分县	3.03
39	栃木县	2.86
40	鹿儿岛县	2.82
41	冈山县	2.57
42	埼玉县	2.52
43	德岛县	2.30
44	长野县	2.26
45	山梨县	1.27

出自：各年《卫生局年报》。

　　那么，关东地区的府县情况到底如何？让我们来看每一万人口对应产婆数量在 4.01—6.00 的第四梯队的情况，这里终于出现了神奈川县和千叶县的名字。在每一万人口对应产婆数量为 2.01—4.00 的第五梯队中有茨城县、群马县、栃木县、埼玉县 4 个县上榜。据此可知，

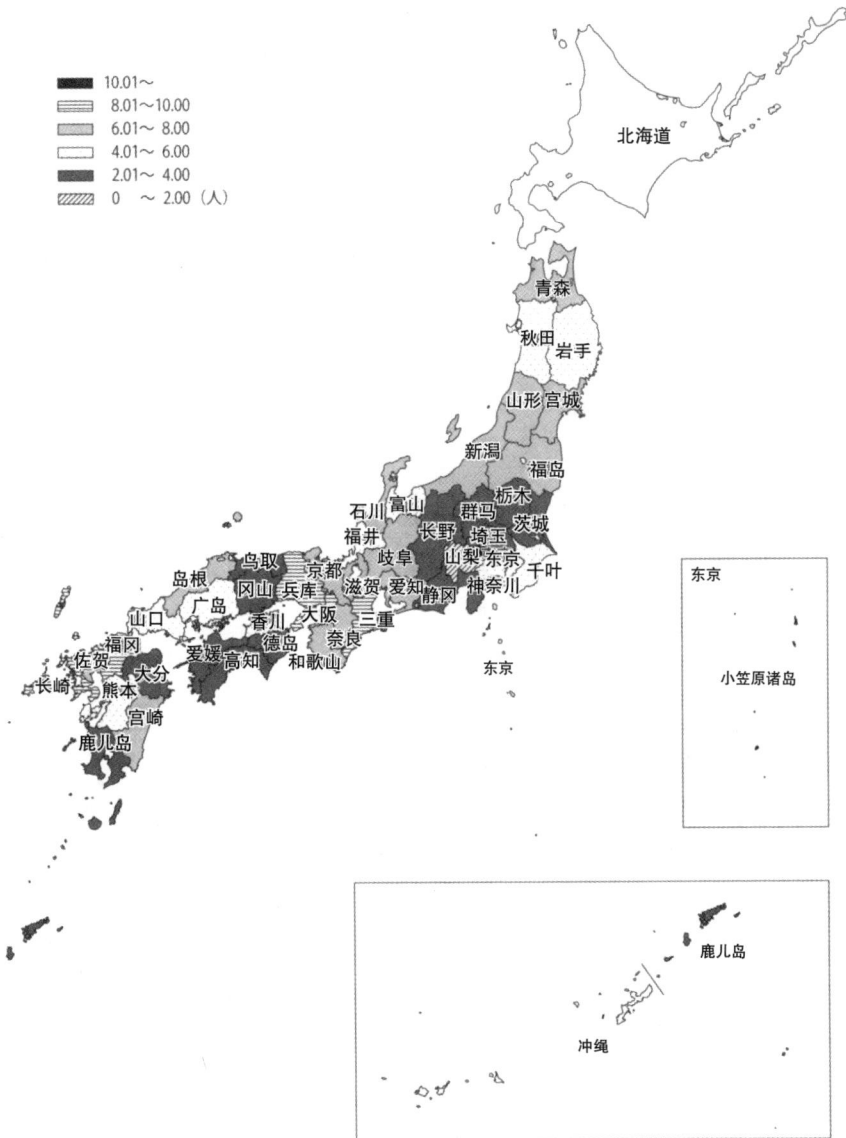

图 1-3　1915 年各府县每一万人对应的产婆数

注：基于表 1-5 绘制（北海道、冲绳除外）。

1915 年每一万人口对应产婆数量是以关西地区为中心的日本西部地区居多，东京以外的关东地区偏少。可以说 1910 年产婆规则的修订首先对大都市圈的东京和日本西部地区产婆数量的增加产生影响。

3. 为了增加产婆数量——奈良县的举措

● 奈良县的医生数量

基于前一节的分析，可以得知各个府县内部的产婆数量在城市、农村、山区都呈现出地域差异。为了明确这一点，本节以奈良县为例，在对比产婆和医生数量增减的同时进行分析。

首先，我想在高冈裕之研究的基础上，梳理一下奈良县医生数量的变迁。

参照高冈制作的 1890（明治三）年和 1935（昭和十）年的《府县分类下的医生数量分布图》（高冈 2009，36—37 页），1890 年奈良县的医生数量是 457 人，人口总数是 52 万 1 610 人，因此每十万人口对应的医生数量是 88 人，在全国排名第 22 位，基本处于平均值的中位数。但到了 1935 年，医生数量减少到 344 人，与之相反人口总数增加到 62 万 417 人，结果便是每十万人口对应的医生数量减少到 55 人，奈良县在全国的排名也因此下落到第 37 名，居于全国末尾。

接下来，让我们把注意力转到奈良县各郡的医生数量上。据表 1-6 和图 1-4，1901（明治三十四）年，奈良县医生数量最多的郡是位于奈良县南部的吉野郡，共 78 人。另一方面，奈良市作为当时奈良县唯一的城市地区，医生数量仅为 33 人，还不到吉野郡的一半。但是吉野郡还包括纪伊山地在内，地处鞍部，占地较广。因此，有 78 位医生其实也绝对算不上多。

表1-6　奈良县各郡医生数量的变化（1901—1935年）（人）

年	添上	生驹	山边	矶城	宇陀	高市	北葛城	南葛城	宇智	吉野	奈良	总计
1901	18	42	20	43	25	26	37	16	16	78	33	354
1904	20	40	29	40	21	28	40	13	16	67	29	343
1910	15	38	24	32	28	25	33	17	16	77	40	345
1915	22	47	30	34	28	24	43	20	22	81	50	401
1920	15	44	26	34	28	25	41	17	22	64	56	372
1925	24	65	28	49	34	32	42	20	27	77	82	480
1930	21	73	26	55	37	41	60	28	30	77	88	536
1935	20	65	26	45	30	33	47	31	26	75	87	485

出自：各年《奈良县统计书》。

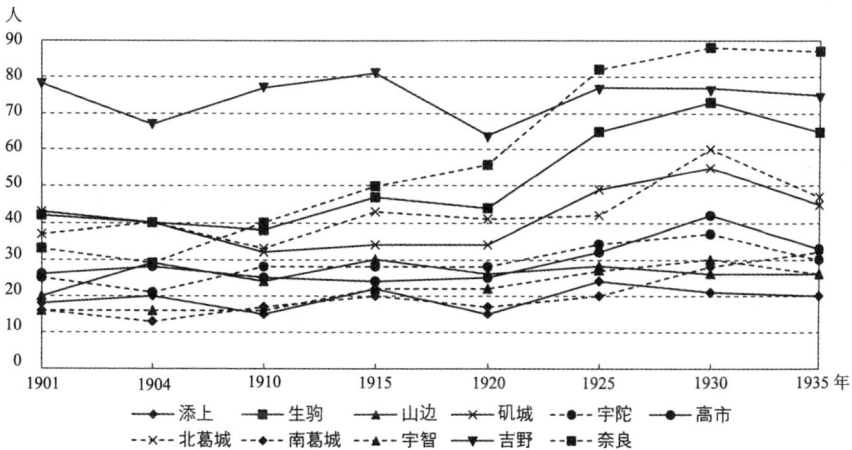

图1-4　奈良县各郡医生数量的变化（1901—1935年）（人）

注：基于表1-6绘制。

吉野郡的医生数量在1915到1920年间大幅度减少，从原先的81人直降到64人。到了1935年，又回升至75人。同时，奈良市的医生数量则从1910年的40人，增加到1920年的56人，随后在1935年升至 87 人。就这样，在 1901 到 1935 年间，奈良市和吉野郡的医生数量对调了。换句话说，在这 35 年间，县北部的奈良市取代县南部的吉野郡，成为奈良县医生数量较多的地域。

同时作为明治政府来说，对于德国医学采取了全盘接受的态度，而轻视和排斥近世以来就有的汉方医学。1875（明治八）年，全国个体经营的医生中，汉方医占 14 807 人，西医占 5 098 人，汉洋结合的医生占 2 524 人，其他类型的医生还有 856 人（安彦 1991，68 页）。明治政府十分注重培育西医，这种态度在贩卖药品行业也有所体现。明治政府对于原有贩卖药品方式的看法以及其深层的政治思想便是"对贩卖药品的行为及其相关店铺、代理商、摊贩，都抱有强烈的不信任感和蔑视，甚至认为使用它们的庶民纯属'愚昧无知'。反映了明治政府全盘接受西洋医学，轻视汉方医学乃至否定汉方医学的医疗政策理念"（三宅 1991，83 页）。

即便如此，奈良县的药品销售营业额依旧直线增长，到了 1916 年，人们甚至将"奈良县的药品销售"与富山县一起并称为"（关）东（关）西的两大力士"（武知 1996，34 页）。另外，我们对 1920 年奈良县内以市郡为单位的药品销售人员进行分析可以发现，高市郡、南葛城郡，再往后是吉野郡相对集中。这三个地方的份额加起来足足占了全县的 61%（武知 1995，70 页）。我们虽然不知道当时吉野郡内具体有多少位汉方医生，但可以推测的是，虽然包含西医在内的医生数量整体在下降，但他们仍然在很大程度上依靠药品销售这一环节维持生计。

● 从医制到全国统一的产婆规则

参照上文所给出的医生人数的变迁，接下来将进一步为大家展示奈良县产婆数量的变迁。在这之前，首先需要介绍的是奈良县的产婆制度。由于 1874（明治七）年文部省所下达的医制仅限于东京、京都、大阪三个地方有效，直到 1899 年，才有全国统一的产婆规则。因此在那之前的 25 年间，一直是由各地方自主制定有关产婆的相关对策。不过，1876 至 1881 年这 6 年间，奈良县归属堺县管辖，因此笔者也同时参考了堺县的相关规定。

在医制发布后的第二年（1875），奈良县效仿此制度，发布了《奈良县医生管理条例》（奈良县学事课 1875）。这一制度由 17 条规定构成，其中第 12 条对于产婆做了如下规定，"未经产科医生或内、外科医生允许，产婆不可擅自参与手术。如果情况紧急，则可以自行判断，但不允许自己开药或使用器械"（标点符号由笔者添加）。

这一条几乎照搬了上文中提到的医制第 51、52 条中的内容（详见本书 25 页）。另外，医制的第 50 条规定了有关产婆资格的相关内容，但《奈良县医生管理条例》中却完全没有提及这部分。由此我们能看出，奈良县并没有明确规定产婆的资格，而仅仅是规定了产婆的具体业务内容。

奈良县于 1876（明治九）年和堺县合并，大和、河内、和泉三地一并被归入堺县管辖。同年 5 月，堺县出台了《产婆营业规则》（县甲第 21 号）（山中编 1993，333 页），其中做了如下规定，"凡产婆从业者，皆要在 6 月 30 日之前，到医院或最近的医疗分局，学习产科的知识大意及婴儿的护理方法。今年 7 月 1 日之前仍未入院学习者，将不得再从事产婆行业"。也就是说，想要当产婆，就必须去医院或离家最近的医疗分局，学习"产科知识大意"和"婴儿护理方法"，这被视为义务。当奈良还归属堺县管辖时，1878 年奈良就开始制定奈良自己的产婆制度（奈良县警察史编集委员会 1977，390 页），并在 1878 年颁布了产婆营业规则（奈良女性生活史编纂委员会编 1995，33 页）。除规定产婆固定的学习场所为"医院或者郡山分局巡讲所"之外，其他内容与堺县的产婆制度基本一致。与堺县一样，奈良县也规定产婆必须要到附近的医院或者郡山分局巡讲所学习妇产科的基础知识。

紧接着，堺县在 1881（明治十四）年 1 月 26 日制定了产婆规则（甲第 6 号〈卫〉）（山中编 1995，261 页）。其中第一条规定"产婆必须取得资格证之后，才能进行接生"。明确了成为产婆所需具备的资质。此后，1883 年产婆规则进行了全面修订，规定 25 岁以下不具备营业资格，不能从事接生工作，进一步加强了对于产婆的技术要求（奈良女性生活史编纂委员会编 1995，33 页）。1881 年 2 月堺县被编入大阪府，奈良县于 1887 年 11 月重新设立。

● 为所有村落配备产婆

1897（明治三十）年 4 月 30 日奈良出台了产婆管理规则（奈良县令第 27 号）和考试规则（奈良县令第 28 号，《奈良县报》第 275 号）。值得注意的是管理规则中规定，产婆如果未取得"内务省或奈良县下发的资格证书"，将不具备营业资质（第 1 条）。同时规定只能在规定地区从事活动（第 8 条）。规定中详细划分了产婆的工作区域。考虑到部分地区产婆数量较少，为解决产婆分配不均问题，医制第 50 条规定，"在一些产婆稀缺的小地方"，由当地长官为没有考试的产婆下发"限定地区"的"临时营业资格证"。而奈良发布的产婆管理制度的第 3 条中也做出了同样规定。

但是，如果在各区长官规定的营业区域内有新的产婆取得资格证并开始营业的话，临时资格证就会失去效力（根据第 4 条规定），原有的产婆就会丧失营业资质。说到底，发行临时资格证是为了在取得正式资格证的产婆出现之前设置的一个过渡期。根据这一规定，奈良县旨在给县里每个地区都配备新式产婆。

而且在第 8 条特别强调了产婆的营业范围。之后全国统一的产婆规则出台以后，这一范围的规定还被标注在了产婆登记手册的备注栏中。例如生于 1860（万延元）年 12 月，居住在山边郡针别所村的产婆森某某，在 1902（明治三十五）年 9 月取得营业资格证。郡政府就会在产婆登记手册的备注中详细标注"营业资质为 3 年，营业范围为旧村大字、针别所、小仓、上深川、下深川、荻、马场"（山边郡役所 1898）。可见，虽然产婆取得了该地区的营业资质，但同时她也被赋予了帮助当地孕妇生产的责任与义务。

之后，1899 年 7 月日本出台了全国统一的产婆规则、产婆考试规则、产婆名册登记规则。受其影响，奈良县于同年9月20日，就产婆营业资格考试下发通知，宣布考生需向各郡县政府提交报名申请书，方能参加考试（县告示第179号，《奈良县报》第511号）。此次考试有5名考生参加，只有1名来自矶城郡樱井村的女性考生通过考试（《奈良县报》第523号）。而且同年10月，奈良县制定了产婆名册登记规则实施细则（县令第42号，《奈良县报》第525号），规定通过考试的考生由各郡县政府登记入册。

从1874年颁布医制，到1899年颁布全国统一的产婆规则，25年间奈良县效仿医制制定了自己的产婆相关政策，明确了产婆资格取得制度，还将产婆配备到各地。

● 设置有补贴制度的产婆护士养成所

即便确立了产婆制度，产婆数量也并非立竿见影般快速增长。为此，奈良县建立了产婆养成所，设立补贴制度以促进产婆数量的增长。

首先，奈良县于1903（明治三十六）年制定了产婆及护士养成所的规则（县令第18号），同年，耗时一年的产婆、护士养成所落成竣工（《奈良县报号外》明治三十六年3月27日），招生人数33人。所长由警察部卫生课课长兼任，教师和助教分别由两位个体经营医生和一位产婆担任（奈良县警察史编集委员会 1977，393页）。

《产婆及护士培训规则》（明治三十六年3月27日，奈良县令第18号；生驹郡役所 1913）第17条规定，教学内容应包括以下7项："产婆的注意事项及法律规则概论""女性骨盆及生殖器解剖生理学概论""正常妊娠分娩及其处理方法""正常的产褥过程及产褥期女性与新生儿的护理方法""异常妊娠分娩及其处理方法""孕产妇、产褥期女性与新生儿的疾病及消毒方法""产婆模型演练及产婆技术实习"。教学内容包括产婆的法律规则，还包括女性生理及生殖器的相关知识以及与正常、异常的妊娠分娩情况、产褥期过程、新生儿护理、疾病与消毒等有关的知识。此外，实习也被纳入课程内容，教师会指导学员正确处理正常或异常分娩过程中的各种情况。

产婆、护士养成所招收的 33 名学员，按照 1 市 10 郡每个地区 3 人的比例计算得出（奈良县警察史编集委员会 1977，393 页）。显而易见，政府旨在从县内各地均等地招募报名者。另外，报名者必须满足以下条件：年龄在 17 岁以上 40 岁以下的女性，"品行方正体格强壮"，不能"为家事所累"，即不必受家事约束，且已完成高等小学第二学年的学业或拥有同等水平的学力（第 7 条 1、2，生驹郡役所 1913）。但如果是已经提前通过考试、被认定为有能力胜任产婆及护士工作的人，就不必入所学习（第 7 条 3）。所有报名者需向各郡长、市长提交申请（第 8 条），获得入所许可后统一入住集体宿舍（第 10 条）。

值得一提的是，培训产婆及护士的费用由县政府提供，学员个人必需的生活费则由郡政府提供全额或部分补贴（第 15 条）。学员们毕业后要履行自己的义务，留在家乡的郡市内作为产婆或护士工作满 3 年以上（第 16 条）。

以生驹郡为例，该郡执行补贴制度的同时，要求学员毕业时参加"常规考试"，并规定她们毕业后必须在郡内从事至少 5 年的产婆工作（《产婆及护士培训规则》明治三十九年 2 月 15 日、生驹郡告示第 7 号；生驹郡役所 1913a）。此外，1916 年，北葛城郡出身的两位准学员"因家庭贫困"提出补贴申请，郡政府决定将一年的补贴以每月 5 日元的形式发放给她们（北葛城郡役所 1916）。值得称道的是，如此一来，出身贫寒的姑娘也可以依靠补贴制度成为产婆，而这在大正时代，被称为是"极有前景的女性职业"（村上 1983，33 页）。在这一制度的影响下，毕业于产婆、护士养成所的女性们原则上会在自己出生地所属的郡或町从事产婆工作。

综上所述，奈良县采用独特的方法，利用县、郡经费，致力于产婆的培养，尤其是针对原有产婆人数较少的地区采取优待措施，如为旧产婆发放临时资格证等，旨在为县内各地合理配备产婆。此外，为产婆养成所的学员发放补贴制度的设立也为出身贫困家庭的女性进入职场提供了可能。可以说这也是政府在全县范围内招募学员的原因。而学员毕业后在一定期间内必须留在出生地工作的规定也避免了产婆一窝蜂地跑到生活更舒适的城市地区而造成聚集。

● 奈良县产婆人数的变迁

如上所述，在全国统一的产婆规则颁布之前，奈良县创建产婆养成所，建立补贴制度，用自己的方法确立了产婆制度。那么，这些制度在确保产婆人数上发挥了多大的作用？接下来，让我们看看奈良县产婆人数的变迁情况。

图 1-5 反映出奈良县从 1887（明治二十）到 1926（昭和元）年，40年间产婆数量的变化。由于 1899 年产婆规则出台，导致产婆数量急剧下降，之后基本上保持在 400 人左右。产婆规则制定后产婆数量的减少，可以考虑有几个原因：一、通过考试的新式产婆数量没有急剧增加；二、以前从事私人助产工作的产婆有很多人在产婆规则制定后没有立即完成注册。

如上所述，1910 年产婆规则完成了修订，即使不参加考试，从指

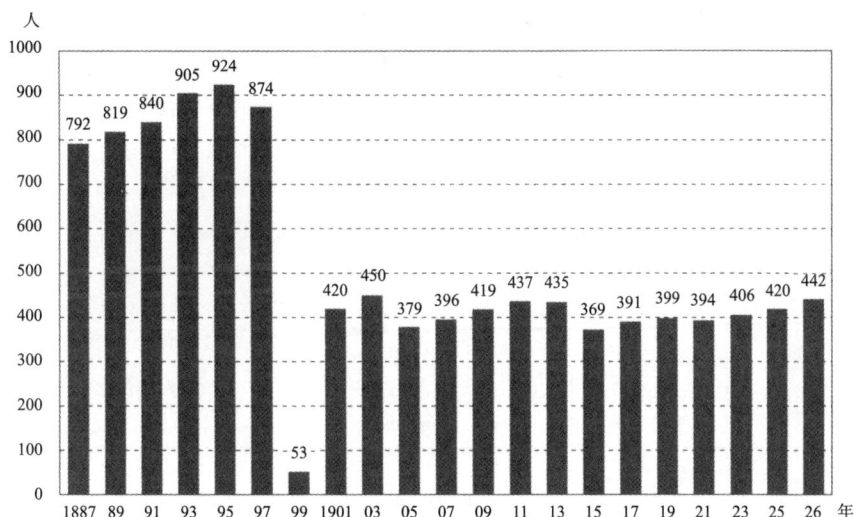

图 1-5　奈良县产婆数的变化（1887—1926 年）

出自：各年《奈良县统计书》。

定的学校或者教育机构毕业也可以获得产婆资格证。我们推测产婆规则
的修订应该会促进奈良县产婆数量的增加。但是，考察 1910 到 1915 年
这 5 年产婆数量的变化，我们发现奈良县产婆的数量从 434 人减少到
了 409 人（表 1-4），另外在此之前一万人口的产婆占比也从 7.86 下降
到 6.89（内务省卫生局 1912，170—171 页）（表 1-5），在全国排第 15
位。这也说明了产婆规则的修订没能直接带动产婆数量的增加。但是之
后，产婆数量再次增加，1920 年时一万人口对应的产婆数量达到 8.94，
排在全国第 6 位（内务省卫生局 1922，227 页）。另外，如果以 1925
年的产婆数量作为起点，那么仅仅 5 年时间，人数增长了 1.32 倍，达
到 555 人。1935 年增长 1.54 倍，达到 647 人。1940 年增长 1.7 倍，达
到 715 人（奈良县统计课 1930、1935、1940）。就这样，产婆规则修订
之后，奈良县的产婆数量保持平稳增长。

　　表 1-7 反映出奈良县新式产婆与旧产婆在数量上的变化。1900 年产婆
规则制定后不久，当时奈良县产婆数量为 422 人，在这之中有 3 人通过了
考试（内务省卫生局 1900，214 页）。到了 1915（大正四）年，奈良县产
婆共有 409 人，其中 222 人都通过了考试，从指定学校或者教育机构毕业
的产婆有 1 人，通过考核的产婆数量大幅增长（内务省卫生局 1917，205
页）。如果将这 223 人称为"新式产婆"，那么他们就占到全体产婆数的
54.5%，这个数据的变动大体上与全国的动态（表 1-1，28 页）保持一致。

表 1-7　奈良县新、旧产婆的数量与比例

产婆的分类　　年		新 式 产 婆		旧 产 婆		合计
		通过考试	指定学校或教育机构毕业	传统型	地方型	
明治33年（1900）	人数	3	—	397	22	422
	小计（人）	3		419		
	比例（%）	0.7		99.3		

产婆的分类 年		新 式 产 婆		旧 产 婆		合计
		通过考试	指定学校或教育机构毕业	传统型	地方型	
大正 4 年 （1915）	人数	222	1	185	1	409
	小计（人）	223		186		
	比例（%）	54.5		45.5		
昭和 5 年 （1930）	人数	451	32	72	—	555
	小计（人）	483		72		
	比例（%）	87.0		13.0		

选自安井编 2011，69 页。
出自：各年《卫生局年报》。

● 奈良县内的地区差异

接下来我想就奈良县内各个郡的产婆数量展开考察。每年的产婆数量在《奈良县统计书》的"产婆针灸术及药铺"中都有记录。但是，按照产婆资质进行数量标记的年份却不统一，甚至有的资质名称每年还有所不同，要把握精确数字有一定困难。因此这里为了把握概要，只列出产婆的总体数量。

表 1-8 和图 1-6 是从 1901 到 1935 年，奈良县各郡的产婆总数变化数据。该数据由郡政府负责登记，是县政府明确掌握的内容。其中，除了添上郡以外，其他郡的产婆数量都在增加。特别是奈良市增加了 63 人，吉野郡增加了 72 人。可见不仅城市，县南部的吉野郡的产婆数量也呈现稳步增长。吉野郡与其他郡有所不同，其产婆数量一直在显著增长。吉野郡位于纪伊山地广阔的山间地带，郡政府增加产婆数量，特别是为产妇确保卫生的分娩场所，其目的就在于降低婴儿和孕产妇的死亡率。但即便是

1935 年，各郡千人人口所占的产婆数量，在添上郡、山边郡、矶城郡、南葛城郡、吉野郡地区，都没有达到 1 人，[1] 未能确保足够的产婆数量。

表 1-8　奈良县各郡产婆数的变化（1901—1935 年）（人）

年	添上	生驹	山边	矶城	宇陀	高市	北葛城	南葛城	宇智	吉野	奈良	总计
1901	27	72	15	59	54	43	70	26	25	18	11	420
1904	29	73	17	59	40	29	56	24	20	17	13	377
1910	36	73	24	61	40	33	53	28	28	38	20	434
1915	26	25	29	49	34	39	59	17	23	34	34	369
1920	23	61	28	50	36	32	59	19	23	43	31	405
1925	23	60	24	50	35	35	58	23	22	52	38	420
1930	28	81	31	64	49	41	70	33	27	71	60	555
1935	26	101	41	65	56	48	86	32	28	90	74	647

出自：各年《奈良县统计书》。

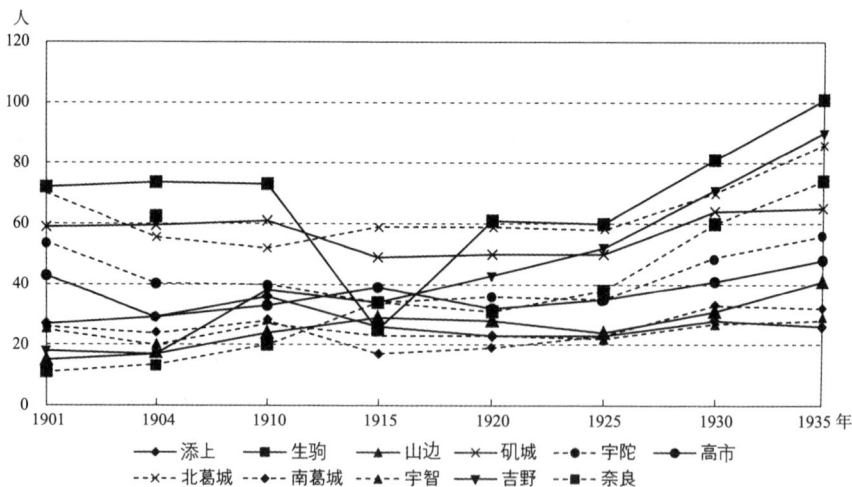

图 1-6　奈良县各郡产婆数的变化（1901—1935 年）（人）

注：基于表 1-8 绘制。

---

[1]　奈良县统计课于 1935 年统计了奈良县各郡人口与产婆数量的比例。各郡的数值为：添上郡 0.67；生驹郡 1.22；山边郡 0.97；矶城郡 0.83；宇陀郡 1.45；高市郡 1.01；北葛城郡 1.12；南葛城郡 0.97；宇智郡 1.09；吉野郡 0.91；奈良市 1.41，平均值为 1.06。

接下来，我们将城市圈的奈良市和县南部的吉野郡作一个比较。表1-9展示了奈良县不同郡的产婆数量、地方型产婆数量、产婆人均接生数（原有资料中为生育数），以及产婆人均接生的死婴数量。1910年，吉野郡的产婆数量为38人（产婆25人，地方型产婆13人），产婆人均接生数为109.24人，与此相对奈良市产婆数量为20人（产婆20人，地方型产婆0人），产婆人均接生数为47.65人。所谓的地方型产婆，如上所述，是仅限于产婆数量缺乏的地方，为了方便起见允许其在当地以5年为限开展业务。吉野郡有13位地方型产婆。与之相对，山边郡4位，宇陀郡3位，北葛城郡与宇智郡各有1位，其余的郡为0。笔者猜测应该是已经切换为持有资格证的新式产婆模式。

表1-9　1910（明治43）年奈良县的不同郡市出生数、死产数、产婆数

郡名	出生数（a）	死产数（b）	产婆数合计（c）	产婆人均接生数（a/c）	产婆人均接生死胎数（b/c）
添上	1 458	211	36	40.50	5.86
生驹	2 622	274	73	35.92	3.75
山边	1 369	194	24	57.04	8.08
矶城	3 182	267	61	52.16	4.38
宇陀	1 614	168	40	40.35	4.20
高市	2 016	180	33	61.09	5.45
北葛城	2 829	193	53	53.38	3.64
南葛城	1 303	133	28	46.54	4.75
宇智	1 056	93	28	37.71	3.32
吉野	4 151	404	38	109.24	10.63
奈良	953	93	20	47.65	4.65
总计	22 553	2 210	434	—	—

出自：基于《明治43年奈良县统计书》第35"本地人出生"、第37"现住人死产"、第190"产婆针灸术及药铺"统计完成。

　　另外，吉野郡的产婆人均接生数量是 109.24 人，是奈良市的 2 倍。笔者推测，这是因为吉野郡作为县里面积最大的地区，与人口需求相适应的产婆数量得不到保证，所以产婆实际参与的分娩十分有限。反之，吉野郡中那些没有产婆资格证的、如接生婆一般的女性，很有可能会协助接生。但这些出生数据并没有被统计在内。而且，如果发生异常分娩，作为接生婆来说，她不知如何应对，所以有可能带来更多的死婴。但是这种情况，即非专业助产的接生婆导致的死婴率同样没有被统计进去。

　　接着让我们把目光聚焦到 1920 年的数据（表 1-10）。吉野郡 1920 年的产婆数量为 43 人，相比 1910 年增加了 5 人。与吉野郡十年前的数据比较，人均接生数只是由 109.24 人小幅减少为 101.93 人。另外，当时奈良市的产婆人均接生数只有 34.84 人。比较这些数据就会发现，吉野郡的数据几乎是奈良市的 3 倍。

表 1-10　1920 年奈良县的不同郡市产婆数（人）

郡名	产　婆　数	产婆人均接生数	产婆人均接生死胎数
添上	23	66.75	7.43
生驹	61	45.13	3.34
山边	28	53.71	4.07
矶城	50	63.4	3.48
宇陀	36	46.92	3.72
高市	32	64.25	3.69
北葛城	59	49.41	2.8
南葛城	19	72.21	4.26
宇智	23	46.52	3.91
吉野	43	101.93	8.21
奈良	31	34.84	2.32
总计	405	—	—

出自：《奈良县统计书》。

　　我们认为，其原因不仅是因为当时吉野郡增加了 5 名产婆，更是因为越来越多的人会去找有资格证的产婆来帮忙接生了。但现实情况是，吉野郡的产婆数量和其他郡相比，绝不能算多。因此，就出现了产婆年人均接生数量达到 101.93 人（大致是奈良市的 3 倍）的情况。

接着看一下吉野郡记载的"产婆人均接生死胎数"，会看到这个数值是 8.21，与 10 年前 10.63 的数值相比有了减少。由于出生人数增加，死胎数自然也会相应增加，从这个层面考虑，在出生人数中，死胎所占比例没有发生太大变化。

详细信息仅凭借统计资料是发现不了的。因此，在第三、四章，我将结合吉野郡十津川村所作调查予以补充。

只看统计表，可以知道奈良市和吉野郡，在产婆的数量、接生的新生儿数量方面存在着地区差异。这种地区差异，进入昭和时代后依然很明显。比如，翻看 1935（昭和十）年的产婆名册（个人藏书）可见，各地产婆的名字均有记载，但唯独没有任何一位来自吉野郡十津川村的产婆名字。虽不知详情，但考虑在十津川村，主要依靠没有证书的接生婆从事助产的可能性较大。

本章主要是关于明治时期的产婆制度、医生数量以及产婆数量地区差异的论述。考察各府县分类下的统计数据，可以发现从近世到近代，医生数量出现了新的地区分布失衡。同样，产婆数量从一开始也有地区性失衡。也就是说，受到 1910 年产婆规则修订的影响，在大都市圈东京和大部分西日本府县，产婆数量得到了明显增加。

此外，就一个府县内的地区差异而言，可以很清楚地看到：比如奈良县，从 1901 至 1935 年，医生数量整体在减少并开始向城市集中，产婆数量虽然存在地区差异，但是几乎全县范围内都是保持增加的。

如此一来，可以说医生的资源分布不均并不是进入现代之后突如其来的问题，这一问题从近代医生的资格制定之日起就出现了。同时作为产婆群体来说，单看奈良县，尽管城市部和郡部存在着地区差异，但是政府已经考虑到在郡部配备产婆，尽可能减少缺乏产婆的地方数量。这都是为了回应明治政府千方百计降低新生儿高死亡率的强烈要求的做法。即使是奈良县，也在努力从制度层面提高分娩场所的卫生化程度，培养产婆以助力新生儿的健康成长，以及致力于改变村里女性们的生育方式和观念形态。

在此基础上，下一章我想就学习了近代医学的新式产婆是如何将新知识传递下去的展开考察。

第二章

新式产婆采用的方法

第一章介绍了掌握西方医学的近代产婆，本章将继续阐明她们为生命的诞生带来的改变。近代产婆参与到生育中以后，怀孕、分娩、产后的习俗经历了怎样的变化？近代产婆的新知识对人们的生育观造成了怎样的影响？为了阐明这些问题，第二章将选择《奈良县风俗志》一书作为参考。该书编纂于1915年，是一部庞大的资料汇总。《奈良县风俗志》的成书、特征以及翻刻原稿详情，在《分娩、育儿的近代篇章：读〈奈良县风俗志〉》（安井 2011）中已有记述，可以参照阅读。并且本章中部分内容有重复，敬请知悉。

1. 参与生育的相关人员

● 产婆术的新知识

自明治时代起，以内务省为核心，医疗卫生措施得以稳步发展。提到生育，尝试将其医疗卫生化的群体正是近代产婆。正如第一章所介绍，明治政府为培养学习西方医学的新式产婆，制定并修订了产婆规则，完善了产婆制度。其中也出现了不仅要增加产婆数量，还要提高产婆质量的呼声。内务省卫生局长杉山四五郎在第7次地方改良演讲会上提及婴幼儿的死亡率。杉山指出，造成婴幼儿死亡的其中一个原因便是"分娩过程中的处理不充分"（杉山 1914，427—428页）。并进一步指出其背后症结所在就是"产婆问题"，因此有必要给"传统型产婆、地方型产婆"等"不全面的产婆"开讲习会，传授她们"产婆术的新知识"，这些改善措施对于保护婴儿十分关键。那么，产婆术的新知识究竟是指什么呢？

佐藤香代指出，与旧时的产婆教育相比，基于西洋医学的新式产婆教育主要有以下 5 点不同（佐藤 2001，20 页）。

① 改善着带目的——由"不让胎儿过大"变为"保护母亲和胎儿"。

② 变更分娩体位——由跪坐位生产变为仰卧位生产。

③ 实施会阴保护——以往过于重视胎儿娩出、强调用力，所以出现会阴撕裂的非常多。

④ 注重产后的营养及调理——产妇从产褥的 1—3 周不分昼夜都要跪坐的体位变更为卧床休息并给予足够的营养。

⑤ 注重消毒——消毒后使用脱脂棉给新生儿上眼药。

这 5 点是新式产婆学习到的西方医学的分娩方法，也称之为"产婆术的新知识"。新式产婆是怎样将这些新式的分娩方法应用于日本的呢？关于这一点在《奈良县风俗志》中有细致的说明。

● 新式产婆与旧产婆以及医生对于分娩的参与

在《奈良县风俗志》如此庞大的资料汇总中，和妊娠、分娩相关的分类中也有关于产婆的相关问题（安井 2011，64 页）。其中有一项是关于选择新式产婆还是旧产婆的提问，并记载了各个乡镇村庄的产婆人数。比如，奈良市（安井 2011，222 页）产婆有 26 人（大正三年调查），其中新式产婆和旧产婆各占一半。在矶城郡樱井町、城岛村、安倍村、多武峰村有 5 名产婆，其中樱井町有新式产婆 1 人、旧产婆 3 人，城岛村有新式产婆 1 人。可见"在产科思想不发达的地区，地方群众一般更喜欢选择旧产婆"（安井 2011，333 页）。也就是说，由于人们不太了解新的"产科思想"，因此比起新式产婆来说更加喜欢旧产婆。

对于当时的新式产婆和旧产婆，杉立义一指出："1914（大正三）年，全国产婆培训机构的数量达到了 127 所，并且新式产婆和旧产婆之间出现了一些分歧。在农村，人们难以摆脱传统习俗的束缚，所以相比于动作干净利落、严格要求消毒环节的新式产婆，更多的人对旧产婆备觉亲切。但是渐渐地产妇自身也意识到，并且开始信赖新式产婆。"（杉立 2002，209—210 页）

此外，据《奈良县风俗志》记载，针对"新式"产婆和"旧"产婆的谢礼是不同的。参照拙作中依据现存的 80 种风俗志，对有关产婆谢礼的数额和财物的分析可以得知：产婆谢礼的价位根据家庭的经济情况、社会阶层，以及是否为新式产婆来决定（安井 2011，86—89 页）。例如，宇陀郡三本松村，向有产婆资格证的产婆支付 2—3 日元的现金，而向没有产婆资格证的人支付 50 钱日元，并且连续 3—4 年，每逢盂兰盆节和日本新年之际，都会给产婆包红包当作谢礼。可知当时人们对于新、旧产婆，会选择支付不同金额的谢礼（安井 2011，85 页）。

另外，不仅是产婆，医生有时也参与分娩。矶城郡樱井町、城岛村、安倍村和多武峰村的《樱井町城岛村安倍村多武峰村风俗志》里记录了当时产婆和医生共同问诊的情形。该地区由于没有专门的产科医生，取而代之的是无所不能的全科医生。

　　　往大夫就医者甚少，而多拜托于产婆。
　　　然，难产、流产等之时，多于大夫问诊。产婆有孕五月，始就诊。后，月增一次，是以月查两次。然，中流家境以下之孕妇大都至临产前夕，才受查，且产婆待产妇薄矣，若产妇非请，来看疾探望者稀少。

首先，在生产的时候，很少有女性接受医生检查，大多都会委托产婆。但难产或者流产的时候，则有不少人找医生诊疗。正如第一章中所分析的那样，奈良县内已经出现了医生数量城乡分配不均的情况，但在该地仍然有医生可以应对难产或流产。

其次，产婆的检查是从怀孕第 5 个月左右开始，随着临产月份的接近，检查次数会增加到每月 1—2 次。虽说如此，在乡下属于"中流以下"阶层的孕妇中，有很多是到临产时才首次接受检查。值得注意的是，虽未标明是新、旧哪种产婆，但有史料称产婆"不太亲切"，只要不主动委托，产婆就不会主动来看望。产婆似乎并不会过多地到孕妇家中探望。

此外，吉野郡黑泷村仍有将"有经验的婆婆或医生"作为"无产婆情况下的助产"对待的情况（安井 2011，449 页），如果产婆不在，即便普通的助产他们也会喊医生前来。我们还可以读到吉野郡大塔村也有把医生叫来进行"无产婆情况下的助产"的记述（安井 2011，461 页）。

像这样，当时的医生只有在难产、流产等特殊情况，或是产婆不在的时候，才会给孕妇看诊，几乎不参与正常的怀孕、生产。

据奈良市的《风俗志》所述，奈良市有 3 位个体医生，其中两人都是妇产科医生，但没有任何有关医生参与分娩的记录。也就是说，即使在奈良市这样的城市，当时人们的观念也是正常分娩情况下找产婆而非医生。

2. 新式产婆的尝试

● 生产场所

分析《奈良县风俗志》中大量的记述内容，可以发现新式产婆带来的新事物是"生产场所、生产姿势等与助产直接相关的习俗，以及包括哺乳在内的、面对新生儿的护理方法"（安井 2011，100 页）。也就是说从明治后期到大正初期，新式产婆在实际生产环节中所尝试的是，对孕产妇和新生儿的身体护理以及营造一个卫生的生产场所。其中，首先是预防产后感染，避免发生生命危险（安井 2011，100 页）。

有了这样的初步理解后，接下来让我们关注旧产婆和新式产婆的差异，并以生产场所为中心考察新式产婆带来的方法。

纵观《奈良县风俗志》全部内容，可以得知其中有很多是头胎回娘家生产，二胎之后选择在婆家生产。另外在奈良县内，关于月经期的女性集中所居的月小屋和分娩时使用的产小屋等场所，几乎是不存在的。

首先，让我们关注旧产婆的情况。根据山边郡《丰原村风俗志》所著内容，该地没有"持有资格证"的产婆，所以由有经验的旧产婆[1]沿袭过去的做法。即将"储物室"充当产房，掀起产房一角的榻榻米，在地面上铺上草席，并将几把稻草捆成束放在上面。孕妇倚靠在捆成束的稻草上分娩，分娩结束后，给产妇腿上盖上被子。这种方法被广泛采用（安井 2011，295 页）。

但是仅凭上述记载，我们无法得知产妇分娩后能否平躺休息，还是仅能倚靠在捆成束的稻草堆上，只在腿上盖上被子。据说产后立即平躺会导致"积血不下"，因此常会让产妇在产后保持坐姿。丰原村的旧产婆可能也是让产妇倚靠在稻草堆上。此外也有在榻榻米上铺上防水桐油纸或旧报纸进行分娩的记载。为了防水，在美浓纸（美浓地方生产的一种棉纸）上涂抹制作雨具时用的桐油、苏子油制成桐油纸，再将桐油纸、旧报纸铺在榻榻米上。虽说已经可以在榻榻米上进行分娩活动，但生育环境绝对算不上卫生。

接下来，我们来了解新式产婆所在地区的分娩场所。例如，根据北葛城郡的《高田町磐园村陵西村浮穴村风俗志》记载，当地产婆共有 9 人，其中新式产婆 5 人，旧产婆 4 人。分娩方式和场所有如下记载："上流之家其重卫生者，取用'产褥蒲垫'，然此甚稀。寻常百姓多将旧布浸于沸水消毒，铺干物，取桐油纸、报纸铺于其上数层，此外又

---

[1]　《丰原村风俗志》的正文中（安井 2011，294—295 页），写有"旧式助产妇"，可以判断这是指旧产婆。这是因为，当时给持有资格证的产婆的报酬多为现金，但据记载，给丰原村"旧式助产妇"的报酬是衣服和布匹。

有取灰蒲团而用者。"（安井 2011，272 页）即上流家庭重视卫生，使用"产褥蒲垫"，此举很是稀有。普通人家则将旧布浸在沸腾的热水里消毒，铺上晾干的东西，再铺上桐油纸和报纸，来作为分娩场所。相比丰原村旧产婆掀开榻榻米在地面上铺草席的做法，后者要卫生得多。但是，我们无法确定此举是否是在产婆指导下进行的。不如说是因为上流阶层家庭的缘故，所以对卫生问题更为重视吧。

● 分娩姿势

新式产婆做出的最大尝试就是改变了分娩姿势。例如长谷川真由帆在对欧洲助产椅问题的分析中指出，"'生孩子时的姿势、方法'这些看似微不足道的身体动作中，其实蕴含着博大精深的文化和历史"（长谷川 2004，9 页）。文化人类学学者松冈悦子则指出，"生产时的姿势，在各种各样的文化中本来都是采用站姿、蹲姿、跪坐姿等的垂直姿势"。其中，蹲坐式是最方便分娩的姿势（松冈 1991，140 页）。其理由在于"蹲坐使大腿承接起腹部的压力，从而使盆骨张开，扩展其直径和表面积"，"蹲坐式更便于婴儿头部旋转和婴儿产出"（松冈 1991，140 页）。

迄今为止的民俗学研究报告显示，在日本主要的分娩姿势是蹲坐式（吉村 1992；恩赐财团母子爱育会 1975）。民俗学者吉村典子就其在濑户内海所作的调查表示："人们几乎都采用坐式的分娩姿势，或是站立式。"而在独自一人分娩的情况下，她表示："有很多人会静坐以抑制阵痛，万一要生了，便会本能地采取双手向前扶地的姿势分娩。"（吉村 1992，17 页）关于这种姿势，吉村讲道："万一难产的话，在这种姿势下产妇可以移动，所以无论就生理特点还是就心理安全感而言，对产妇来说都是十分合理、有效的。"（吉村 1992，17 页）

但是，学习过西洋医学的新式产婆们更希望产妇采用仰卧位，即仰面朝天的姿势，而非坐姿。中根认为，仰卧位"不仅与骨盆轴的重力方向相反，而且会限制生理荐肠关节的活动，不利于胎儿分娩"（中根 2006，25 页)。但由于这个姿势方便医生和产婆诊断子宫口状态，以便应对紧急情况的发生，所以尽管仰卧位对孕妇而言不易于分娩，依旧被特意引入了日本。总之，可以说产妇采取仰卧位，虽然方便了助产士对产妇的监护，但自身分娩的难度却增加了。此外松冈提到："自1920 年左右起，美国在普及分娩台的同时，仰卧碎石位（lithotomy position ）——仰面平躺，将双腿张开、抬高后固定住的姿势也随之普及。尽管这个姿势被认为是仅次于倒立的不良姿势，违反了分娩的生理特点，但仍被使用。"（松冈 1991，140 页 ）在当时，学习了德国医学的日本也已引进了分娩台。在大阪市东区道修町（当时)，白井松机械铺《1912 CATALOGUE》（首版为 1886 年 ）的商品目录中，就刊登着精密的分娩台设计图（图 2-1 ）。专家们认为，产妇通过这种床式分娩台采用仰卧位进行分娩（白井松机械铺 1912)。

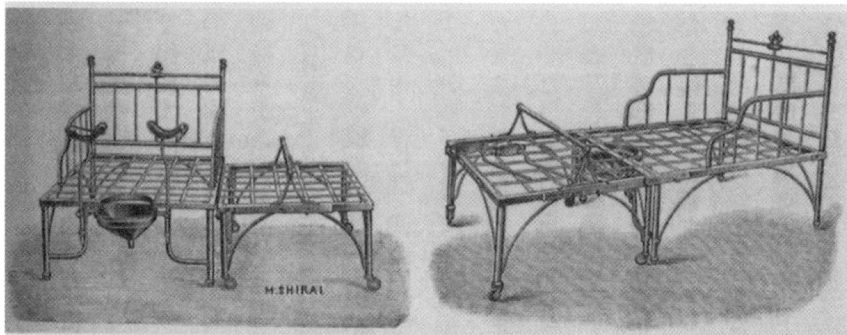

图 2-1　分娩台的图

出自：白井 1912（1886)，160 页。

● **新式产婆带来的分娩姿势**

那么，学习了仰卧位分娩姿势的新式产婆们，她们在具体的生产场景中是如何指导产妇的呢？接下来，让我们继续关注《奈良县风俗志》。

首先，史料中提到，在没有产婆的添上郡狭川村，"产妇大多跪坐，双腿打开，上半身前屈进行分娩"（安井 2011，248 页）。比起坐姿，这种姿势更接近双手双膝着地的跪趴姿势。

另外，史料中记录，在北葛城郡的高田町、磐园村、陵西村和浮穴村共有 5 位新式产婆和 4 位旧产婆。"产妇大多采用仰卧和侧卧姿势分娩，尚有小部分采用跪坐姿，还有的会让力气大的男性从背后抱住腰助产（这在村庄中常见）。"（安井 2011，273 页）即大多采用仰卧或侧卧姿势，有些村落虽然是极少数，也会有孕妇跪坐着，由力气大的男性从背后抱住腰助产的方式。吉村典子以爱媛县大洲市上须戒村为例，介绍了由丈夫辅助生产的夫妇共同型生产方式（吉村 2008，562 页）。吉村指出，即便在日本文化中男性陪同生产被视为禁忌，但实际上还是存在很多由丈夫在旁辅助的"夫妇共同型生产"的习俗（吉村 2008，545—546 页）。《奈良县风俗志》的记载中提到，陪同生产的并非丈夫，而是"力气大的男子"。由此推断，陪同生产的不仅限于丈夫，也可能有其他男性。

吉野郡的《贺名生村风俗志记载事项调查》里，将旧产婆和新式产婆所采用的分娩姿势进行了对比，并做了如下记载："至于产妇分娩之体位，新式产婆大抵采用睡姿平躺，偶见头处高位，气血逆行而上，故需垫足枕低，以防此状。另，使产妇朝向惠方躺卧。"（安井 2011，439 页）由此可见，新式产婆通常让产妇"以睡姿平躺"，也就是以仰卧位分娩。但这种姿势有可能会使产妇"气血逆行"，即气血上涌导致头晕脑胀，如果发生这种情况，则需要将足部垫高，并让头部处于较低的位置。同时，它也对产妇头部的朝向做了规定，即所谓的惠方。[1] 与此相对，旧产婆则是"诸多寝具，一概不用，如前文所记，产妇坐于地面，令助产者拦腰环抱，直至婴儿落地"。地上不留任何寝具，只让助产者抱着产妇，以坐产位生产（安井 2011，439 页）。从"婴儿落地"一词也能想象得到，虽然是坐产，但产妇有时还会抬高腰部采取跪姿，或四

---

[1]　每年根据风水确定的吉向。译者注。

肢着地采取跪趴的姿势分娩。产妇会不停调换姿势，使分娩更加顺利。

　　而在吉野郡下市町，则一共有 6 名新式产婆和 1 名旧产婆。当孕妇开始阵痛时，产婆便会"一齐发声为产妇鼓劲"，还会在分娩时对产妇的会阴采取保护措施（安井 2012，413 页）。关于会阴保护的其他记载，在下文中也有所介绍，通过这些记载，我们能看到新式产婆对于会阴保护所采用的新方法及其实践。

　　如此，新式产婆出现之前，产妇大多采用坐姿分娩，新式产婆出现后，她们开始要求产妇平躺生产，仰卧位分娩逐渐进入大众视线。另外，本文里也多次提到，仰卧位并不是易于生产的姿势，而是便于新式产婆对产妇进行诊察和助产的姿势。

　　不过，其中也有一些新式产婆并不会采取固定的分娩姿势，而是随机应变。例如山边郡丹波市町，就有"新式产婆会依据产妇的意愿，来选择坐产位、仰卧位，抑或是其他分娩姿势"的记载。即使是新式产婆，也要遵从产妇自己的意愿，坐产位也好，仰卧位也好，无论什么姿势，都会尽量满足产妇以完成助产（安井 2011，281 页）。

● 新式产婆采取的会阴保护措施

　　新式产婆在接生时会采取一系列措施，其中就有"会阴保护"这一项。会阴是指外阴与肛门之间的区域。胎头双顶径（指胎儿头部左右两侧之间最宽部位的长度）大约有 10 多厘米宽，当胎头通过阴道娩出时，胎头持续下降会不断压迫阴道壁及会阴周围组织。但是如果胎头过大或骨架过大，娩出进程过快，产妇用力过猛等，就会造成产妇会阴撕裂。

　　过去，旧产婆在接生时，会优先考虑胎儿的成功娩出，却忽视了对产妇母体的保护。因此，产妇在生产过程中多有会阴撕裂的情况发生。严重者甚至一直撕裂到接近肛门处，而旧产婆不会对产妇采取任何处理措施，造成产妇感染，甚至影响到产妇的日后生活。为改善这一状况，基于西方医学理论的新式接生教育特别强调了助产过程中会阴保护的重要性。例如，《奈良县风俗志》出版 10 年后，1926 年盛冈产婆护士学校校长川村清一编纂了《产婆必备手艺一览》的教材。书中强调"会阴保护是产婆在助产过程中，最重要且不容忽视的任务"，可见当时的教科书中已经明确了"会阴保护是产婆最重大的任务"这一定位。

在《奈良县风俗志》保存的 80 种地方风俗志中，吉野郡的《下市町风俗志》《上龙门村风俗志》《国樔村风俗志》《小川村风俗志》4 份史料中都存有会阴保护的相关记载。前面提到的《下市町风俗志》中记载："产婆在产妇阵痛时为其加油鼓劲，在分娩时对其采取会阴保护措施，进行生产。"这一描述是下市町当地小学老师在当地展开调查后记录下来的。彼时他们对会阴保护已经有了认知。

《国樔村风俗志》中记载："经产妇分娩时，新式产婆会让她们采用仰卧或侧卧的姿势，实施会阴保护手法，这是针对轻（经）产妇的助产，如果分娩过程中出现异常情况，产婆使用的助产方法也会变化，并不固定，因此不做具体介绍。"（安井 2011，427 页）已经有过生产经验的女性通常被称为"经产妇"，而此文中的"轻产妇"可能是指，与"分娩过程中出现异常情况的女性"相比，分娩较为轻松顺利的女性。其余两本风俗志中也记载了类似的内容。

正如我在第三章中指出的，此后，产婆的声誉好坏，已经发展到以产妇会阴的保护情况作为评判标准的程度，会阴保护的技艺不断受到重视。

● 婴儿的护理

产后，针对婴儿的护理包括"初浴（婴儿的首次沐浴）""涂药、服药、涂红""点眼（给婴儿滴眼药水以预防结膜炎）""肚脐的清理""胎毛的处理""哺乳""大小便的清理""防寒、保暖、衣服""婴儿护理相关的迷信"等项目，我们可以具体了解其实际内容。接下来让我们着眼于新式产婆与旧产婆护理方法间的不同点，依次展开分析。

首先，婴儿的初浴由产婆负责。以矶城郡的耳成村、大福村以及香久山村中的旧产婆为例，资料记载："孕妇阵痛始起，产婆便即刻烧水，待到婴儿降生，产婆将双脚置于浴盆中，坐于盆旁托扶婴儿，以温水为其轻柔清洗，清洗时另辅以蛋清及冰蒟蒻等材料。"（安井 2011，323页），由此可见，旧产婆为婴儿进行初浴时，会将自己的双脚浸入浴盆中，同时手托婴儿，撩水为其清洗，清洗时还会使用蛋清和冰蒟蒻。《日本产育习俗资料集成》中也有记载："在沐浴用的水中加入蛋清为婴儿洗脸，可使肌肤水润细腻。"（三重县铃鹿郡）可见，在水中加入蛋清是为了给婴儿做皮肤护理（恩赐财团母子爱育会 1975，282页）。而所谓的冰蒟蒻，就是遇冷冻结的蒟蒻，其作用相当于海绵。"如果婴儿使用了漆器碗类烧制的热水进行初浴，就不会对生漆过敏"，这是吉野郡下市町流传的一种说法，但现在人们都意识到这只是"与婴儿护理有关的迷信"（安井 2011，414页），已经不再照做。下市町共有 7 位产婆，其中有 6 位是新式产婆，她们极有可能将这一习俗视为"迷信"，并将其摒弃。因此在生驹郡伏见村，新式产婆在给婴儿进行第一次沐浴时，"在切断脐带后，产婆亲自把婴儿放进 36—37 摄氏度的温水中，洗 5 到 10 分钟，再从另一个容器中拿出用温水浸泡过的消毒棉花轻轻地给婴儿擦拭眼睛、嘴唇"（安井 2011，189页）。书中标明了初浴时适宜的温度和时间，给人一种教科书的感觉。这与旧产婆所注重的将来能拥有健康且美丽的肌肤形成了鲜明对比。

接着是给婴儿"涂药、服药、涂红"。旧产婆所在的添上郡大安寺村，会给婴儿喝五膏和款冬的根，为其涂上天瓜粉，把胞衣放到婴儿的嘴唇上，等到嘴唇有了血色之后就给孩子起名字（安井 2011，229页）。所谓五香就是指江户时期，从江户王子化身的神那里传出来的能治百病的神药。起初是把枕水香、梅檀香、丁子香、鸡舌香、安息香这五种香放入红绡的袋子里让婴儿吸闻，后来变成了将海人草、甘草、大黄等调和在一起，煎制成药（安井 2011，505—506页）。《奈良县风俗志》中也记载了各地有不同的五广、五红、五膏、吴香、御香等。那么为什么要服用五香以及（煎制的）款冬的根呢？生驹郡都迹村认为，喂乳前产婆使其服五香，认为这样可以帮助排胎毒（安井 2011，193页）。所谓胎毒就是指小孩皮肤病的统称，来自母体的毒。所以婴儿出生后不久，为了尽快把胎毒排出体外，让婴儿服五香以此"排胎毒"，担负这个任务的就是产婆。据说在山边郡丰源村，婴儿出生后观察其食欲状况，让其服用医生调制的五香（安井 2011，295页）。只是这并不是为了排胎毒，说到底是根据婴儿的"食欲状况"进行的判断。

哺乳一般是在进行完"乳合"这个仪式后，在婴儿出生后的第 4 天开始进行。"乳合"是指在婴儿出生后的两天内，新生男婴找正在哺乳女婴的女性喂奶，新生女婴找正在哺乳男婴的女性喂奶的这一做法。初乳是黄色的分泌液，味道浓郁且黏稠。由于初乳与色白且清爽的成乳不同（岩崎 1996，24页），所以过去称其为粗乳，不为婴儿哺乳所用。作为替代品，让新生儿喝的是陀罗尼助（详见下一节）或款冬的根煎制而成的药，作为"胎毒下"之用。

值得注意的是一种"最近"使用的方法，记载于吉野郡《下市町风俗志》。"初乳对新生儿有毒性，大多数情况下，新生儿要经过三四天后才开始允许喝母乳。产妇出奶量过多时也会感到不方便，只能是把母乳挤出来扔掉。尽管这十分可惜，但最近有证据说喝初乳反而更有效果，由此出现了许多生完孩子（即产后二十四五个小时）后就进行哺乳的产妇。"（安井 2011，44页）下市町的 7 位产婆中有 6 位都是新式产婆，可以想象她们学习了初乳营养价值极高的新知识，因此，她们会让产妇生产后马上进行哺乳。这也是新式产婆带来的新情况。

● 婴儿的消毒

接下来，让我们把目光转向新式产婆教育中备受重视的消毒环节。

当时最具有特点的，便是给婴儿滴眼药水。比如，只有一位产婆的吉野郡小川村，在为婴儿滴眼药水方面，有过这样的记载："产婆在的时候会使用有百分比浓度的硝酸银溶液。"（安井 2011，43 页）为了预防婴儿淋病性黏膜炎，新式产婆利用了具有杀菌作用的 1%—2% 浓度的硝酸银眼药水。硝酸银的水溶液，在其他地区的风俗志中也有介绍，它被称为"硝酸水""硝酸银水""硝酸银""硝酸银液"等，指的都是同一种东西（安井 2011，508 页）。

同样在小川村，当产婆不在时："没有产婆时，会用陀罗尼助给婴儿清洗并滴眼药水。"（安井 2011，431—432 页）陀罗尼助是一种由黄檗树皮精制而成、味道极苦的药，作为真言密教僧侣的万能药在日本各地广为流传。奈良县与富山县一样，药品的生产、销售十分红火。陀罗尼助主要在吉野地区或者当麻寺进行生产和销售（图 2-2）。其功效为促进肠胃机能、抗病原菌等。

因此，在没有产婆的地方，人们将硝酸银水溶液替换成具有抗菌作用的陀罗尼助来使用。并且，吉野郡《下市町风俗志》中提及针对婴儿的"涂药、服药、涂红"的内容中也写道："为了排毒，许多人会喂婴儿喝五香或陀罗尼助，也有的往肚脐上涂陀罗尼助。"（安井 2011，413 页）可以说，在当时陀罗尼助就是万能药。

图 2-2　陀罗尼助丸

关于脐带的处理，新、旧产婆有着不同的处理方式。比如在矶城郡耳成村、大福村、香久山村，旧产婆在脐带脱落之前，会非常注意对于它的处理，用柔软的纸而很少用脱脂棉等将其包住，等到脐带自然脱落后，再在伤口处涂上陀罗尼助或菜油等（安井 2011，323 页）。总而言之，旧产婆会等待脐带自然脱落，在脱落后的瘢痕上涂上陀罗尼助或菜油。与之相对，新式产婆，比如在吉野郡小川村，"产婆在脐带上打两个结，再从中间剪断，然后敷上亚铅化淀粉[1]，最后用纱布卷成绷带即可"，即将脐带"扎两结，中间剪，亚铅化淀粉撒上面"。而一般人呢，据说则是"用食指、中指、无名指来比划脐带长度然后剪断，继而用好看的布片卷成绷带"（安井 2011，433 页）。即用手指来计算应该切断的长度。另外，新式产婆不光在陀罗尼助，在亚铅化淀粉的使用上也和旧产婆不同。如此，新式产婆在进行新生儿消毒时，不使用大和传统药品，而是用消毒液来确保清洁。

3. 新式产婆未作改变的部分

那么在当时的生产习俗中，有哪些部分是新式产婆没有参与的呢？

首先，让我们关注"孕期中的注意事项"部分。例如"随着怀孕月数增加，步行时要多加小心""不做踏碓臼的动作""不乘坐火车、汽车等交通工具""不提重物""不拿取高处物品""怀孕期间坚持劳动有助于分娩，避免上述剧烈劳动，保持一定劳动量"。换言之，只要不坐火车、提重物、伸手从高处取东西，也没有需要特别注意的事情。孕期保持一定劳动，分娩时就会轻松一些。可见，社会期待女性在孕期中也像往常一样坚持劳动，并且这被认为是安全分娩的秘诀。

"孕期中的迷信"这一部分介绍了如下内容：孕妇如果看到火灾，并且同时用手接触身体某个部位的话，新生儿的对应部位就会长红痣；如果遇到葬礼，新生儿就会长白痣；如果孕妇为死者安排后事，孕妇就会遭遇难产；孕期中如果进行性行为，新生儿的臀部就会长青痣。现

---

[1] 即氧化锌粉末，是一种保护皮肤、缓解炎症的药，常用于湿疹、皮炎、晒伤等。译者注。

在，以上种种说法作为"迷信"已经不为人们关注。但从孕妇的角度来说，这些民间俗信也是为了避免孕妇受到精神和肉体上的负面影响而对她们采取的行为限制。值得注意的是，婴儿身上的痣这一身体性特征其原因被归结于孕妇的行为的说法，其中隐约可见这样的观念：婴儿身上之所以出现不合心意的身体特征，是因为孕期的生活方式不佳。进一步说，是孕妇的责任。

其中有关孕期习俗的问答部分内容较少，这也说明了当时"即使孕期不准备繁琐的习俗和礼仪，也能够平安地生下孩子"的生育观的存在。

● 孕期与平时保持一致

《奈良县风俗志》中与怀孕、分娩相关的提问内容，主要集中在第21大类"冠婚葬祭与其他家庭内庆祝仪式"中"家庭内庆祝仪式"部分，并进一步分为"怀胎"和"分娩"两大块。关于怀胎的提问有4项，关于分娩的提问有15项，后者明显多于前者。

"怀胎"的相关提问围绕着"岩田带"开始。岩田带通常被称为腹带，指孕期中缠绕在产妇腹部的带子。在怀孕第五个月的戌日着带为佳。根据本章开篇引用的佐藤香代的观点，新式产婆致力于"改善着带的目的"，实现着带目的从"不让胎儿过大"到"保护母亲和胎儿"的转变（佐藤 2001，20 页）。从近世到近代，围绕腹带，医生之间有不同的赞成或反对意见，[1] 与之相对，新式产婆则保留了指导孕妇穿着腹带的做法。

在某些地区，产婆会被邀请参加着带仪式。其目的是向公众表明

---

[1] 著名产科医生绪方正清在 1907（明治四十）年出版的《妇人的家庭卫生》（第 44 章），以及教育家下田歌子在 1906（明治三十九）年出版的《女子的卫生》（第 1 章）中均认为，穿着腹带的习惯是"生理与医术落后时期的产物"，排斥这一旧俗（新村 1996，135 页）。

孕妇不会选择堕胎，而是继续妊娠直至孩子出生。借用铃木由利子的说法，着带仪式是为腹中的孩子选择了新生命，他并非是双亲"没有抚养意愿的孩子"，而是被"努力养育的孩子"（铃木 2000）。

着带后直到临近预产期，产婆产检的次数从每月一次逐渐增加。这在着带仪式时产婆应该也告知过孕妇。与此相对，不举行着带仪式的"下层"阶级女性，甚至有的到临产前也没做过一次产检。她们不公开怀孕的消息，产婆也不曾参与怀孕过程，因此还存在选择堕胎的可能性。

接下来，我们参照《大安寺村风俗志》（安井 2011，227—231 页）里关于添上郡大安寺村的礼仪与风俗记述的详细内容，就产后流程展开考察。

刚刚经历了分娩的产妇被认为带有极强的分娩的污秽、晦气，并且产妇要在一段时间内待在分娩的房间度过。即使是如厕，也不能走出房间使用平时用的厕所，而是在床边放置简易的便器进行处理。

除此之外，产妇为了去除生育中的污秽、晦气，以及缓解身心的疲劳会进行坐浴疗法。尤其是在产后的第 7 天，也就是人们常说的"第一个七日"，产婆会为产妇安排坐浴，给新生儿洗浴。另外还会清理产房，"打扫地面"。在奈良县西北部的大安寺村，产妇们是在第 5 天进行坐浴。"打扫地面"意味着最初的月子期满，这个时候产妇的娘家会送来祝贺产育平安的贺礼——寓意"结束产程"的庆贺之物。同时，也会招待产婆吃庆生宴。坐月子的具体日期每个地方各不相同，比如奈良县大多数地区是 6 天，还有 11 天。

不仅是大安寺村，参照其他地方也会发现，在婴儿出生后的第 30 天家人会带他们去参拜附近寺院的守护神。这一习俗也逐渐被确立下来。在这一时期内，由于产妇生育带来的污秽、晦气尚未散尽，因此不能陪同一起参拜。该仪式结束后，产妇也终于可以回归正常生活。然后，在第 75 天，产妇会带着婴儿回娘家，被称为"婴儿的第一次在外留宿"。再接下来还有百日的"吃饭仪式"以及第一个节日的庆祝仪式等。

关于产后的饮食，产妇们会吃一些芋头的根茎等有利于排恶露、积血以及木鱼干、乌冬面、梅干等食物。产后的 75 天里，禁止吃藤蔓性质的蔬菜、油腻之物、香菇、柿子、菠菜等难消化的食品。

此外，还有许多和产妇身体有关的迷信，比如伸直两腿睡觉的话，脚就会变长；产后不系腹带的话，就会头疼等。似乎前者的说法与刚分娩结束的产妇必须要蜷着腿保持坐姿的习惯有关。

像这样，产妇们在生产后的一段时间里，要卧床坐月子，其间采取坐浴以排除积血和恶露以及身体毒素。产后不仅要去除生育过程中的污秽、晦气，还要将产妇身体内的毒素排出体外。这种身体观念十分耐人寻味。

其他地方的人们，比如邻居或村民们是如何参与生育的呢？他们会在一个约定俗成的时间节点送上合适的物品作为祝贺。比如说《奈良县风俗志》中有关于"贺礼"的内容，娘家人会送给婴儿初次参拜神社时穿的和服，亲戚朋友会送上 50 钱到 2 日元不等的物品，附近邻居会送 30 钱到 50 钱不等的小物品。像这样，针对生育贺礼都有着细致的规定。

最后，让我们再回过头重读《奈良县风俗志》中的提问内容，我们会发现如上文所述，"怀胎"部分所包含的提问，远远不如"分娩"部分的提问多。在"分娩"的部分里，比起分娩时的提问（4 项内容），涉及产后如何照顾婴儿的部分（11 项内容）更多。由此可以得知，当时的人们认为怀孕期间不需要举行任何特殊的礼仪和风俗，只要和平常日子一样就能自然地完成分娩。与此相对，产后却安排有各种各样的习俗和仪式，这说明产后才需要家人、亲戚以及街坊四邻的参与，来关注产妇和新生儿，照顾她们的平安。比如，在产后禁忌没被解除的这段时间里，产妇不能回归到原有的正常生活。让产妇在一定时间内独处，看起来是讳忌生产带来的污秽、晦气，但如果换个角度看的话，又何尝不是为了缓解产妇产后的疲劳之感，为调理她们身体而采取的办法呢？对于像这样村里形成的各种习惯和方法，新式产婆也没有特别去作改变，而是在很多情况下顺应了原有的做法。

● 被视为"不良风纪"的避孕、堕胎

《奈良县风俗志》中十分耐人寻味的不仅是对提问的设置，还有以奈良全县为主体的整体调查，可以说，这些提问的内容就很好地反映了当时人们看待事物的方法以及他们的世界观。

在《奈良县风俗志》中，有关妊娠、分娩、产后的相关记录如上所述集中在39类别第21大类"冠婚葬祭与其他家庭内庆祝仪式"中的"其他家庭内庆祝仪式"。"家庭内庆祝仪式"指的是只有亲属等比较亲近的人参加的庆祝仪式，或者是指为了纪念自家喜事而赠送的礼品。从"家庭内庆祝仪式"可以看出，人们并没有将生育作为当事人私人性的事情，而是将其作为家族喜事这种公共的事情看待（安井 2011，62页）。

与之相对，有关避孕、堕胎以及杀婴等的出生调控行为被编在了《奈良县风俗志》第17大类"人情风纪"里的"二、风纪（三）、不良风纪"这一问题小类中。"不良风纪"包括"① 男女交往、② 通奸、③ 堕胎、④ 避孕、⑤ 赌博、⑥ 投机倒把、⑦ 不合理饮食、⑧ 吵架、⑨ 召伎、⑩ 狎妓、⑪ 纳妾、⑫ 奢侈华丽之风、⑬ 矫枉过正之风"。由此得知，"通奸、堕胎、避孕"被归为同一类。可见，在《奈良县风俗志》中，怀孕、生产和"通奸、堕胎、避孕"分别位于不同的类别，并被赋予"值得庆祝的喜事"和"不良风纪"两个迥异的评价（安井 2011，63页）。再进一步说，虽然结束胎儿性命的堕胎和避免受孕的避孕分属不同的行为，但在当时，两者却都被包含在了同一类别当中。

第一次世界大战结束后的1919年开始，关于"出生控制"，或"产儿调节"（生育调节），又或"计划生育"等，有关避孕是与非的讨论

变得活跃起来（荻野 2008，28 页）。1922（大正十二）年，以玛格丽特·桑格的首次访日为契机，日本正式开始推行产儿调节运动。据荻野美穗所说，日本于 1920 年首次开展了人口普查，其结果表明，这一时期日本人口每年增长约 70 万人，此外日本的人口出生率在这一年也达到峰值。这些数据再次加深了国外对日本人口过剩的印象。因此，欧美各国将警惕的目光对准日本，他们认为，在狭小国土上急速且持续膨胀的人口会成为日本日后对外扩张或发动战争的诱因（荻野 2008，39 页）。在这一背景下，生育调节到底能否成为解决诸多国内外问题的杀手锏呢？这个关系到日本未来的公共性课题迅速浮出水面（荻野 2008，39 页）。

在产儿调节作为关系到"日本未来的公共性课题"迅速浮出水面的数年前，《奈良县风俗志》中，避孕还被认为是"不良风纪"。针对堕胎的提问，像回答避孕的提问一样，不少地区的人们都回答"没有"，又或者回答之前有但现在没有。这可能是因为实际记录回答的小学老师们无法获取堕胎这一极度隐私行为相关的信息，也可能是因为人们为了避免触犯刑法堕胎罪，因而没有详细记载。民俗学者岩田重则指出："当我们看向围绕堕胎的生与性的现实时，不得不关注的一点便是，即使步入近代社会，那些属于前近代的残留也依旧根深蒂固地存在着。它们的消亡或变化是如此地缓慢，从 20 世纪初开始到 20 世纪 20 年代之后才步入进程。"（岩田 2009，2 页）《奈良县风俗志》编写于 1914 年，那正是围绕堕胎的生与性的现实终于显露出变化的时候。即便实际的回答里填写的是"堕胎：无"，我们也无法了解其中的真实情况。

第三章

手上功夫是产婆安身立命之本

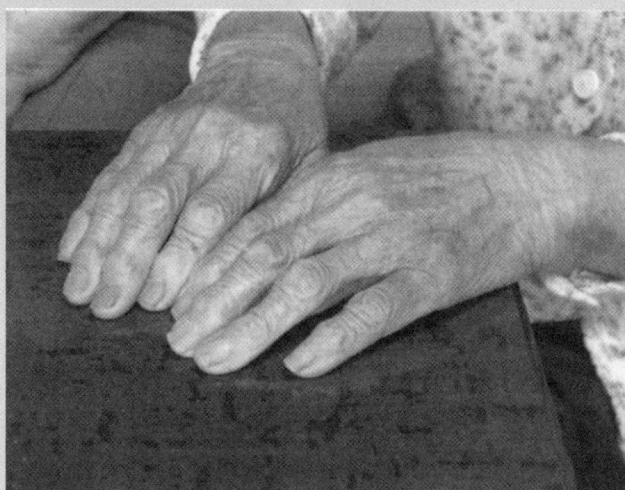

助产师高桥绫子的双手

第二章提到了"产婆术的新知识"以及技术，本章将阐明昭和战前期，新式产婆们如何将它们学到手，尤其会关注产婆们手上功夫的提高。

1915年新、旧产婆在数量上几乎平分秋色，之后新式产婆的数量急速增加，产婆的组织化进一步推进。加之由于产婆被禁止参与医疗行为，因此那些手上的技艺，变得愈加重要。例如通过触摸孕妇腹部来确认胎儿位置，分娩时通过按压防止孕妇会阴撕裂。而这些并非学自教科书，而是通过向老道的产婆请教。

此外，本章还会关注产婆与孕产妇及其家人、地方民众之间的关系，旨在明晰当时的助产情况。

1. 产婆收徒

● 寄宿制见习

在昭和初期，曾有三种成为产婆的方法（樋口 2006，25 页）。第一种，寄宿到在职产婆家中，经过一年左右的实地和学科学习，通过都道府县的资格认证考试；第二种，经过一年产婆学校的学习后，参加资格考试；第三种，在寄宿制产婆学校学习两年，参加毕业考试获得从业资格证。

御茶水的浜田产婆学校（东京大学第二代妇产科教授浜田玄达开办）是当时最具权威的产婆学校之一（樋口 2006，25 页）。该学校为全体寄宿制，不接受已婚者的入学申请（樋口 2006，25—26 页），设置有两学年的课程计划。与此相对，寄宿到在职产婆家中时，通常会采用类似学徒制的体系。在此，以笔者的访谈为主，介绍一下产婆收徒的状况。

1916（大正五）年出生于鸟取县米子市的元录春子女士（以下省略敬称），从产婆学校毕业，然后拜师于在职产婆，进一步磨炼自己的技艺。她还整理了恩师田中龙女士（以下省略敬称）的讲演录，在此结合笔者的访谈内容一起作为参考（元录 2007）。

春子于松江参加护士的测试考试，18 岁时在米子产婆护士养成所学习产婆知识。之后成为产婆田中龙的内弟子，[1]继续学习了 4 年时间。田中龙生于 1892（明治二十五）年，曾求学于大阪的绪方医院，是米子市在职产婆。由于龙并非沿用传统的坐姿生产，而是让孕妇采用横卧的姿势轻松生产，因此口碑很好，成为"备受欢迎的产婆"之一。她平时身着和服，吞云吐雾，若被请去助产则会带上出诊包、骑上自行车。与周围人关系融洽，大家都称呼她为"龙女士"。

春子和 4—5 位年龄相仿的弟子一同寄宿在龙女士家中。正可谓字面意义上的"拜师收徒"。第一年期间，早上 4 点到晚上 10 点间弟子们会承担包括做饭、洗衣、打扫在内的所有家务，完全没有机会参与助产。起床时禁止私下交谈，据说做家务时哪怕只是在镜子前面整理一下头发都会被痛斥。因此，有些弟子因为无法忍受龙的严厉教导或由于长时间劳动、积劳成疾，中途就放弃了。

类似于这样的做家务和处理杂务，乍一看好像对于学习助产技术毫无用处。但参照莱夫和温格的研究（莱夫、温格 1993），福岛真人指出，在参加初期也就是所谓的新人（novice）阶段，"他们处于实践共同体的边缘，时常做些跑腿或杂务，表面看上去好像在做些无用功，但其实是对整个流程的观摩，为接下来的各个阶段做好预判进行了铺垫，从这一意义上来说是非常重要的"（福岛 1995，31 页）。莱夫和温格特别介绍了乔丹（1989）进行的尤卡坦（半岛）产婆的师徒体系研

---

[1] 居住在师傅家中的弟子。译者注。

究，并指出其"就学徒生活中熟练者（师傅）的一般性作用思考，起到了抛砖引玉的作用"。也就是说"教（teaching）这一行为对于要成为熟练产婆的主体性认知和学习而言，似乎都不处于中心地位"（莱夫、温格 1993，46 页）。总之，师徒制作为日常生活中的一种形态，产生于日常生活本身。例如，居住在墨西哥东南部的玛雅人，将来成为产婆的少女其母亲或祖母多半就是产婆。因此，她们"单纯只是在成长过程中，结合许多流程的知识一起，吸取了产婆术实践中的精髓。她们了解产婆的生活（比如，产婆不管在白天还是夜间，所有的时间段都有可能不得不出门），知道来找产婆咨询的男男女女会聊哪些类型的话题，知道必须收集哪些种类的草药和其他治疗药品"（莱夫、温格 1993，46—47 页）。

这也同样适用于日本实习产婆的新人。比如春子和其他弟子，被师父田中龙要求尽量在靠近门口的地方睡觉。这是因为，即使孕妇的家人深夜前来，弟子们也能马上叫醒师父做好助产的准备。像这样，即使是深夜也要做到从床上一跃而起外出助产，这种日常生活节奏和心思，对新人而言，也是把握产婆这一职业的整体状况，思考接下来应该做什么并付诸实践的训练场。弟子们通过与产婆师父共同生活，确立了以助产为优先的生活节奏。

那些经历了田中龙严格指导坚持下来的弟子们，从第二年开始和师父一起去助产。弟子们会在田中龙的身旁认真观察她的一举一动。据说尤其是用心观察师父实行的会阴保护。如第二章所述，会阴保护是近代产婆教育中最受重视的一项技术。胎儿出生时，为了防止用力过猛、孕妇的会阴撕裂，产婆要巧妙地用手一边按压会阴一边取出胎儿。田中龙实行会阴保护时，并不使用手指而是使用手掌靠近手腕的部位按压会阴，据说这样一来就能更容易控制力度。另外，她会一边用手指按压肛门，一边观察会阴的收缩情况，手也能随心所欲地活动。在这种场合春子等人都会睁大眼睛观察师父的手法。

当然，弟子们不光要看，还要亲自动手尝试。有时，田中龙会同

时被两家人喊去助产。于是田中龙就会让春子去其中一家。春子骑着
自行车，第一次自己一个人去助产。虽然她十分紧张，但很幸运助产
过程非常顺利。从这时起，春子便被田中龙看好，开始逐渐被交代做
一些助产工作。然而后来，春子因为长年繁重的工作搞垮了身体，不
得不回到老家米子市。春子在老家休养了一段时间后，作为独立的产
婆开始营业。

像这种产婆的见习人员，除了产婆学校的教育外，还可以通过"师
徒体系"学习技能。所谓见习，就是与专业的产婆一起生活，通过做杂
活和家务掌握产婆的生活方式，有样学样记住产婆的手法。并且，在新
生命诞生这种与人的生死息息相关的场合，需要磨炼决断力以更好地
预测接下来可能发生的情况并迅速做出判断。这不是以口头方式传授
的，也不是教科书上记载的知识和技术。在产婆习得的技能中，像这样
无论何时被喊去助产都要能立刻起床出门的生活节奏，以及被称为产婆
"手上功夫"的"无声的技能体系"（隐性知识，或者说是"临床知识"）
（福岛 1995，6—7 页）占据了极为重要的地位。对于被禁止开展医疗
行为的产婆而言，这种"临床知识"才正是产婆应该磨炼的技能，是使
产婆能够安身立命的技能。

● 产婆的手上功夫

那么产婆的手上技艺究竟是怎么一回事呢？

盛冈产婆护士学校校长川村清一在 1926 年出版了题为《产婆必备
手艺一览》的教科书（川村 1926）。他在"绪论"中指出："手艺是产
婆应该使用手及手指进行助产的所有实际动作。"因此，"正确的诊断是
通过周全可靠的诊察法得来的"。其诊察法也大多来源于"由经验积累
而成的纯熟的手艺"。（川村 1926，1 页）也就是说，对产婆而言，重
要的是建立在产婆学的理论基础上，恰当且富有经验的手上功夫。医学
博士川添正道也表示，"产婆学领域的著作有很多，大多各有各的特点，

但却几乎没有一部单独指向产婆业务精髓所在的手艺"（着重点为笔者添加），并称赞《产婆必备手艺一览》的前身《最新产婆学》只收集了与产婆手艺相关的内容，是一部"令人满意的优秀著作"（川添 1926，1 页）。也就是说，手艺被认为是当时"产婆业务能力的精髓"。

这样看来，这本书的意义便在于将近乎"隐性知识"的手艺编写成教科书，而这与产婆被禁止从事医疗行为的规定不无关系。

如第一章所述，1874（明治七）年，自医制颁布之初，产婆的业务范围就受到了限制，除紧急情况外，产婆只能从事正常分娩下的助产。因此正如之前提到的，在医疗行为被禁止的情况下，产婆更加需要通过手的触感来确认每位孕产妇的情况，以便随时做出判断是否有异常。新人弟子们不断地边看边模仿师傅，学的正是这种"手上功夫"。

新入行的产婆即使开始营业，短期内也没有办法养家糊口。产婆的数量增加，同一片区域内如果有多位产婆，就会存在产婆间的竞争关系，因此必须谋求差异化发展。这时，以侧卧的姿势让胎位不正的孕妇平安分娩等就成了产婆的一大卖点。正因如此，产婆们意识到了"手上功夫"的重要性，不断积累经验以达到熟能生巧。

但其中也有产婆拒绝向弟子传授手艺。例如，出生于 1872（明治五）年的德岛县产婆上田竹雄，她十分擅长胎位矫正术，那是她从身为产婆的叔母那里继承的。即怀孕期间发现胎位异常时，将其调整至正常的技术。因为胎位矫正术被认为是"口头传授的技术"，"其传授方式为，弟子在长期的学习过程中与师傅同吃同住，通过实习积累经验，自然而然掌握的技术"（上田 2006，207 页），所以正如我们所说的属于"隐性技能体系"。掌握这项手艺的产婆——上田竹雄表示："周围的人多次劝我想办法保留这一手艺的记录，或者选择合适的传承人，但我坚决不同意。"（上田 2006，207 页）对于竹雄而言，胎位矫正术是在和师傅共同生活中习得的手艺，无法通过文字文本传授。因此，虽然理由不得而知，但竹雄没有将这项手艺传给弟子。

产婆的手艺越来越精湛，有的甚至被视为出神入化。昭和初期，在京都府南部与奈良县的交界处，有一位被称作"顺产吉星"的产婆，许多女性委托她助产，据说其中有的产妇因仰慕她的手艺而把她的名字写在纸上，再贴在枕边的墙上。有位见习产婆去产妇家里助产时，发现了贴在枕边墙壁上的纸条，上面写的就是那位产婆的名字。这个事例中饶有趣味之处在于，对于产婆的手上功夫，女性群体之间已经萌发了近乎信仰一般的观念。

2. 城市中的产婆

● 产婆的组织化

伴随着产婆技术的提高，其组织构建工作也在顺利推进。大阪在1888（明治二十一）年成立了大阪产婆工会（青木 1935，32 页），翌年 7 月，新潟县响应县级命令也组建了产婆工会（蒲原 1967，73—74 页）。关于新潟县的产婆工会，蒲原认为其鲜明的性质特征表现为，"与其说是同行工会，不如说是针对旧产婆，强制让其参加以郡市町村为单位的新型助产术培训会以此方便县卫生局对产婆管理的组织"（蒲原 1967，74 页）。此外，东京于 1906 年成立产婆会。近年来，小川景子在绪方正清汇总的全国产婆组织一览表（绪方 1919，1731—1739 页）的基础上，整理了截至 1917 年末各府县的产婆会组织（小川 2005，3 页）。对照这些，可以得知早年成立的产婆会有岛根县的能义郡产婆会（1881 年）、千叶县的长生郡产婆会（1900 年）、京都市产婆会（1905 年）、新潟市产婆会（1905 年）、三重县的阿山郡产婆会（1906 年）、奈良县的生驹郡产婆工会（1907 年）等。

据冈本喜代子所言，1917 年全国都设立了以郡为单位的产婆工会组织。1920 年产婆规则实施细则第 3 条修订，规定成立郡市范围的工会。因此在这一时期，加入组织成为义务。1927 年，国家级的产婆职业组织——日本产婆会成立（冈本 2003，35—37 页）。

1918 年，以东京府流动看护会为首，许多市町村、公益组织、产婆工会组织发起了流动产婆工作。这项工作以町村自治体和各种公益组织为主体，持续开展活动（石村 2003，94 页）。另据内务省调查显示，1927 年拥有公立产婆的町村有 604 个，而到 1934 年，这一数字则增加到了 1 000 个以上，作为一项母婴保健事业，这被认为实现了高稳定性和高普及率（石村 2003，94—95 页）。

更引人注目的是，1931—1938 年旨在拓展产婆业务权限的《产师法（产婆法）案》被提上日程（冈本 2003，42—44 页；大出 2005）。然而这一提案未能获批，之后依旧沿用了 1874 年医制所规定的产婆业务内容。

1935 年，青木秀虎将大阪产婆组织过去 50 年的历史进行了整理，在其总结中，针对产婆职业组织当前面临的工作，列出以下 4 点内容。即"一、会员业务的经济前景；二、助产的社会机构遍地开花的现状与本会的态度；三、节育运动与本会的立场；四、私立妇产医院的流行趋势与个体产婆的前途"（青木 1935，336 页）。就第四点，尤其可以想象到城市地区开始增加的私立妇产医院和个体产婆之间存在竞争关系，以及产婆组织体系对此已有了先知先觉。

● 产婆印象

让我们借助当时的川柳诗歌及其解说，回顾一下 20 世纪 30 年代人们对产婆的印象（今井 1932，140 页）。

> 传统接生婆　就着味噌等酱菜　一干而尽矣
> 因为事发突然，所以主家没有准备好下酒小菜，只有现成的酱

菜一碟来招待。别的可有可无，对于接生婆来说只要有酒就可以满足。而现在的产婆则大不相同，甚至会被误认为女医生。

　　骑上小单车　佩上专业出诊包　是产婆来也

　　这是如今的产婆。虽说是产婆，但并非老妇，多是年轻貌美的时髦女青年。轻快地骑着自行车，穿着白大褂，动作麻利。绝不是就着酱菜喝小酒的俗人。"呵呵呵"地笑着，丹唇微启，如黄莺初啼。

被称为"接生婆"的旧产婆希望有人劝酒，然后开怀畅饮。"如今的产婆"，即新式产婆，和旧产婆大不相同，有时甚至会被误认为女医生。现在的产婆大多年轻貌美，轻快地骑着自行车，动作麻利干练。这些女性，在昭和战争前期作为产婆大显身手。西川麦子指出，正如竹岛实生这位能登半岛的产婆所言，新时代的产婆是一个手持黑包、脚踏单车、英姿飒爽的形象（西川 1997）。

　　当时，产婆是镇上家喻户晓的人物。据出生于京都市左京区下鸭地区的松井进（化名，1932 年生人，以下省略敬称）所言，小时候，每当被邻居们支使去"叫产婆"，他们便会和外面玩耍的小学生们一起骑上自行车飞奔到产婆家。当时，产婆家和派出所是村里连小孩都知道的地方。20 世纪 30 年代后期，在京都市内，连上小学的男孩都知晓产婆这一职业。

　　小进也对当时的医生印象深刻。他们兄弟三人中只要有人生病，父母就会叫附近的内科医生来看病。医生披上斗篷，装扮整齐后让护士带上诊疗包，坐着人力车到家中。医生看病的时候，人力车就停在外面，孩子们的乐趣就是听车夫讲各种各样的故事。如上所述，20 世纪 30 年代的京都市内，小孩生病后请医生到家中看病并不稀奇。

　　但是在分娩时只有出现异常情况才会请医生。正常分娩的时候通常只会请附近的产婆。

　　据当时的女性杂志记载，正常分娩一般请产婆，万一产婆没能及时赶到，也不会慌张，由家人陪同分娩。例如 1933 年《妇人俱乐部》二月

号附录《怀孕、分娩、妇科病相关咨询 附 安全避孕方式》中记录了含 1
名女医生在内 12 名医生的详细解说，内容包含怀孕、分娩、妇科疾病及
孕期调节相关的医学知识，其中包括"产婆未能及时赶到时的应急手法"。
对此，女医生中村身佳荣是这样回答的（中村 1933a，112—113 页）。

内容归纳如下：① 婴儿生下来以后也不要剪断脐带。② 用干净的
纱布擦净婴儿脸上的血污等。③ 用干净的布或者脱脂棉包住婴儿，使其
不受凉。④ 如遇被卵膜包裹的婴儿，应迅速戳破卵膜，使其顺畅呼吸。

只要注意这 4 点，即使产婆没有及时赶到，产妇及其家人也能妥善
应对，[1]待产婆到来后再进行适当处理。应当注意的是，附录中的应急
方法是由医生进行解说而非产婆。这是因为在 20 世纪 30 年代，医生的
立场也是"正常分娩时只需请产婆即可"。

3. 乡村的产婆

● 产婆传授的怀孕、分娩时的注意事项

当时的女性杂志明确记录了由医生和产婆传授的从怀孕到分娩后这
一过程的注意事项，其中不乏大量女性启蒙内容。例如，面向农村的综
合性杂志《家之光》就刊登了从怀孕到分娩后的生活方式。上文提过的

---

[1] 那时，中村身佳荣嘱咐应在怀孕第七个月之前准备好以下物品。此后，"即便是早产
的情况，只要护理方法得当，也能把孩子养大"（中村 1933，55 页）。一、三个洗手
盆（其中两个放入热水，用于手部消毒，另一个放入消毒液）。二、婴儿的洗澡盆。
三、大的毛巾。四、护腰枕。五、产妇及新生儿穿的衣服。六、冰、冰袋及葡萄酒。
七、产后用的被褥。八、防水布。九、脱脂棉及青梅棉。十、纱布。十一、丁字带。
十二、产后用短衬裤。十三、便携式坐便器。十四、腹带。十五、热水袋。十六、爽
身粉（中村 1933，55—56 页）。虽然件数很多，但都很容易备全。

《妇人俱乐部》和同年 1933（昭和八）年的《家之光》（第九卷第五号）中刊登了《孕妇心得倾听会》这一报道。在这则报道中，东京产婆会副会长岩崎菜穗和吉本金分别分享了从怀孕到分娩后的生活方式（岩崎、吉本 1933，131—136 页）。

两位产婆传授的"孕妇五条注意事项"的内容如下："（一）人妻一个月没来月事应考虑是否怀孕。（二）不要等到怀孕五个月时系腹带，应提前跟产婆商量。（三）须知胎儿发育的前四个月是最关键时期。（四）工作量不宜超过平时的七成。（五）避免多疑不安，安心是平安分娩的秘诀。"以上 5 点，是当时的产婆针对农村妇女生产提出的建议。换言之，也是农村妇女在生产期间欠缺不足的地方。

解说中写道："莫等 5 月岩田带，[1] 及早筹划问产婆"，以此来劝诫孕妇早日会诊。当时，人们一般会请产婆陪同生产。而对此，岩崎指出，"近期，待到晚期方请产婆者甚多"。尽管"意外易发于孕早期"，但"在寒冷天气长时间洗濯，或经历长途跋涉，也有流产的危险"。在那个时代，尚未有洗衣机，需要人工从水井或者河中打水洗衣，随后还要将吸水后格外沉重的衣物搬运到晾衣处，属于重体力家务劳动。除此之外，当时的女性还从事农业劳作，即使怀孕，也不会因此减少劳作。因此，二人在第 4 条中提出"劳动只需干七分"的建议。

此外，吉本还针对阴道壁脱出和子宫脱垂这两种农村妇女产后频发的症状做出讲解。子宫由包括阔韧带在内的几条韧带固定，而多产或常提重物使下腹保持用力，都会使韧带松弛，进而导致子宫或阴道下垂脱出，这也被称为阴道壁脱出和子宫脱垂。吉本指出，农村的女性大多产后不满 21 天就下地干活，从事重体力劳动。因此她提议："产后外伤恢复需要 3 周，内部调理需要 3 周，加起来一共 6 周时间。这 6 周内，产妇一定要静养。"除此之外，她还举例，工厂女工在预产期前 4 周至产

---

[1]　在日本，女性怀孕第五个月时会在腹部绑一条白布，起到保温和固定胎儿位置的作用。译者注。

后 6 周都会休产假，借此劝诫农村女性在此期间也应静养。

关于孕妇家庭的注意事项，吉本首先批判了农村婆媳不和的现象，并指出，孕妇需要摄入两人份的营养，因此无需顾忌婆婆，随自己心意进食即可。

综上所述，《家之光》杂志中产婆对于农村妇女的建议，都聚焦于孕期及产后恢复期的传统习惯引发的问题。例如孕期提重物，产后立刻从事农业劳作等，以产婆的经验来看，这些传统习惯都不利于顺产和产后身体的恢复。由此可见，昭和战前期产婆们的关注点不仅仅放在分娩，还聚焦在孕期和产后的生活方式上。

● 产婆陪同生产

1929 年，奈良县召开了县产婆会的成立大会。同年，日本红十字会奈良分会为孕产妇及儿童开办了健康巡回咨询所，扩大了活动范围（奈良女性生活史编纂委员会编 1995，81—82 页）。

那么，奈良县的农村地区又是怎样一番景象呢？根据笔者在天理市福住村采访调查的结果来看，在 20 世纪 30 到 40 年代完成生育的产妇中，有的在怀胎五月举行着带仪式时才请产婆，随后直到临盆都没做过一次诊察。甚至有一些产妇，即使有产婆陪同生产，问起来时，依旧会回答"独自一人完成的分娩"。这种情况并不是说产婆没能赶上分娩，而是因为产婆利用自己的手艺，使产妇最大限度发挥出自己的力量完成了生产。换言之，产婆只做了最基本的助产工作，使产妇产生了"产婆什么忙都没帮上，是我独自完成生产"的错觉。再加上，当时的价值观认为"以一己之力完成分娩为好"，因此即使有产婆在场，孕妇也会强调是自己生产。[1] 另外，当地人也都比较在意产妇的产后恢复。或许是

---

[1] 针对"生产时应由谁在场陪同"这一问题，波平惠美子指出，例如吉村典子所说的，有地区认为丈夫应当陪同（吉村 2008；波平 2009），有地区认为丈夫不应在场，"同样是日本，根据地域不同，时代不同，生产的要求也会有所不同"。

"视生产为不洁"的思想作祟，人们在产妇的食物和产褥期的天数方面，相比较而言都做得很到位。这是因为从经验上来说，产妇过早进行劳作导致身体垮掉的例子不在少数。

但是，20 世纪 30 年代，在奈良县的农村地区，有一个问题令产婆最为头疼。那就是发现孕妇身体异常，建议对方到医院就诊，可是无论怎么劝她们都十分抗拒，固执己见。这是因为农村地区的女性将生产视作"羞耻"，连产婆在场都会极力避免，尽可能选择一个人生产。据在吉野进行个体经营的产婆（1817 年生）所说，经常会遇到生产前一次诊察都不做的孕妇，然后关键时候其家属就会突然上门叫产婆。产婆就要赶紧骑车前往产妇家里问诊，发现异常状况后，会督促产妇立即去医院。但是孕妇却恳求道："无论结果怎样我都不会怪罪医生的，请让我在家生产。"由于女性对在医院生产抱有一种恐惧感，再加上产妇家人不完全了解生产的风险性，因此说服产妇去医院就诊总是要费一番口舌。

● 山村的产婆

1935（昭和十）年，新式产婆数量达到全体产婆数量的 94.2%（内务省卫生局 1935），昭和战争前期产婆基本以现代产科系统理论为基础，从事助产活动。另一方面，在各地仍有那些被称为"接生婆"的女性继续从事接生活动，她们既不是新式产婆，也不是旧产婆。她们并非专业的产婆，也从未接受过任何理论知识的学习，但是她们具有接生的经验且技巧丰富，所以附近有孕妇临盆的话，她们就会前去帮忙。在既没有新式产婆也没有旧产婆的村里，只能由接生婆来接生。那么，村里的接生婆究竟是如何习得"接生技能"的？她们与新式产婆的接生方法又有何不同？为考证上述接生婆的接生方法，在此以奈良县吉野郡十津川村为例进行介绍。

十津川村地处奈良县最南端，位于纪伊半岛中央，四周有大峰、伯母子、果无等山脉相连，总面积达 672.35 平方千米，约占奈良县总面积的 1/5。（十津川村公所 2011，1 页）（图 3-1）十津川村森林覆盖率达 96%，过去这里的居民大多以林业为生。[1]（照片 3-1、2）

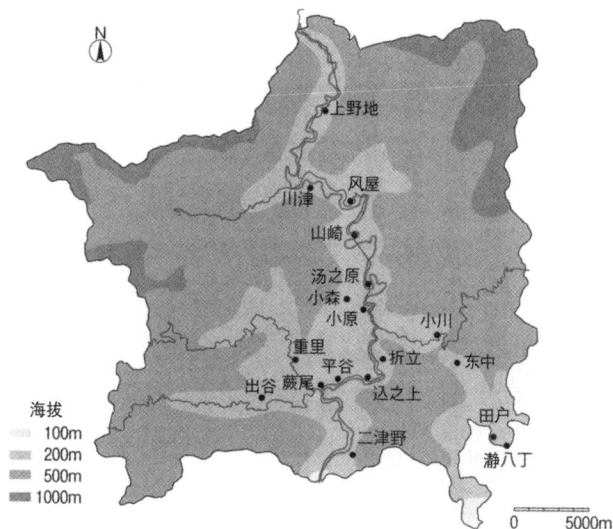

图 3-1　十津川村地图

照片 3-1　十津川村果无聚落

照片 3-2　借助十津川运输竹筏（十津川村历史民俗资料馆藏）

[1]　现在，十津川村致力于发展世界遗产的熊野古道（世界遗产《纪伊山地的灵场和参拜道》）和温泉旅游事业。村里人口有 3 799 人，共计 1 884 户人家居住于此（2013 年 4 月 1 日当时数据，十津川村公所总务课）。引自《年表 十津川 120 年》（十津川村公所总务课 2010）。十津川村公所办公楼于 1948（昭和三）年由小森搬往小原，至今仍在小原办公。

大峰山脉位于十津川村东部，南北纵伸，连绵不绝，最高峰达1 500多米，也被称为"大和阿尔卑斯"。十津川村地处以吉野为起点的熊野古道的大峰奥驱道与以高野山为起点的熊野参拜道的小边路两条路的交叉处，周边一带也是修行者的修炼场所。其中十津川流经村落中心，最终汇入熊野滩。十津川村便坐落于这崇山峻岭之中，住户分布于十津川两岸以及山地地区。

十津川村现有55个大字（行政区划），这55个大字又可以分为7个区（十津川村 2010，4 页）。大字相当于村落单位，几家聚集在一片区域共同生活即可称为大字。各大字规模存在很大差异，小的只有3户住民，大的可多至188户。山里的集落位于山坡地带，利用十津川村独特的斜面构造形成独特的居住形态（照片3-3）。战前，前往北方的五条需要从十津川村出发，翻过高山步行，据说一路上十分艰辛，"去五条甚至要穿烂三双草鞋"。这是因为往返路上各需一双，在五条还要再穿烂一双。

照片3-3 十津川村山手聚落（1970年拍摄。十津川村历史民俗资料馆藏）

传言十津川村以前没有产婆。参与编纂《奈良县风俗志》的乡土史学家高田十郎，在1918年首次前往十津川村调查，并记录道："十津川村不需要产婆，从前村里也一直没有产婆。这令我有些震惊。"（高田 1943，217 页）然而事实当真如此吗？第一章就已经指出1918年日本全国范围内新式产婆数量超过旧产婆，十津川村所属的吉野郡在1920年的时候共有43名产婆。

事实上，我前往十津川村实地询问当地人之后，他们马上就说出了几位接生婆的名字。其中一人就是汤之源集落的泷谷德野（以下省略敬称）。

至今十津川村仍有很多人记得她。我从2008年开始陆续展开访谈，下面便是对当时内容的记述。

● 接生婆的手上功夫

虽然泷谷德野的年龄不得而知，但根据当地人回忆，她要比附近那位生于1894年的女性年长。老家位于十津川村一个叫做小川的山间集落，由于缺少耕地，人们过着十分穷困的日子。当地甚至流传着这样一则笑话，一只雌鸟啼叫道："举目四望唯杂粮"，其他雌鸟则会回应道："可叹此处亦如是，可叹此处亦如是啊……"

德野婚后搬到了丈夫所在的汤之原，汤之原位于十津川沿岸，靠近十津川村的中心区域。不久德野便怀了身孕，她独自一人生下孩子并剪断脐带，是位性格坚强之人。

她的丈夫从事林业工作以维持生计。一天，丈夫进山工作，结果身负重伤。村民们迅速集合，乘坐用吉野杉制成的木筏沿十津川顺流而下，前往新宫的医院。然而村民们的努力未能如愿，德野的丈夫在途中便停止了呼吸。

丈夫死后，德野独自一人承担起农活和捡柴等一切劳作。从山上采集的藤蔓可以将吉野杉的圆木捆扎在一起方便运输，因此德野靠采集藤蔓获得了不错的收入。

除去这些劳作，德野还开始帮产妇接生。起初只有街坊四邻会叫她去帮忙。不过，因为德野心灵手巧、做事干脆利落，所以渐渐地其他人家也会请她去帮忙助产。即便两地相隔甚远，德野也从不拒绝他人让自己帮忙接生的请求，因此她深受村民信赖，名声极佳。

如上所述，德野既没有向他人学习过助产方法，也没有自学过相关内容。不如说，她独自分娩的个人经验为其自身从事接生工作提供了极大帮助。立足于"分娩应由产妇独立完成"的前提下，我们就可以理解，产婆在助产时不必事事插手，而只需在一旁守候即可。其证据就是，据德野帮忙接生的女性们说，德野在接生时并不会无微不至地照顾产妇。倒不如说，她在接生过程中尽可能地将自己的参与度降到最低。

虽说如此，但出现异常情况时，德野则是尽全力应对。例如，如果婴儿出生后没有啼哭，她会抓住婴儿的脚，使其倒立悬垂并拍打其背部。之后，她会用手指帮助清理婴儿口腔，嘴对嘴向婴儿口中吹气。后文中也会提到，二战后，德野与医生一起为产妇接生，她曾让一个落地无声的新生儿发出人生第一声啼哭。"你是怎么让孩子啼哭的？"在医生的询问之下，德野说出了自己的做法，医生听后无比佩服，感叹道："我也学到了一招。"

有孕妇来询问腹带的使用方法时，德野也会认真地指导。此外，据说德野曾经通过触摸孕妇的腹部发现胎儿处于臀位，然后用手帮孕妇调整到了正常胎位。虽然德野既没有产婆资格证，也没有专门学习过相关的医学知识，但她在实践中不断积累经验，练就了纯熟的技艺。

曾经有户远方的人家请求德野在产妇分娩后继续"帮忙照看一周"，于是她就留宿在对方家中帮忙照料。此外，有时村子里的女性们会对她提出"今天感觉有些累，你来帮我看看吧"之类的请求，德野也会答应。以及，有孩子感冒或身体不舒服时，她也会前去查看。

德野头脑灵活，并且为孕妇切身着想，因此村民们会和她商量各种问题。她被称为"产婆大人"，受到大家的敬仰。

村民们会送给德野劳动时所用的窄腿裤、碎白点花纹布、蔬菜等礼物以表谢意。也有人送现金，不过由于德野不识字，她会将难得的纸币用稻草扎好，搁置在房间一角。有时也会出现忙碌一整晚却拿不到任何谢礼的情况。但她却毫不在意，继续从事接生工作。

在汤之原她家门框的横木上，层层叠叠地贴满了至今为止她亲手接生的婴儿的名条。

接生婆不仅要帮助孕妇生产，同时遇到异常情况时，还要求能合理应对。这是因为在山村中找医生和叫产婆都需要花费很长时间，遇到突发情况母子性命就有可能危在旦夕。因此，可以说德野便是在实践中磨炼了自己的技能。当然也有在生产过程中出现异常、母子性命不保的情况。遇到这些情况时，村里的人也决不会怪罪德野。因为他们知道，生产就是鬼门关前走一遭，是生死攸关的事情。就这样，虽然德野没有拜产婆为师，但她在实践中掌握的技能可以与产婆媲美。

● 十津川村的新式产婆

在十津川村中，除了接生婆，还有几名有资格证书的新式产婆。其中一人叫西田和佐野（下文省略敬称）。在这一节中，我将讲述从山村走出来的女性们致力于成为产婆进入学校学习、磨炼手艺的全过程。

和佐野出生于1894（明治二十七）年十津川村的小森，在七个兄弟姐妹中排行老六，由于老七很小就去世了，于是她就成了家里最小的孩子。

1892年，十津川村公所的新办公大楼在小森落成竣工，由此小森变得十分热闹繁华，被称为"十津川的第一大庄"[1]。另外邮局和警察署大楼也相继建成。小商小贩在旅馆落脚，带来了各种各样的消息。在这种环境下长大的和佐野，萌生了当职业女性的想法，立志成为一名产婆。因为是家中的老幺，所以不用担心继承家业的事。另外，过去小森庄就有一对夫妻，男方是邮局邮递员，女方是产婆。[2]这也对和佐野的职业选择产生了不小的影响。

和佐野就读于远离家乡的京都产婆培训机构。据和佐野的大女儿回忆，和佐野"之后就职于京都的大学医院"。这个产婆培训机构大概就是京都帝国大学医科大学产婆养成科。[3]因为和佐野没有读过女子学校，

---

[1]　参照《年表 十津川120年》（十津川村公所总务课2010），十津川村办公楼在1948（昭和二十三）年时从小森迁到了小原，一直到现在。

[2]　依据西田和佐野的哥哥西田正俊记录的有关过去的小森庄的文章（中川1931，588页）。因此可以确切地说有产婆。

[3]　当时京都有京都帝国大学医科大学产婆养成科（1912年设立）、京都府立医学专门学校附属产婆养成所（1913年设立），以及私立京都产婆学校（1913年设立）（绪方1919，1731页）。

所以与产婆养成科的其他学生相比，她做课堂笔记既慢又费了不少功夫。

从产婆养成科毕业后，她在京都的医院里工作，积累了很多经验。就是那时候，她在医院里学到了产婆的技能。之后她继续留在京都工作，并没有打算回十津川村。但是，家中继承西田家家业的人去世，其他的兄弟姐妹也都结婚成家，家中父母也年事已高，所以大约在 1921 年前后，她不得已又回到了十津川村。

和佐野回到十津川村不久就开始做起了产婆工作。第一次做助产工作是在 1924 年 30 岁的时候，她帮姐姐（1883 年生）接生了她的第 6 个孩子。

和佐野于 1930 年结婚，男方是入赘婿。丈夫忠弘在位于药店聚集区的大阪道修町的一家药品批发店做学徒。因此在务农的同时，他还会受村公所委托，负责为村人化验大便。另外，小森附近有一个山崎村，那里的医生来小森要走山路十分不方便，所以他们有时就把药和注射器放在西田家，拜托忠弘给附近的村民们进行简单的诊疗。

和佐野在 1931（昭和六）年生下长女。那时，和佐野提前给母亲和丈夫进行了指导，在他们的帮助下在家里顺利分娩。因为她是助产的行家，所以猜测当时也没有太慌张。

和佐野在产后的第 4 个月重新开始助产工作。很多从外地嫁到十津川村的女性都找和佐野为她们助产。因为她们不是十津川村当地人，所以对接生婆有抵触心理，因此选择了有助产资格证的和佐野。另一方面，在当时甚至有的家庭别说产婆了，连接生婆都不叫。据一名 1935 年出生的男性所言，他的 5 个兄弟姐妹，全都是由父亲接生并剪断脐带的。即使那样，在不出意外的情况下婴儿也会平安落地。

大家给和佐野的谢礼，大多是放在纸袋里的现金。对于助产一事，她常常说道，"不过是来帮忙而已、帮忙而已"，所以对于付不起钱的人，她也绝不会要求他们。这可能是因为西田家主要以农业为生，不需要完全靠做产婆来维持生计。

从访谈中得知，和佐野会去到很远的地方助产，最远的一次走到过十津川中学文武馆（现奈良县立十津川高等学校）所在的込之上。

如上所述，战前在十津川的小森和汤之源附近地区，负责助产的主要是接生婆德野和持有产婆资格证的和佐野。德野被人们叫做"德野"或者"产婆"，和佐野被人们叫做"西田大妈""产婆"。两个人虽然没有太多亲密交往，但德野在遇到难产女性，为其生产感到棘手时，也会联系和佐野前来帮忙。

另外，也有孕妇会去和佐野家中接受诊察。而反之，和佐野似乎不会特地去孕妇家里问诊。而且，据说也有产妇怀孕时让和佐野进行诊察，生产时却让就近的接生婆接生。十津川村的人们，虽然会区别对待接生婆德野和持有资格证的和佐野，但这不是选择助产主体的决定性指标。战前，人们对于产婆的选择，比起是否持有产婆资格证，更倾向于就近问诊。

● 紧急事态的应对

在十津川村，无论是产婆还是接生婆，在处理产妇异常分娩时，很多时候都无法保住母子的性命。即便如此，村里的人也都会尽全力去应对，以求最好的结果。

比如，对于产后恢复不佳的女性，村民会用担架把她送到上野地的医院。1945 年 2 月战争接近尾声，鹤冈京子女士（1920 年生，化名，以下省略敬称）在和佐野的帮助下，历经两天的难产后，最终顺利生下了长女。但是在这之后，京子出现了发热和腰疼的症状，家人决定带她去上野地的医院。京子的父亲和附近的男性村民将她抬到担架上，从小森赶到汤之源，然后又赶往山崎。他们一行人在风屋留宿了一晚，之后抬担架的男性村民们先行返回，再由居住在风屋附近川津的京子叔叔（京子父亲的弟弟）接力，最终平安到达了上野地。

当时，因为青年医生都奔赴了战场，于上野地接诊的是位个体经营户的老大夫更谷。根据更谷医生的诊断，京子患上了化脓性关节炎。之后，京子就借住在亲戚家中，其间往返医院长达一个多月。在上野地，京子由姐姐陪伴，孩子交由娘家的京子的母亲和弟弟照料。作为母乳的替代品，将米碾成糊喂给孩子吃。

除了因产后恢复不佳被担架抬去医院的京子以外，没有听说有其他产妇因为分娩异常被送去医院。这是有原因的，比如分娩大出血，即便把产妇放担架上拼命赶山路，其得救的概率也是微乎其微。实际上，产后恢复不佳的京子，通过上野地医生的治疗康复之后，家里和其他亲戚还都会对她说："这是产后得的毛病，都以为你不会活着回来了。"可见，十津川村的人们都做好了思想准备，尤其对于和生产相关的紧急事态，认为这完全是无药可救的。因此，即便生育时产妇或者婴儿死亡，他们也不会归咎于产婆。人们都认为，生产虽为平常之事，但同时也是一件生死攸关的危险之事。

● 保护孩子

正如小泉和子所言，"直到战前，通常情况下每个家庭中都会死上一两个孩子。正因为如此，家中一旦有人生病，全家人就会合力照顾病人，同病魔抗争。实际情况也正如字面所述。从这个层面理解，昭和战前可以说是家庭看护十分完善的时期，同时也是非常艰难的时期。因此，每个人对于疾病不仅有着丰富的知识，而且还切身感受到了保护性命的艰难"（小泉 2008，4—5 页）。

当孩子受重伤或情形明显不对时，全村人立马就会采取行动。这是因为他们深切地感受到如小泉所言的"保护性命的艰难"。前文所述，德野的丈夫受伤后，村里的人们立刻把他放在木筏上沿十津川顺流而下，前往和歌山县新宫市的医院。

战后，在德野老家小川庄，有个孩子受了重伤。那时，虽是夜间，但人们也顾不了这么多，村里的大人马上聚集在一起，将孩子抬上担架飞奔去医院。在狭窄而险峻的山路上，村民们轮流抬着担架，跑了一整夜。终于在黎明时分，到达瀞八丁（照片 3-4）。然后从码头坐船沿十津川顺流而下，将孩子送到了三重县熊野市一个由木板搭成的医院。并且，由于孩子需要输血，村民们又纷纷查验血型，为孩子尽自己的一份力。皇天不负有心人，孩子终于保住了性命。

像这种有急诊病人的紧急时刻，全村人都会齐心协力将病人送到医生那里。不需要去挨个求人，紧急时刻，人员也能聚齐。就这样，村民们相互帮助，从古至今。民俗学者宫本常一曾经提到，在自己家乡山口县周防大岛，当有孩子失踪时，会有很多村民立即展开寻找，并且也没有人特意指挥，但搜寻工作却能进行得有条不紊。

照片 3-4　瀞八丁（十津川村历史民俗资料馆藏）

对此他深有感触，并记录了下来［宫本 1984（1960）］。他说道："我曾经以为村落共同体已经完全消失不存在。当今社会高度现代化，甚至是选举时亲子、夫妻之间在投票上都会产生分歧；但在上面那件事上却有着肉眼不可见的'村落的意志'在起作用，虽然没有人发号施令，但每个人的行为仿佛自觉地达成一致。"［宫本 1984（1960），103 页］虽然上述描写的是 20 世纪 50 年代周防大岛的情况，但奈良县十津川村也几乎一样，战前更是如此，所有人都熟知彼此的生活状况，牢记紧急事态发生时的处理措施。这种"村落的意志"在身边没有医生的情况下，对于抢救性命来说发挥了很大的作用。

● 后续不断发展的产婆手艺

新式产婆掌握的手艺在那之后，随着时代发展变成了什么样子？让我们以第四章中介绍的战后助产妇东田百合子为例（以下省略敬称），了解一下具体情况。

　　百合子的经历会在第四章中详细介绍，她在做助产妇时常常关注的是回旋问题。所谓回旋，是指分娩时将胎儿的头部缓慢地旋转，同时使其顺利地从产道中娩出。百合子说："助产中最重要的就是回旋的手法。所以必须要时刻关注回旋。通过判断回旋的状态，能够了解生产的进展情况，将孕妇的姿势调整为横向，稍微改变一下方位，这些都会加速生产进程。"并且，这种回旋的调整，也是手艺的一种。

　　但是，这种回旋诊断的方法，不久在医院分娩成为主流后也渐渐被忽视。助产妇通过关注回旋状态，确认分娩的进度，通过略微等待、微调产妇姿势等方式，费尽心思让产妇尽可能放松。并且，产妇分娩时即使会阴出现撕裂，助产妇也不能像产科医生那样将伤口缝合，如果只是稍微破皮的程度，她们就会用被称为夹镊（Klemme）的工具（照片 3-5），夹住伤口两天左右时间，据说这样伤口就能够愈合。但在 20 世纪 60 年代，医院分娩的产妇刚刚开始增加时，产科医生为了防止会阴撕裂，从一开始就选择切开会阴的方法，而不是做会阴保护。因此在医院工作的助产妇们，即使好不容易学

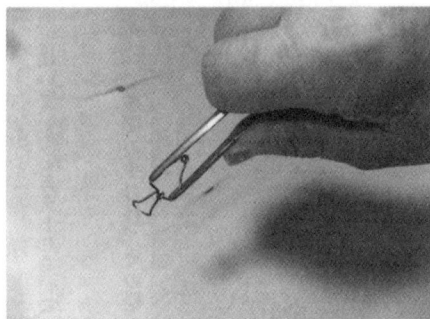

照片 3-5　助产妇使用的夹镊（Klemme）。夹住伤口用的工具以替代会阴处伤口的缝合操作

会了回旋、会阴保护术等手上的技艺，在医院也无从施展。

　　纠正胎位不正的外回旋术也是同样。绪方正清在《日本产科学史》中对胎位不正的接生方法有相关论述。继贺川玄悦的《产论》之后，他认为"逆产纠正术"（绪方 1919，495 页）不是强行接生。研究兰方医学[1]的青地林宗（1775—1833）在其"阵痛论"中也认为，"逆产"是

---

[1]　兰方医学，指的是江户时代从荷兰传入日本的西方医学与医术。译者注。

"自然形成的臀位，或借助产科的医术从脚部进行的娩出"（绪方 1919，529 页）。

　　20 世纪 60 年代，医院的产科医生有时也会通过对腹壁施加外力的外回转术让胎儿回到正常胎位，或者分娩时将胎儿从脚部开始娩出。但如今在医院进行分娩，产科医生因为重视"安全"，因此出现胎位不正的情况基本百分之百会进行剖宫产。像这样，昔日产科医生也拥有的手上的技艺，伴随着医院内分娩的转移，也都消失得无影无踪了。

第四章

从"母婴保护的卫士"到
备孕调节的实地指导员

《主妇之友》1943 年 5 月号封面

1931（昭和六）年，关东军占领了中国东北的主要地区并发动了九一八事变。由此，日本开启了长达15年的侵华战争。1937年日本发动了全面侵华战争，1938年近卫文麿内阁制定了国家总动员法，之后又颁布国民精神总动员法，国民被迫参与到战争中。1941年日本偷袭珍珠港，发动了太平洋战争，致使很多民众卷入战争被夺去生命。对于20世纪30年代到包含战后混乱期的50年代中叶这段时期，大门正克指出："在此期间，人们的生存面临威胁，生存构造与之前全然不同。"并将生存构造广泛定义为"家庭、村落、社会性的各种关系、国家政策以及保护和依存、共同体下使生存得以确立的种种"（大门 2009，15 页）。作为与"生存构造"关系密切的产婆，国家期待她们响应战时的国家政策发挥作用。同时，产婆们也确实积极响应并主动确立了自己的职责。

本章第1节通过当时大日本产婆会的相关资料，明确了战时状态下产婆组织对自己的定位。从当时的手记也可以看到，产婆们为了克服战时物资不足的危机实施了诸多措施。第2节主要梳理了战后处于联合国军队占领下，在驻日盟军总司令部（GHQ）指导下开展的助产妇制度更新内容。另外，随着限制生育制度被确立为国策，助产妇们也变身为备孕调节的实地指导员，参与了"不生育"即控制婴儿出生的工作。像这样，从战时到战后，产婆（助产妇）的职责发生了巨变。第3节会以奈良县为例，考察战后伴随着人工流产的合法化而激增的终止妊娠的情形。

1. 战争与产婆

● 身为"母婴保护的卫士"的产婆

战时之下，产婆们是如何定位自身职业的呢？让我们通过全国性产

图 4-1　大日本产婆会（第 12 届）全体大会议程手册封面

婆组织——大日本产婆会（1927 年成立）的动态予以解析。下面所呈现的是 1939（昭和十四）年 5 月 20 日，在福冈县召开的第 12 届大日本产婆会全体大会的相关资料。[1]（图 4-1）其中，大日本产婆会理事长长谷川妇美以"迎接圣战下的大会"为题，写道："很荣幸，我们的天职为完成这项重大任务提供了强大的驱动力。不论是增强国民体质，还是保障国民卫生健康，这些非常时期下的国策正是国家所赋予我们的使命"，认为产婆的职业定位正是战时满足国家需求，服务于国策所在（长谷川 1939，5 页）。

　　其次，此次大会的福冈县筹备委员长大里广次郎表示，"目前时局极为严峻，日本产婆会站在我国国策和广义的国防角度上，愈发深感其职责之重大，在'多生、多养'新国民的口号下，本届大会被赋予了非同寻常的意义"。以当时的宣传口号"多生、多养"为说辞，强调了产婆应以响应这一口号为己任的姿态（大里 1939，8 页）。

　　然而，查阅大会的日程安排就会发现，大会第二天的计划是安排游览筥崎八幡宫、宇美八幡宫和大宰府天满宫等观光古迹（大日本产婆会 1939，30 页）。虽然当时战局已经恶化，但是仅就资料而言，我们并未从中感受到沉重的悲壮感。

　　不过，到了 1943（昭和十八）年，在熊本举办的第 16 届大日本产婆会全体大会（仅这次召开了全体大会）的形势与第 12 届相比已然大不相同。

---

[1]　大日本产婆会每年举办一次，其举办地点分别为东京府、大阪府、神奈川县、新潟县、爱知县、千叶县、德岛县、静冈县、京都府、埼玉县、茨城县、福冈县、滋贺县、兵库县、宫城县、熊本县（大日本产婆会 1943a，78 页）。

第 16 届全体大会与以往不同,同时还面向产婆举办了第一届补习演讲会。该演讲会基于 1942 年制定的国民医疗法(1942 年 2 月 24 日法律第 70 号)的相关内容举办。据厚生省卫生局医务科厚生技师寺田秀男所言,国民医疗法第 24 条中规定"主管大臣依照所下达的命令,要求作为医疗相关人员,必须要接受与医疗、保健指导、助产和护理相关必要事项的研修",这项规定的存在,使得产婆的补习教育成为必要(寺田 1943,6—8 页)。另外,大日本产婆会理事长谷口弥三郎指出,政府颁布了国民医疗法,同时也考虑到对明治时代制定的产婆规则予以进一步完善,由此决定出于产婆再教育的需求,开始向大日本产婆会划拨国库补助金(谷口 1943,3 页)。

虽然最终产婆规则的修订没能实现,但笔者想就此确认,让产婆接受再教育,其中被赋予了怎样一种期待。

首先,谷口弥三郎在演讲会的开幕致辞中,提及了 20 年以后人口要达到一亿的人口政策确立纲要(1941 年 1 月内阁会议审核商定),进而指出"保护母性,守护、指导婴幼儿以及预防、消灭结核病"对于人口政策的必要性,在此基础上,介绍了编纂产婆补习学的初衷,即产婆并非只负责分娩,还要指导母性以及婴幼儿的自我保护(谷口 1943,2 页)。激励大日本产婆会的产婆们,要有"母婴保护的卫士"的自我认识,并"有必要树立起响应国策、有投身到(强)健民(众)运动的信念"(谷口 1943,3 页)。像这样,谷口作为大日本产婆会理事长,对于战时国家对产婆作用的要求进行了具体的说明,如同国家的使者一般。

听了谷口的开幕致辞后,厚生省卫生局医务科的厚生技师寺田秀男也进一步指出,为了增强战斗力,亟须确保人力,因此国家对于产婆寄予了更大的期望(寺田 1943,9 页)。

另外,东京滨田医院院长、医学博士小畑惟清指出,产婆的使命便是"拥护日本民族,做先锋战士",需要有这种"自豪与心理准备",在人口问题方面产婆具体应该做到,如预防流产、早产、死产,预防母体死亡和婴幼儿死亡,增进孕产妇、婴幼儿的健康等。而且,他还这样鼓舞鞭策产婆,每个人在人生的起始必然是得到产婆的照料,所以产婆要担负起"照顾好每位国民"的这份荣誉和责任（小畑 1943，17 页）。

可以想象得到，产婆们听了这些演讲之后（照片 4-1），必然会更好地意识到自己在战时的责任，即谷口弥三郎所说的"母婴保护的卫士"（谷口 1943，3 页）以及小畑惟清所说的"拥护日本民族的急先锋战士"（小畑 1943，17 页）。

照片 4-1　大日本产婆会（第 16 届）熊本讲演总会会场
出自：大日本产婆会 1943，封面照片。

这些演讲举行于 1943 年，此外，在同年举办的纪念国民健康保险公会法实行 5 周年的相关人员座谈会上，也同样明确了对战时产婆的期待。做出了巨大贡献的国保公会董事长之一、大阪府泉北郡横山村国保公会会长池部由太郎提议，"希望今后也授予保健员以产婆资格"（《授予保健员产婆资格》，《每日新闻》1943 年 8 月 31 日）。究其原因是产婆数量不足，他指出："培养第二国民是决战时刻的当下尤为重要的问题，为确保母子平安，我认为现在产婆的数量略有不足。"虽然他的这一要求未能实现，但他的发言凸显了产婆对于母子保健的重要性，也因此备受瞩目。

● **战时的母婴保护政策**

20 世纪 30 年代后半期产婆被要求起到"母婴保护的卫士"的作

用，那么同一时期的母婴保护政策又是怎样一种情况呢？关于当时的母婴保护政策，在若桑绿的《战争中的女性形象：第二次世界大战下的日本女性动员的视觉宣传》（1995）、荻野美穂的《"家族计划"的历程：围绕近代日本生育的政治活动》（2008）等书中都有准确的论述。接下来将参照这些资料，重点对与产婆的作用相关的法令予以梳理。

首先，中日战争全面爆发后第 2 年的 1938（昭和十三）年，厚生省成立。其次，1938 年母婴保护法（1937 年颁布）实施，以抚养有 13 岁以下儿童的贫困母亲为对象（第 1 条），给予生活、养育、生计、医疗四方面的扶持（第 6 条）。尤其是 1937 年 4 月颁布的保健所法（7 月实施）明确规定：为了"增强国民体质"，设置保健所以提供必要的保健指导。保健所法设立的背景是"征兵体检时因肺结核而不合格的男性数量过多，而地方农村是军队兵源的重要供给源，因此要在地方农村完善保健所网，预防肺结核的形成"（荻野 2008，114 页）。其指导内容之一包含"孕产妇及婴幼儿的卫生相关事项"（第 2 条四），此内容与产婆也息息相关。

同年，国民健康保险法颁布并实施，从 1939 年开始，实行了对婴儿的全面诊察和健康咨询，保健员前往婴幼儿家庭进行家访，开展母子健康咨询和生活指导（荻野 2008，114 页）。此外，保健员是指依据 1941 年颁布的《保健员规则》，年龄在 18 岁以上，通过保健员考试并获得地方长官认可的人。此后，1944 年伴随着战况恶化，对保健员的需求激增，作为战时的特例，政府缩短了培训保健员的时长，同时增加了防空救护、国民体力管理、战时防疫等与战时体制息息相关的培训内容（厚生省医务局 1976，304 页）。

之后，1940 年，国家制定了国民体力法，旨在增强国民体力，并规定未成年人每年都须进行体力测试。

1941（昭和十六）年 1 月，内阁会议审议通过了人口政策确立纲要。其内容是为建设发展"东亚共荣圈"，增加人口数量，并确立了 1960 年总人口达到一亿人的预期目标。

　　然而，这并非仅仅是要求增加人口。同年7月，为防止"不良基因的遗传"，对生育进行调控，实施了国民优生法（1940年5月出台）。其中第1条为"旨在遏制不良基因遗传病患者增加的同时，增加健康新生儿，提高国民素质"。1940年成立的厚生省优生结婚咨询所第一任所长安井洋发布了"结婚10训"，在优生的思想基础上进行了阐述，"如果体弱多病的孩子和精神脆弱的孩子大量出生，那么不仅给其父母造成困扰，国家也会背负负担，难以充分发挥劳动生产率。因此，'多生多产'须解释为'优生优育'才更为恰当"（安井 1941，5页）。

　　此外，齐藤美穗认为，面对国家人口政策之一的"优生优育"的国民优生法，国民们之所以没有提出反对、批判的意见，原因在于早在大正时代，包括女性杂志在内的几乎所有杂志都刊登了优生报道，使得这一观念逐渐渗透到社会（齐藤 2001，120页）。

　　"结婚10训"是在1941年1月内阁会议审议通过了人口政策确立纲要之后，才得以公布的。其内容为"一、选择值得信任的人作为一生伴侣；二、选择身心健康的人；三、互换健康证明书；四、选择不携带不良基因者；五、避免近亲结婚；六、选择早婚；七、破除迷信陋习；八、尊重父母长辈的意见；九、仪式简洁，手续尽早；十、多生多养，为了国家"（青木 1942，4页）。其中第10项"多生多养，为了国家"在中日战争进入白热化的第2年即1939年成为著名的标语"多生多产，为了国家"（鹿野 1995，36页）。青木指出，虽然过去一直说"多产多生"，但"多产多生"的结果就是多生多死，所以"既然生下来了，就要好好抚养长大，使其成为对国家有用的人，因此'多生多养'的说法更为贴切"（青木 1942，13—14页）。

　　1942年出台的国民医疗法规定，"旨在期待合理的国民医疗、谋求国民体力的增强"（第1条）。国民医疗法将"医疗相关人员"定义为"医生、牙科医生、保健员、助产妇和护士"（第2条）。保健员、助产妇和护士三者之所以也被列入法案，是因为国家认为"为使国民享受到恰当的医疗，保健员、助产妇和护士的业务工作在其中同样具有千丝万

缕的联系，并不逊色于医生与牙科医生”（木村、厚生研究所 1942，78
页）。另外，国民医疗法也将产婆这一称呼首次改成助产妇。厚生省设
立的医疗制度调查会对此做出解释说：“依照其在人口政策上职责的重
要性，产婆这一称呼是不合适的，而且在多次议会上，我们都收到了要
求修订名称的请愿，因此决定借这个机会将产婆这一称呼改为助产妇。”
（木村、厚生研究所 1942，78 页）据此可知，助产妇这一称呼的选择
是与其在人口政策上的重要职责相匹配的。

　　另外，国家于 1942 年修订国民体力法，规定对 1941 年 4 月 1 日
后出生的婴幼儿也要进行体力检查和保健指导，并向接受体力检查的婴
幼儿分发幼儿体力手册（《去年四月后出生的幼儿必须接受体力检查》，
《大阪每日新闻》1942 年 5 月 19 日）。

　　1937 年出台的母婴保护法在 1942 年引入了面向全体女性，基于孕
产妇手册规则的孕妇登记制度。此制度是由厚生省人口局母婴科医生濑
目三雄依据自己留学德国期间了解到的体系设计完成。怀孕的女性应接
受医生或助产妇的检查，确认怀孕后，需要填写怀孕登记书，递交给市
町村政府，领取孕妇手册。规定孕妇应每月 1 次，在分娩前最少接受 3
次健康检查（荻野 2008，132 页）。

　　除此之外，厚生省为了提高出生率，增加人口并保证兵力，还在
1943 年出台了《国民保健指导方案纲要》和《孕产妇保健指导及保护
实施纲要》。

● 以配给制缓解物资匮乏

　　随着战争愈演愈烈，物资匮乏也愈加严峻。因此衣食等方面的
日用品以及生育所需的卫生用品都采用了配给制。内阁基于 1940 年
通过的《基本国策纲要》与 1941 年通过的《人口政策确立纲要》中
的人口政策，为了增加出生数量，加大了对于孕产妇及婴幼儿的保
护力度。

当时的配给制究竟是如何实行的？这在《生活手帖》[1]的《战时生活记录》特辑中可以一探究竟。静冈县贺茂郡的石井圆江在从事农业生产的同时也兼任产婆，据她所言，配给物资中产后护理所需的棉花尤为珍贵（石井 1968，102 页）。"棉花是最紧俏的。一不留神用完了，农村人就只能扯些旧布来用，也不管消没消毒。分配的棉花顶多用一周，因此用的时候特别精心，以免浪费。一开始是把棉花撕成大块，用脏了就放到水管下或湍急的河水里，用棒子搅动冲洗血液，再用甲酚消毒后煮沸，如此循环，再使用两到三次。"除此之外，人们还会将旧浴衣或浴衣衬肩以及下身用的内衬漂白后洗净，分裁成 20 厘米大小再集中消毒，代替棉花在分娩中使用。

1942 年 11 月，孕产妇手册规程得以出台，怀孕 5 个月以上的孕妇可凭此手册换取特殊布票。用这种布票能买到腹带、一件婴儿用褓褟、一件可以穿到两岁的棉质婴幼儿和服（石井 1968，102 页）。根据 1942 年的《布票目录及点数表》（个人收藏资料）可以看出，贴身衣物及腰卷[2]、腹卷等这类婴幼儿使用的衣物，只需要花费大人一半的点数就可以买到。1942 年 7 月，厚生省委员会为了强化婴幼儿保护对策，建议优先配给幼儿必需物资（《幼儿物资优先分配权》，《大阪每日新闻》1942 年 7 月 18 日）。此后，大阪市开始优先保障未满一周岁婴儿的马铃薯淀粉供给（《优先供给婴儿淀粉》，《大阪每日新闻》1942 年 12 月 5 日），大阪市、堺市、布施市三地从 1943 年 7 月起也开始优先供给婴幼儿牛奶（《优先供给婴儿牛奶》，《每日新闻》1943 年 5 月 20 日）。孕产妇手册出台与实施之际，国家尚能确保为"孕产妇提供生育所需的煤炭、燃气、电以及为新生儿家庭优先供给鸡蛋、牛奶等物资"（《孕产妇手册》，《大阪每日新闻》1942 年 7 月 12 日）。但随着战争形势日益严峻，物资供给也变得越来越困难。特别是燃料不足给助产工作带来了很

---

[1]   1946 年创刊，以中青年女性为目标群体的生活杂志。译者注。
[2]   日本女子穿和服时穿的内衣，包裹腰以下的部位。译者注。

大打击。

限时供水和煤炭等燃料供给不足，给接生带来很大困难，令产婆十分苦恼。因为无法烧开水的话，就无法给新生儿洗澡。但比起地方，燃料供应不足对城市的影响更为显著。当时东京都的产婆高木千代在一位母乳不足的产妇家里，甚至在火盆里点燃了当时十分昂贵的信纸来烧水，给啼哭不停的婴儿喂上了牛奶。在当时燃料不足的情况下，人们捡拾松果作为备用燃料，为确保洗澡水的供应发挥了巨大作用（高木 1968，103 页）。

因此，在战争状态下产婆和孕产妇的家人只能尽可能地节约物资，努力寻找替代品。但就算产妇平安生产，也保证了洗澡水的供应，还是会出现其他问题。由于食物短缺，产妇吃不到像样的食物，体力消耗过多，基本上不敢奢望能有足够的母乳。

在物资不足、粮食不足的战时状态下，国家鼓励女性代替参战的男性，在参加劳动的同时多生育，但这同时也给女性身体造成了巨大负担。

●"战时育儿生活"

这里有一本名为《战局防空必携》（个人收藏资料）的小册子，是1942（昭和十七）年由大日本防空协会奈良县支部发行，里面记载了遇到空袭时的应对方法。例如，手册中有条文规定，当"妇产医院"上空"响起防空警报"时，工作人员要做到："1. 令各位住院患者根据自身的身体状况采取相应的避难措施"；"3. 即使敌方飞机来袭，也不能停下手头助产的必要护理和手术"（大日本防空协会奈良县支部 1942，35页）。然而，遭遇空袭时果真可以继续进行"助产的护理和手术"吗？

让我们重新将目光投向《生活手帖》中战时期间的手记，手记中记载，警报拉响期间只要漏出一丝光亮就会被警防团员提醒注意，因此产婆只能"在窗户上张挂黑色幕布，在壁橱中借助唯一一根蜡烛的光亮助产，而且蜡烛上方还要再撑开一把黑伞遮挡"，在黑暗中摸索着接生（高木 1968，103 页）。

而且在空袭期间，产妇即便能够顺利完成生产也无暇躺平休息，而是必须要尽快撤离到更加安全的场所避难。战时，政府要求女性们不仅要投身于"多生多养"的伟大事业中，还要扮演战争后方的母亲角色，保护孩子免遭危险。

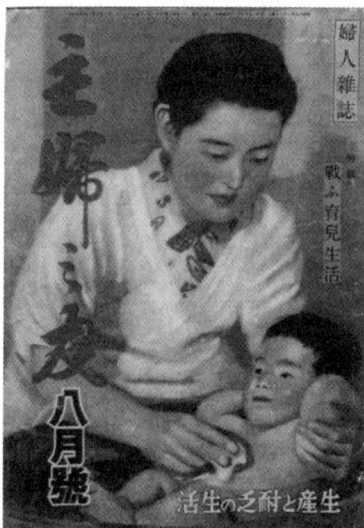

图4-2 《主妇之友》1944年8月号封面

《主妇之友》1944年8月号[1]的特辑《战时育儿生活》，其中详细介绍了战时生产、育儿的相关内容，接下来作重点推荐。封面上描绘了一位身穿白色围裙的母亲用浴盆为婴儿洗澡的情景（图4-2）。图画上的婴儿看起来不满一岁，但表情却十分坚定，仿佛是一位少年。而其封底则登载了一篇题为《"厨房"防空——以"厨房"为要塞》的报道。总之，封面和封底上分别出现的婴儿和厨房正是女性在战时应该保护的首要之物。

若桑绿指出，即使在军部加强了对报道内容的审查力度之后，《主妇之友》也依然没有减少发行量，究其原因便是因为"报道内容符合时局"（若桑 1995，145 页）。从1936年到日本战败的1945年，这期间报道的特征可以总结为：① 赞美母性；② 拥护家族制度；③ 推介家务、家政的智慧；④ 皇室崇拜；⑤ 对时局的关注；⑥ 战争援助；⑦ 关于性

---

[1] 《妇女界》《妇人俱乐部》《主妇之友》是当时面向普通家庭妇女发行的三大杂志。尤其是《主妇之友》，据说这本杂志在1941年创下了180万册的最高销量（木村 2010，54—55 页），具有强大的传播力。1934年左右开始，《主妇之友》上刊登的助长军国主义风气的文章数量逐渐增多，到1937年9月，伴随着中日战争全面爆发，与战争直接相关的报道突然增多（志田、汤田 1987，54—58 页）。

的报道。其中居于首位的"赞美母性"的内容具体为"怀孕、生产、育儿、母爱、母子"(若桑 1995,145 页)。

那么,回顾 1944 年 8 月号的《主妇之友》,其中有一篇由大日本母子爱育会爱育研究所及防卫总司令部指导下完成的报道《战时育儿生活:保护婴幼儿免受空袭伤害》(大日本母子爱育会爱育研究所、防卫总司令部 1944,45 页)。报道呼吁母亲们在"灾难与物资紧张的情况下不要逃避生活,要带着全日本母亲的尊严,在战火下培育出出色的孩子,要以这样的决心来对待育儿生活"(大日本母子爱育会爱育研究所、防卫总司令部 1944,46 页)。另外,作为具体的战时"育儿实践"共列举了 5 点内容,分别是:① 用母乳喂养孩子;② 有规律地哺乳;③ 尽快习惯大人的食物;④ 培养强壮且正直的孩子;⑤ 使健壮的孩子更加健壮。战时食物短缺,母乳关系着婴幼儿的性命,所以极为重要。报道中还强调母乳"有助于消化""没有细菌""随时方便吮吸""不需花钱""内含免疫性减少生病"(大日本母子爱育会爱育研究所、防卫总司令部 1944,46 页)。

为了在发生空袭时快速避难,杂志中写到了关于"婴儿的避难"的内容。其方法是在发生空袭时,不是抱着或背着,而是用细绳将婴儿固定在母亲的腹部进行避难。如果背着婴儿,母亲无法确定背后婴儿的情况;如果抱着婴儿,就占用了双手,不能搬运东西或者手撑地。但是如果用图 4-3 的方法,既可以观察到婴儿的情形还可以解放双手,甚至搬运物品。这个方法作为战时孕育出来的母子避难法耐人寻味。

图 4-3 空袭时的避难方法
出自:大日本母子爱育会爱育研究所、防卫总司令部 1944,51 页。

如此这般,《主妇之友》中对母亲帮助婴儿迅速避难的记述说明,一方面是为了保护婴儿性命，另一方面也体现出国家期待母亲为将来培养士兵人才的意图。报道中写道，"若非生长于战场的孩子，则不会有这般体验。这激烈、真实的战争体验，是孩子将来成长为国家的强大士兵、屹立战场的底气。不可惧怕战争，更不能盲目地怀揣和平思想。我们坚信，母亲们在空袭下对孩子进行战时精神磨炼的这份精神准备，必将成为'儿童防空'的根本"（大日本母子爱育会爱育研究所、防卫总司令部 1944，51页）。这些母亲倾尽全力保全的孩子们，将来会成为士兵奔赴战场——这既是国家所希望的结果，也在《主妇之友》这一类女性杂志中得到鼓吹。战时，女性被寄予的期待，正是为了增加人口的"生育女性"角色和"守护孩子长大并将其送往战场的母亲"的角色。若桑指出："只有当士兵和母亲成为不可分割的一对时，战争才能实行。母亲，是士兵的供给之源。"（若桑 1995，67页）

《主妇之友》封面上的婴儿，被刻画成一副与其年龄不符的凛然模样，正是表明了一种不久的将来要被送往战场的命运安排。

2. 战后助产妇制度

● GHQ 的新制度

战后，在驻日盟军最高司令官总司令部（GHQ）公共卫生福祉局（PHW）的指导下，助产妇相关制度发生了巨大变革（大林 1989，145页）。关于这一点，本章会参照大林道子《战后助产妇》一书，探讨GHQ 的新制度。

1945 年 9 月，PHW 首任看护课长 Oruto 刚刚上任之际，便访问了厚生省和中央保健所，开始与各种产婆、保健员界的领导进行接触（大林 1989，24 页）。当时，由于日常物资和食物的匮乏，医院的作用已经近乎瘫痪。因此，GHQ 强调："以美国的医疗制度为典范、推进医疗机构化的设想，正是看到了战败后日本的症结所在，即机构内分娩只占全体的 2.4%（1947 年数值），大部分的生产都是居家由助产妇帮助完成，需要首当其冲对其进行改革。"（大林 1989，25 页）

总的来说，GHQ 的领导者们，不能理解由助产妇陪同的居家生产的这一传统做法，将这种行为视为落后的表现。

在《日本的助产妇》一书中，助产妇野村澄（1917 年生于福冈县福冈市）对于当时的社会情况，进行了如下追述。

——我记得大致是昭和二十三年，助产妇们都聚到了活水女子大学的讲堂。与我们对话的是位年轻貌美的女医生。她大概是美国军人，并且配有翻译。

我们对她说明了助产妇和居家分娩的有关情况，但她却似乎怎么也不明白。这是最令我吃惊的事，实在是无法理解。（野村、山田 2008，122 页）

GHQ 对日本的生育环境不甚了解，于 1946 年 11 月规划了《保健师法案》。此法案将日本的保健员、助产妇、护士三职合一，整合成美国社会熟知的"保健师"这个新概念。但是，由于三者在执照、业务、职业组织的历史等方面不同等原因，此项法案被视为不符合日本的现实情况，于是 GHQ 在 1947 年 7 月又出台了《保健员助产妇护士令》。该法令最为显著的特点是，一方面将保健员作为不同于以往的新职业，与助产妇、护士的业务相对独立，另一方面又规定其目的为"促进医疗及公共卫生的普及"（第 1 条），将保健员归入到看护的行业内。虽然从前助产妇有自己独立的培养课程，但在此法令的影响下，为了取得保健员、助产妇的资格证，必须首先取得护士资格证。虽然新法规与以往的产婆规则（1947 年经部分修订，变更为助产妇规则）相比，具体内容基本没有变化，但其中有一处明显改动便是，以往产婆教育完全由医生负责，现在助产妇可以自主制定学习计划并付诸实施（保健员助产妇护士学校养成所指定规则第 6 条 4；大林 1989，26—39 页）。

此外，PHW 还计划解散保健员、助产妇、护士各自的团体组织，将其整合为一个协会。护士的日本帝国护士协会（1929 年成立）和保健员的日本保健员协会（1941 年成立）解散之后，整合为全新的日本产婆护士保健员协会，而助产妇的组织却没有被解散（大林 1989，133 页）。与护士和保健员的协会组织相比，大阪产婆公会（1888 年成立）与日本产婆会（1927 年成立）因其历史悠久，从一开始就反对建立统一的整合性协会，因此没有顺从地接受过渡。1947 年 5 月 1日，《产婆规则》改称为《助产妇规则》，以此为契机，日本产婆会更名为日本助产妇会。终于，在 1948 年 5 月日本助产妇会解散并与日本产婆护士保健员协会合并。但在此之后，1954 年 9 月，却发生了以下意想不到的事态。日本产婆护士保健员协会代表、助产妇会会长横山福出席了国际助产妇联盟（ICM）的成立大会，却被告知只有助产妇这单一团体才能成为 ICM 的正式会员（大林 1989，226 页）。在这一事件发生后，1955 年 1 月大部分的协会助产妇会员从协会中退出，成立了日本助产妇会。于是，助产妇在组织体系上就分为了两大阵营，即留在日本产婆护士保健员协会的助产妇与加入日本助产妇会的助产妇。

针对这一点，大林道子指出："如果日本助产妇会是助产妇的唯一组织机构的话，那就能够引入新的助产妇制度，或许在新旧技艺相互影响下助产妇水平也会有更大提升。但是助产妇被分裂为两大阵营后，就阻碍了传统接生技艺向全新理论的转化和飞跃。"（大林 1989，240 页）驹井秀子也表示："在新旧接生术之间的交流以及新旧更替变得难以实现。这对于产妇来说也是损失，令人惋惜。"（驹井 2007，26 页）制度的调整不仅影响到助产妇、护士、保健员等业内人士，也影响到了作为当事人的孕妇们。也就是说，GHQ 的产婆组织改革导致原本支撑着日本生育环境的产婆助产这一历史产生了断裂。

● 助力战后婴儿潮的助产妇们

战后，虽说助产妇制度发生了改变，但助产方法并没有立刻完成更改。反而，随着婴儿潮的到来，助产妇的日常节奏更加繁忙。

例如，第三章101—102页介绍了居住在奈良县天理市的东田百合子（生于1926年，以下省略敬称），她就是一名在战后取得资格证的助产妇。百合子的母亲楢糸和祖母楢菊都是山边郡福住村的产婆，再加上百合子，祖孙三代皆是产婆、助产妇。如果母亲是产婆，那么即使不特意拜师学艺，也能在与母亲共同生活的日常中，切身了解产婆的生活节奏。但是，幼时的百合子没有想过要成为产婆，因为看到身边的女孩立志成为护士，所以百合子也下定决心成为一名护士。然而，当时百合子的父母对护士抱有偏见，认为"护士会沦为医生的小妾"，对此表示了强烈反对。

父母的反对更加坚定了百合子的决心。"一定要成为护士"，抱着这样的决心，百合子不顾父母反对，于1941（昭和十六）年进入奈良县协同医院护士养成所学习并于1943年3月毕业。

战后，百合子于1946年结婚。婆婆楢尾（1910年出生[1]）是产婆，夫家也是世世代代操持着产婆营生。而且，兄嫂也作为产婆给婆婆打下手。在这样的情况下，百合子也认清了形势，知道即使拒绝"成为产婆"也无济于事，于是同年4月进入奈良县产婆护士养成所学习，然后取得了助产妇的资格。之后，百合子开始在1947年，即她婚后第二年开设的东田助产所工作，为助产妇的婆婆和兄嫂帮忙。

当时，百合子和兄嫂、婆婆三人一个月完成了80例接生工作。因

---

[1] 楢糸、楢菊和楢尾等这些有特点的名字来源于坐落在天理市楢町的楢神社。楢神社供奉的鬼子母神是保佑儿童的神，人们相信如果效仿楢神社，给孩子名字里加一个"楢"字的话，那么孩子就能在楢神社的庇佑下平安长大（柿本 2011，143页）。因

为不仅要辅助生产，还要在产后 1 周到 10 天左右的时间里照顾新生儿沐浴，所以三人每天都要前往产妇家。因为有的富裕人家会委托一个月时间的沐浴，所以骑着自行车到处上门成了家常便饭。一旦婆婆有交代，百合子和兄嫂甚至没有休息的时间，奔波于不同的产妇家中。此外，据说如果有什么异常，附近的医生也会立即前来帮忙。

下面让我们一起通过百合子的讲述来了解一下当时生产的情形。

过去那个时代，既没有分娩工具又没有棉花。所以会先在一种叫做"安产桐油纸"的油纸上铺上用破布缝制的被褥。因为只有这种分娩用"桐油纸"是原来就有的。因此，还需要制作和桐油纸等大的被褥。分娩时，只是简单地将洗净的旧床单"提前用热水消毒"一下使用。此外，由于没有手套，全程都是徒手操作。鉴于当时只有甲酚，消毒时也用甲酚，手部消毒也同样。外阴部的消毒亦是如此。（中略）当时生育的数量也非常多，因此非常繁忙，几乎每天都有分娩。但现在回过头来看，确实也会觉得"不干净"，在当时那种条件下居然还能不生病。（中略）另外，虽然常说现在的生育异常情况很多，但当时似乎并不多。（安井等 2009，64—65 页）

助产时，即使想营造一个干净卫生的分娩场所，但刚刚战败的日本依旧物资匮乏，只能用现有的材料将就一下。虽然第二章"新式产婆采用的方法"中提到了消毒，但我们可以看到实际战败后仅进行了最低限度的消毒工作。

助产的谢礼，多为大米、地方特产尤其是天理西瓜。据说夏天的时候，助产妇家里的走廊到处可见作为谢礼的西瓜咕噜咕噜地滚来滚去。此外，天理周边地区为庆祝新生儿的降生，会在出生后第 6 天或第 11 天时，设喜宴款待助产妇。据说百合子一改往常的裤装，一定是着和服出门。之所以着正装，一来是为表达充分感受到对方的敬意，二来是为显示作为助产妇的自豪感。

另外，据与百合子活跃于同时期的助产妇、奈良市吉野郡的和田君子（1925 年生人）所述，战后孕妇在用力时会使用特定工具。该工具似乎在各地都普遍存在，新潟县柏崎市柏崎故乡人物馆的早川美奈子将其称为"安产器"。

> 让产妇用脚尖蹬着底部，用力分娩时用手拉住吊环，这样一来可以充分借力，是一种有助于分娩的用具。类似于过去的助力带，现在来说类似于分娩台手部位置的握柄。虽然通常来说是由家属帮忙在枕边按住孕妇的双手，但许多产婆都会有这一工具，可见其作为助产辅助工具来说已经相对普及。（早川 2010，18 页）

笔者也亲自尝试过用脚尖蹬住底部，但还是很难掌握用力的技巧。助产妇和田解释说："你的用法应该是正确的，只是实际分娩来临时，对于产妇们来说，仿佛是抓住救命稻草那般，自然就会很好借力了。"我们可以想象，在助产妇的指导下，孕妇们一定是顺利使用这一工具完成了憋气用劲。

● 战后依旧活跃的接生婆

在山区村落中，和战前一样，接生婆依旧占据着一席之地。例如第三章介绍的奈良县吉野郡十津川村的接生婆德野女士（以下省略敬称）。

战后她继续从事助产，据说在十津川村总计接生了 600 多个婴儿。在十津川村，像德野这类没有助产妇资格证的接生婆在战后一段时间内，依旧与助产妇一起，共同参与村里的助产工作。例如有一位女性，于 1947（昭和二十二）年在助产妇的陪同下居家生下了第一个孩子。之后由于搬家，生第二个孩子时便让住在附近的德野助产。一般大家都会认为，如果头胎是由持有资格证的专业助产妇助产的，那么二胎自然也会委托专业助产妇，但实际上未必如此。十津川村的人们，并不认为持有资格证的助产妇和没有资格证的接生婆有太大差别。

出生于十津川村小原的森登米（1924 年生，化名，以下省略敬称），婚后依然居住在小原。她在 1949 年第一次"婴儿潮"时产下第一胎。怀孕期间，登米都是自己缠安胎腹带，也从未接受过健康检查，并且在怀孕期间常被劝诫"不要偷懒"，因此她经常劳作。预产期将至，阵痛"开始有感觉"了以后，她的丈夫才不紧不慢走着去请接生婆德野。登米还很担心"虽然丈夫去请德野了，但不确定她是否在家有空"。所以相较于有没有产婆从业资格证，对她来说最重要的是产婆愿不愿意不辞辛苦走山路前来助产。出于这个原因，十津川村的人们，都尽量委托附近的助产妇和接生婆来助产。

登米在自家的卧室里铺上褥子，上面又铺上桐油纸，作为分娩场所。在助产时，依据登米的情况，德野说："虽然现在多采用仰卧式，但过去我们还是用跪趴式分娩。""跪趴式"是接近双手双膝着地、臀部尽可能不上抬、头部着地的一种较为舒服的姿势。在登米持续阵痛的时候，德野会在一旁大喊"注意～现在多使劲～"这样，登米就可以很明白地知道什么时候该用力。

此后，在德野的助产下，1951 年登米产下第二胎，1954 年产下第三胎。不久，生于小原的富宅音野（以下省略敬称）取得助产妇资格证后回到家乡。因此，1958 年即将诞下第四胎时，登米委托了同乡的音野帮自己助产。据说音野采用的是仰卧式助产，也不会像德野那样在助产时大喊助威。战后依然活跃于接生事业的接生婆，除去德野以外便再无他人。

● 助产妇的烦恼

战后在奈良县吉野郡十津川村，像音野这样取得了资格证的助产妇们，她们过得如何？第三章介绍过的接生婆西田和佐野（以下省略敬称），在战后依然被村民称呼为"产婆"，从事着助产工作。此外，在十津川村，从战场回来的医生们也回村做起了个体医生。其中一位便是1911（明治四十四）年生人的杉井贞和（下文中省略敬称）。由于贞和与和佐野是亲戚，所以分娩时出现异常的话，和佐野便会说"杉井哥会来的"，去拜托杉井。贞和做医生也是为了帮助别人，所以一旦有事也会立刻到小森帮忙。他先骑着单车从折立到小原，再走山路到小森。

如此一来，战后的十津川村因为有医生，所以孕产妇即便分娩出现异常，也能够得到诊察。然而，在没有妇产科医生和儿科医生的"深山僻壤中没有产婆的村子"（西野 1951，13 页），外村人的助产妇工作就会遇到很多挫折。岐阜县的西野俊从事了30余年的助产工作，在她的备忘录中，记录了这样一件事情。

> 我所遇到的妇女大多相信迷信旧习，平时生孩子都是由邻居来关照，难产情况也并不会认为是病理性问题，而是坚信这是被一种称为"六算"的幽灵附体，只要祈祷就能平安分娩，只有实在难以分娩之时才会来我这里。
>
> 出现死胎时，会觉得比起长大一些再死，现在死还比较好，所以会当即放弃念想。对于产后恢复不佳，则认为是饮食调整不好，而完全不认同助产妇的建议。悲哀之余，每每我总是在深夜眺望山坡树林中的星月，怀念城市生活，黯然神伤，多次泪如雨下。然而，我不会气馁，我要不分昼夜，倾尽全力为村里的女性宣传保健卫生的重要性，尤其是给女性普及身为母亲的科学的怀孕、分娩、坐月子这一过程的卫生以及营养与育儿的知识。（西野 1951，13 页）

她的书写以略微夸张的方式，表达出了为"欠缺卫生意识的妇女"（西野 1951，13 页）而努力的助产妇的烦恼。从学习过医学知识与卫生意识的助产妇的角度来考虑，这些重视所谓村落惯习的分娩习俗、对助产妇的建议不予认可的妇女们，想必一定是无可救药的。虽说如此，除西野以外，依然有不少助产妇致力于改变深山僻壤无法应对异常分娩的现状。

对此，有许多人在谋求改良之策，从事农村问题研究的丸冈秀子便是其中之一。她指出："如果我们无论如何都难以劝说孕妇离家分娩，那至少不应该让各个家庭支付费用把产妇送往医院或者产科医院，而应该像那位保健员提议的那样，由农业合作社统一负责，这才是解决问题的关键。而且我认为，将这个一直处于隐秘角落中被暗中处理的重要问题光明正大地拿到村落台面上讨论，这也是女性的立场和人格得到极大认可的第一步。"（丸冈 1951，157 页）

在这种情况下，正如下一章中要介绍的那样，依据国家政策设立的母婴健康中心作为既整洁又亮堂以及就近的分娩场所，开始受到郡部女性的青睐。

3. 堕胎的合法化

● 优生保护法的出台及修订

在战后粮食短缺的年代，私下堕胎和杀婴的行为再次增多。堕胎、弃子现象横行，其危害也已成为社会问题，在这种情况下，出现了堕胎合法化的动向，进而改变了刑法堕胎罪下以堕胎为犯罪的现状。让我们借助荻野美穗的研究，简单概括一下这个过程（荻野 2008，159—175 页）。

1948 年 1 月，有人发现东京都新宿区牛込地区的产婆会长石川美雪与丈夫合谋，将收取抚养金予以照顾的 204 名婴儿中的 103 人杀害，这就是寿产科医院事件。事件发生后，有人以"公众卫生院斋藤技官室内 日本婴儿限制研究会"的名义发出了名为"针对产科医院事件的声明"的油印版传单。该声明批判道,政府虽将计划生育纳入了国家政策,但受到之前所倡导的人口增强论阻碍,才引发了这样的丑闻。随后,日本医师会于1947年7月开始商讨修订《国民优生法》。同年8月,优生保护法案于国会上首次提出,并于1948年6月在国会上表决通过。原本《优生保护法》最初并不是用以给一般民众的堕胎行为大开方便之门的。但现实中由于贫困阶层要求认可堕胎的呼声愈来愈高,所以在《优生保护法》出台还不满一年之际,国会在1949年6月对该法进行了第一次修订。经过此次修订,以经济状况窘迫为理由的堕胎行为也得到了法律认可。如此一来,正如提议者谷口弥三郎所言,日本成为"世界第一个"公开允许民众以经济理由堕胎的国家(荻野 2008,169页)。

另外,为了配合《优生保护法》的修订,国家要求各都道府县都必须设立至少一处优生结婚咨询点,为民众免费提供避孕指导。然而,实际上也有很多县并没有设置咨询点,而即便设置了,也不乏咨询者每月仅有寥寥数名的情况。由于合法堕胎所需要的手续十分繁杂,1952年5月国会通过了第二次修订法案,废止了向地区优生保护审查会提交事前批准的制度,改由都道府县的医师协会指定医生(也就是所谓的《优生保护法》指定医生)来决定是否允许堕胎。并且,正如荻野美穗所强调的,这样一来,法律不再由行政官厅实施,而是交由社团法人的医师协会这一民间团体决定,并且实质上是由指定医生个人判断。这在世界范围内也属于极为特例的制度(着重点由笔者添加)(荻野 2008,170页)。

● 助产妇的新职责

1952年,《关于〈备孕调节普及实施要领〉及〈实施细则〉》(厚生省发卫第585号)出台,"备孕调节实地指导受到法律保护,同时规定保健所内必须设立优生保护咨询点,由此全国约700处的优生保护咨询点的费用都被纳入了计划生育的预算中"(田间 2006,38页)。如此一来，计划生育得以实施。其结果正如田间泰子所指出的那样，从 1949 年至 1958 年的 10 年间，合计特别出生率从 4.32% 下降到 2.11%（田间 2006，8 页）。换言之，"日本通过采用限制生育的国策，在当时世界上以最快的速度实现了少子化"（田间 2006，23 页）。当时，助产妇作为备孕调节实地指导员，肩负起了普及计划生育的新职责。自此，过去一直与"生"息息相关的助产妇被动员成为备孕调节实地指导员，之后开始积极参与到了"不生"的运动中。

一开始，助产妇们对劝女性们"不生孩子"、同时减少自身助产次数抱有很大的抵触情绪。很快，谷口弥三郎在题为《对个体助产妇姐妹们的厚望》的文章中，表达了呼吁助产妇给予《优生保护法》以更多理解的想法。

"由于到目前为止，（《优生保护法》）其宗旨都没有得到彻底贯彻，所以一部分人认为如果彻底执行该法律，女人就会变得不再生孩子，助产妇也就会失去工作，但这其实是对《优生保护法》非常严重的误解。优生保护法的目的在于，防止有缺陷的人即不健康人口出生的同时，保护母亲的生命健康安全。因此实施避孕手术也好，人工流产也好，都不会阻碍优秀健康后代的出生，政府反而会奖励优生，所以绝对不可能发生无人生育的事情。"（谷口 1950，4—5 页）针对当时产婆关于《优生保护法》实施后的顾虑进行了解释。可以看出，谷口的主张是基于战前一贯的优生思想，即防止有缺陷人口的出生。

例如奈良县，从 1949 年 3 月 28 日起任命了优生保护委员（奈良女性生活史编纂委员会编 1995，128 页），1953 年 6 月 30 日，面向助产妇召开了第一届备孕调节实地指导员认定讲习会（奈良女性生活史编纂委员会编 1995，139 页）。1957 年 3 月 30 日，备孕调节实地指导员人数累计达到 357 人（奈良县厚生劳动部公共卫生课 1958，5 页）。此外，至 1956 年，包括一所私立机构在内，奈良县共设立了 8 处优生保护咨询点（奈良县厚生劳动部公共卫生课 1958，5 页）。顺带一提，1957 年中共有 623 人接受了优生保护咨询的个别指导，创下了咨询人数的最高纪录（奈良县厚生劳动部公共卫生课 1958，8 页）。

奈良县吉野郡的助产妇和田君子出生于 1925 年，她在日本助产妇协会的强烈要求下担任了备孕调节实地指导员，在乡村妇女大会及企业的讲习会上讲解相关知识。据说，她最初对自己身为助产妇却要向民众普及以少生少育为目标的计划生育方法这件事感到不能接受。但她无法拒绝日本助产妇协会的劝说，她转念一想，如果在自己的努力下，孕妇堕胎的情况减少，通过避孕，家族计划得以实现，那也是再好不过，于是她坚持了下来。

当国家立场介入到"生与不生"这一与女性身体息息相关的重大领域之后，是助产妇承担起了普及相关方针的职责。

● 奈良县面临的问题

《优生保护法》颁布后，堕胎数量是如何增加的？自 1949 年《优生保护法》修订以来，全国人工流产数量激增，1956 年约有 116 万例，达到峰值，在 1961 年前每年约有 100 万例，此后便逐渐减少（厚生统计协会编 2006，49 页）。1952 年《优生保护法》经过二次修订后，奈良县人工流产的数量也不断增长，到 1957 年已超过 5 000 例（奈良县厚生劳动部公共卫生课 1957，94 页）。

奈良县的堕胎数量低于全国平均水平，但有学者指出："虽然奈良县实施《优生保护法》后发生的堕胎数量处于全国最低水平，但这并不意味着其实际堕胎数量少，因为奈良县私下堕胎事件频发。"（奈良女性生活史编纂委员会编 1995，341 页）此外，奈良县政府也表示："虽然本县有记录的人工流产数量低于全国平均水平，但昭和三十三年中有约 12 000 名婴儿出生的同时，也发生了约 6 000 起堕胎事件，即每 3 名孕妇中就有一人接受了人工流产手术"，为了防止堕胎对母体造成不良影响，也为了推广合理的家族计划，政府对"指定地区内的生活贫困者免费发放或半价出售计生用品"，并为其提供"实地指导"［大和时报社

（现奈良新闻）1959，176 页]。

当时的奈良县"婴儿死亡率、未成熟儿的出生率、死亡率都很高，是全国为数不多的母婴卫生'劣等县'"（奈良女性生活史编纂委员会编 1995，341 页）。据 1957 年度《奈良县公共卫生年报》显示，全国婴幼儿死亡率平均值为 39.8，而奈良县远超全国平均值，达到 47.5，因此奈良县致力于"在落后地区成立母婴卫生地域组织，并且对低收入阶层的孕产妇、婴幼儿进行免费的保健指导以及实地指导备孕调节"，促进母婴卫生的改善（奈良县厚生劳动部公共卫生课 1957，1 页 ）。

● 接受人工流产手术

接下来我将介绍被称为"流产巴士"的手记，它记录了在奈良县东部大和高原的山地农村，女性接受人流手术的经历。

> 战后法律放宽了对人流的限制，因此当时大部分人以经济为由，选择乘坐早上第一班公交车到城里去做人流手术，然后坐最后一班车回家。时常有人在摇晃的公交车内大出血。这就是备受社会关注的"流产巴士"。
>
> 村长对此无法置之不理，设立了日本首个村级的"母婴健康中心"，也因此受到广泛关注。但是遗憾的是，该中心并非是为了进行备孕调节的指导，而是绝大多数时候变成人流的场所，成了"堕胎中心"。
>
> 石田一郎 1922（大正十一）年出生（石田 1995，423 页）

她们乘坐早上第一班公交车去城里的诊所做人流手术，之后坐最后一班车回家。我们可以感受到，孕妇无论在体力上还是精神上都十分煎熬。"母婴健康中心"作为全新的分娩场所在下一章中会有介绍，并且在"母婴健康中心"进行的人工流产也值得关注，这本手记出自男性村民之手，而作为当事人的女性们，究竟经历了怎样的人工流产呢？

奈良县吉野郡十津川村的渡部依子女士（1932 年出生，化名，以下省略敬称）于 1953 年，在婆婆的陪同下生下了第 1 胎，1955 年在小姑子的陪同下在家中生下了第 2 胎。1960 年又怀上了第 3 个孩子。当她怀孕 7 个月时，为了晒被褥，腹部用力过度，结果当天晚上"羊水"破了，浸湿了被褥，这种情况被称为"空子"。所谓"空子"，通常指的是羊水过少的状态下生下的婴儿，在这里也指产妇破了"羊水"。[1]当时村庄里还没有电话，面对这种情况，家里亲戚只好急忙骑自行车去叫助产妇。助产妇总算赶到，马上将手伸进依子的子宫将胎儿取出，虽然婴儿自主呼吸了 30 分钟左右，但很快还是回天乏术不幸夭折。7 岁的大儿子，紧紧抱着婴儿痛哭。由于是一名男婴，依子也深感惋惜。

受到这件事的影响，依子觉得自己若再次怀孕，无论在精神上还是身体上都会倍感煎熬痛苦，因此，在小姑子做护士所就职的吉野郡上市的医院，她接受了节育手术。所谓节育手术，是指基于优生保护法施行的一种避孕手术，大多数情况下采取的是结扎输卵管等措施。并且，1957 年奈良县实施的手术有 128 例，5 年后的 1962 年减少为 37 例（奈良县厚生劳动部公共卫生课 1964，94 页）。

尽管依子接受了节育手术，却还是再次怀孕了。在这之后，丈夫因病住进了大阪的医院，婆婆认为，这种情况下谁都没有能力再去生养孩子。而依子也觉得婆婆说得在理，于是在丈夫住院的医院接受了人工流产。但在这之后，依子感到万分后悔。

丈夫出院之后，依子又一次怀孕。这一次，她决定在之前接受节育

---

[1] 《日本产育习俗资料集成》记载了相关事例，例如"据说孕妇若往空锅里放入东西，会导致在生孩子时因羊水过少而难产"（山口县玖珂郡日积村）。"据说孕妇从锅里盛饭后如果不马上往里加水的话，就会造成'空子'（羊水过少），所以会马上倒水进去"（高知县）。（恩赐财团母子爱育会编 1975，132、136 页）

手术的上市医院进行人工流产。与上述提到的"流产巴士"一致，她也计划一大早坐巴士从十津川村出发，约莫三四个小时后到达五条，下午接受手术，傍晚再乘坐巴士回家。

依子在公交车上晕车了，因此一下车就去了大塔村（今五条市大塔町）宇井的亲戚家上厕所。不料"唰"的一声，羊水破了，"血块"也掉进了抽取式厕所里。她流产了。亲戚见此情况大吃一惊，立马开车将依子送往医院，进行紧急治疗。在那个年代，像这样为了做流产手术，人们坐着公交车绕过九曲十八弯山路前往医院，可以说这一路上都命悬一线。

依子想起自己曾经做过流产手术悔恨万分。她拜托村外寺庙的住持，为她的孩子施行"水子供养"[1]。住持说水子供养同女性的"血道"[2]有关系，于是依子开始服用"实母散"[3]和"命之母"[4]等治疗血道的汉方药。

依子表示在生育上经历了太多的痛苦，二胎之后先做了优生手术，然后怀孕了又被迫做流产手术，然后再次怀孕再次流产，这让她感到无比的艰辛。据她所说，她从没和丈夫说起过避孕的事，丈夫也因不喜欢而从来不戴安全套。

1957 年，吉野郡十津川村的村报《十津川》上刊登了由内吉野保健所所长竹村庆治撰写的三次连载报道——《备孕调节》（竹村 1957）。报道中介绍了计划生育的目的和方法，但我们并不清楚到底有多少人看过。依子表示，自己没有尝试避孕套等避孕工具或者确认排卵日期以便错开等方法，而是选择了类似结扎输卵管的优生手术和流产手术等对女性身体产生负担的方法。而造成这一现象的原因，一方面有可能是得不到丈夫对于避孕的理解，另一方面也可能是女性们对于流产手术没有过

---

[1] 水子指因流产和怀孕终止而死亡的胎儿或出生没几天夭折的婴儿，供养指为已亡人祈求冥福。译者注。
[2] 血道为汉方医学用语，指女性特有的病症。译者注。
[3] 实母散是一种治疗月经不调和更年期障碍的女性药。译者注。
[4] 命之母是一种女性保健药。译者注。

多的抵触心理，这一点通过阅读"流产巴士"中的手记内容便可以感受到。对于当时十津川村的女性们来说，乘坐公交车前往医院做流产手术，是比较迅捷的出生调控方法。

对她们来说，医院不是生孩子的地方，而是做流产手术的地方。此后，生孩子的场所开始由自己家转移至医院等专业机构，而这其中的过程我将会在下一章进行探讨。

第五章

从居家分娩到机构
分娩的转变

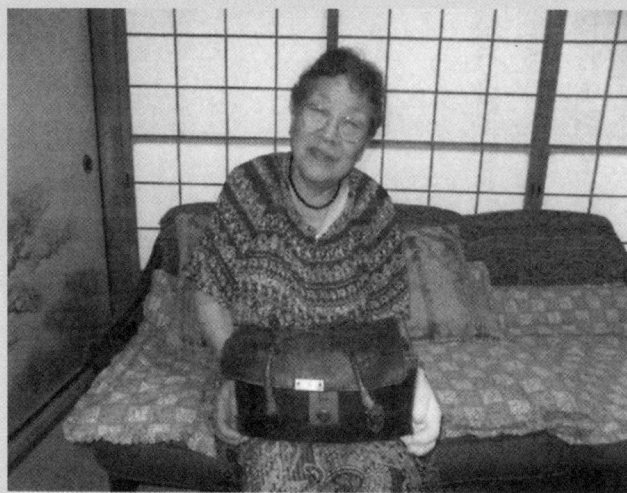

助产师东田百合子以及她出诊必备的诊疗包

20 世纪 50 至 60 年代，许多女性选择到医院、诊所等医疗机构进行分娩。我们将分娩场所从自家转变到医疗机构的这一过程称为"生育的机构化"[1]。那么，这一过程是由怎样的社会性、文化性因素造成的呢？

本章旨在阐明生育的机构化在不同的地方表现为各不相同的形式。为此，首先笔者会从全国范围入手，把握生育机构化的整体倾向。接下来基于在奈良县吉野郡十津川村进行的田野调查，明确生育的机构化的另一形式。并且笔者还想进一步指出，这个时期生育的机构化并非一定是追求"安全"所带来的结果。

1. 生育的机构化

● 导致生育机构化的原因

战后新生儿出生数量急速增长，1947 至 1949 年日本迎来了第一次婴儿潮。在此期间，1949 年出生数量达到最多，共有 270 万新生儿诞生。那么，如此之多的新生儿是在怎样的环境中出生的呢？

根据 1950 年的"不同出生场所、出生数"的统计，在"自家及其他场所"出生的新生儿占全体的 95.4%（图 5-1）。换言之，在这个时代诞生的团块世代，九成以上是在自己家出生的。

接下来，在 10 年后的 1960 年，"不同出生场所、出生数"的统计

---

[1] 中山真纪子指出有必要将生育的"机构化""医疗化""国家化"等内容予以分别讨论，这一观点具有重要意义。

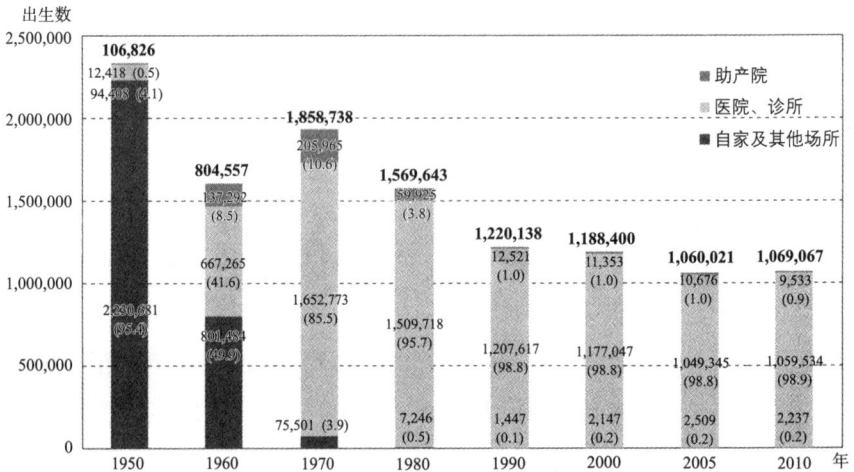

图 5-1　不同出生场所的出生人数（1950—2010 年）

出自：财团法人母子卫生研究会编 2012，47 页。

注：（ ）内的数字为占总数的比例。粗体数字为包含助产院、医院、诊所在内的机构内生产的数量。

中，在"自家及其他场所"出生的新生儿占全体的 49.9%，比例将近减半。与此相对，选择在"医院、诊所"等场所分娩的人数占比增加至全体的 41.6%，选择在"助产院"分娩的人数占比为 8.5%。两者相加可以看到选择在医疗机构进行分娩的人数占到整体总人口的 50.1%，正好是一半。再往后的 1970 年，选择在"医院、诊所"分娩的人数占比达到 85.5%，选择在"助产院"分娩的人数占比也达到 10.6%，两者相加所占比例达到了总体的 96.1%。

也就是说，从 20 世纪 50 年代开始，大多数人由之前的居家分娩转变为在医疗机构分娩。到了 1960 年，居家分娩和在医疗机构分娩的比例各占到总体的一半。1970 年，生育的机构化基本实现。因此，1971 到 1973 年的日本第二次婴儿潮，在医院或妇产科医院等医疗机构分娩成为大势所趋。因此我们在思考近代化的现象时，1970 年可以说是划时代的一年。这一年，日本万国博览会在大阪举行，亦如月亮石的展示，这一年也是凸显科技发展的一年。

虽说分娩不是疾病,但为何短期内完成了居家分娩到医疗机构分娩的转变呢?就此,中山真纪子进行了以下先行研究内容的梳理。首先,著有《生育革命》的新闻记者藤田真一将生育机构化的主要原因归结为"母子健康中心的设立"(藤田 1979,25—26 页);致力于日本生育研究的吉村典子从文化人类学的立场出发,认为是"女性们因为堕胎而逐渐习惯于去医院的意识的确立"(吉村 1992,145—146 页);其次舩桥惠子列举了"①家庭及地区的面貌改变、②医疗急救体系的不完善、③社会的流行"三点原因(舩桥 1994,66 页)。对此,中山批判道,"吉村和舩桥的研究都没有将城市、农村和山村进行区别性讨论,她们都是基于日本整体的统计数据及其变化来推测原因,但同时又都没有明确标记出所得结论的依据"(中山 2001,17 页)。本章接下来的部分中也会明确提到医疗机构的数量和规模在城市、农村和山村之间相差很大。中山结合这些先行研究为参考,高度评价了藤田真一将母子健康中心作为生育机构化的主要原因的观点,认为应着重对以"助产"和"母子保健指导"这两个方面为目的而确立的母子健康中心事业从整体上展开研究(中山 2001,17 页)。

母子健康中心是指依附于 1957 年厚生省儿童局开启的母子健康中心事业而设立的以助产和母子保健指导为目的的综合性设施。其成果有"第一,创造了日本全国范围内生育机构化的契机。第二,促进了母子保健的法律化并改变了 20 世纪 60 年代以后日本有关怀孕、生产、母子保健等的状况以及女性个人身体"(中山 2001,406 页)。1958 年即事业起步的第一年,全国各自治体共计设立了 53 家公立母子健康中心,1964 年全国范围内的机构数量超过 277 所,[1]最高纪录达到 700 所以上(中山 2001,5 页)。本章第 2 节,将以奈良县天理市的情况为例,对在母子健康中心进行的分娩情况予以介绍。

---

[1] 笔者统计了《母子健康中心要览》中"母子健康中心名簿"上记录的各都道府县的母子健康中心数量(社团法人全国母子健康中心联合会 1964a, 212—221 页)。

此外，有关医疗制度和医院建立的医疗社会史研究近年来也比较多见（猪饲 2010；高冈 2009）。从这些研究中我们可以再次确认，20 世纪 50 至 60 年代医疗机构本身的急速增长也是促进生育机构化的主要原因。

因此，在思考生育的机构化这一课题时，本节打算首先从地域性差异入手来考察全国范围内医疗机构的增减情况。在第二章中已经分析过，不仅各都道府县的医院、诊所的开设情况各不相同，城市地区、山乡渔村地区，乃至偏僻地区的情况亦不相同，这些均会对生育的机构化进程产生深刻影响。针对上述问题，接下来笔者将以奈良县为例进行分析。

● 城市地区与山乡渔村地区的差异

1950 年全国约有 95% 的分娩都在家中进行，市和郡之间在专门机构进行分娩的占比如何呢？首先，1950 年市部的机构，包括医院、诊所、助产院等在内的分娩合计 8 万 9 490 次，占总体的 11.3%（总数为79 万 4 279 次）。与之相对，郡部的机构生育合计 1 万 7 336 次，总占比仅为 1.1%（总数为 154 万 3 228 次）。如此一来，市和郡之间选择在专门机构分娩的占比约为 11% 和 1%，差异十分显著。[1]

例如，20 世纪 50 年代，东京都内已经有了一定数量的私营产科医生，城市地区的女性也开始选择在诊所、医院生育。据 1952 年在东京都新宿区完成分娩的杉山次子（后来的日本拉马兹无痛分娩法推广第一人）所述，在新宿区"机构生育已变为理所当然的选择"（杉山、堀江 1996，2 页）。在关西的城市地区，情况亦是如此。例如，京都市中京区的岩木久江女士（化名，1926 年生人），便是选择了周边口碑较

---

[1] 数据来自《各市郡、出生场所、出生人数及比例》（财团法人母子卫生研究会编 2012，47 页）。

好的妇产科医院，并于 1950 年在医院里完成了分娩。当时的中京区，商店、公司鳞次栉比，许多妇产科医院都已开业。加之岩木女士生于商人世家，经济上也较为富裕。所以在医院进行分娩对她来说几乎是理所当然。据说她还向身边的女性们了解、收集坊间信息，选择了一家能够妥善应对分娩时出现异常情况的妇产科医院。这样一来，20 世纪 50 年代初的城市地区，如若经济宽裕，便可在对医疗机构进行细细斟酌之后再从中挑选。但反之，若经济较为窘迫，则尚无法做出这样的选择。

与此相对，20 世纪 50 年代的山乡渔村情况如何呢？例如，第三章中介绍过的奈良县吉野郡十津川村，大部分的分娩都是在自家进行，由助产妇或接生婆负责助产。住在十津川村蕨尾的一位妇女，于 1952 年和 1955 年，在出谷的大谷助产妇的陪同下在自家分娩了婴儿。她预感到自己马上要生，便亲自烧开洗澡水，并让家人去请助产妇。另外，在十津川村，没有资格证的接生婆也依旧从事助产，如果有孕妇的家人来请，她们会立刻前去助产。在这个时期的十津川村，人们会委托助产妇或接生婆助产，除非是提前检查出有什么异常，否则基本不会去医院生产。说到底，在十津川村这种山区村落，即使分娩时出现异常，翻山越岭前往医院时间上也是不允许的，所以很多时候人们不得不放弃母子的性命。

正如本章第 2 节中所介绍的那样，为了改善山乡渔村的这种状况，增加机构内的生产，1957 年全国各地都设立了母子健康中心。这一做法卓有成效，不仅是城市，在山乡渔村地区，生育的机构化也取得了进展。例如，聚焦 1950 到 1960 年间医院、诊所、助产院等机构内的分娩增加幅度，可以发现市内的机构内出生数量增加到了先前的 7.2 倍（89 490 件—644 524 件），郡内的机构内出生数量增加到了先前的 9.2 倍（17 336 件—160 033 件）。[1]

---

[1]　数据来自《各市郡、出生场所、出生人数及比例》（财团法人母子卫生研究会编 2012，47 页）。

● 医院和诊所的增加

　　20 世纪 50 至 60 年代，之所以在短时间内实现了由居家分娩到机构内分娩的转变，其原因便在于这一时期开展分娩业务的医院和诊所数量的增加。不管女性们多么想在医院分娩，但如果附近没有这类机构，生育的机构化自然也无法实现。

　　医疗法人以及个体经营的医院数量在 1953 到 1965 年间增加得最为显著，也似乎证明了这一点（猪饲 2010，251 页）。对于机构数量的增加，猪饲周平指出其关键原因在于，战后政府采取的医疗法人制度、优惠税制、医疗金融公库、面向个体医生的优厚诊疗报酬体系等措施，为个体医生提供了资金支持（猪饲 2010，251 页）。其结果便是，"日本私立的普通医院在增加病床总数的同时，也实现了每个医院病床规模的扩大和设备的扩充"（猪饲 2010，251 页）。像这样，得益于政府的优惠政策，配备有产科、妇产科的医院和诊所的数量增多了。

　　序章中介绍的图 0-1"妇产科及产科机构数量的年度变化趋势"，便是选取了 1954 至 2011 年妇产科、产科的医院和诊所其机构数量的变化情况。

　　在此期间，普通医院的数量呈现缓慢增长的趋势，在 1966 年达到了顶峰，随后基本保持平稳，直到 1993 年开始逐渐减少。相较之下，普通诊所的数量在 1954 年之后的十年间快速增长，直至超过一万家。但是仅凭这些数据，我们无法判断是否所有的医疗机构都能接受分娩。因此，表 5-1 单独列举了配备有分娩室的医疗机构的数量。[1] 自 1957 年开始的十年间，全国的医院中，配备有分娩室的医院所占比例逐渐增加。与此相比，1957 年配备有妇产科、产科的普通诊所有 9 146 家（图 0-1），其中配备有分娩室的普通诊所有 4 362 家（表 5-1），也就是说在普通诊所中有 47.7% 的比例能够进行分娩，到了 1960 年，该比例提

――――――――――
[1]　这个数值只记载了这 3 年的数据。

高到 58.4%，1966 年为 73.7%，由此可见，能够提供分娩服务的普通诊所的比例在短期内得到了增加。

表 5-1　设置有分娩室的全国机构数

年	总数	医院数	一般诊所数
1957	6 766	2 404	4 362
1960	8 258	2 572	5 686
1966	10 142	2 800	7 342

出自：厚生省大臣官房统计调查部 1959、1962、1968。

表 5-2 给出了 1966（昭和四十一）年各都道府县配备有分娩室的机构数量的多少。不考虑人口比例的不同，只比较分娩室的实际数量可知：配备分娩室的机构数量最多的五个地区是东京、大阪、神奈川、北海道和兵库。全国诊所总数 7 342 处，尤其在东京都，配有分娩室的诊所多达 1 301 处，占总数的 17.7%。位列末五位的是鸟取、滋贺、山梨、岛根和福井，包含临近日本海的 3 个县在内，共 5 个县的医疗设施数量在逐渐减少。

表 5-2　设置有分娩室的机构数全国排行榜（1966 年）

都道府县	总数	医院数	诊所数	都道府县	总数	医院数	诊所数
东京	1 616	315	1 301	广岛	259	70	189
大阪	769	155	614	京都	248	70	178
神奈川	455	104	351	静冈	229	60	169
北海道	428	194	234	茨城	198	57	141
兵库	423	109	314	福岛	194	64	130
福冈	417	72	345	新潟	190	63	127
爱知	392	135	257	长野	187	62	125
千叶	299	70	229	鹿儿岛	179	48	131
埼玉	270	69	201	宫城	178	57	121

续　表

都道府县	总数	医院数	诊所数	都道府县	总数	医院数	诊所数
群马	175	39	136	德岛	113	37	76
山口	171	58	113	秋田	106	34	72
熊本	171	48	123	富山	101	36	65
岐阜	159	53	106	宫崎	96	37	59
长崎	155	52	103	奈良	95	16	79
冈山	153	64	89	石川	93	39	54
岩手	139	51	88	香川	93	33	60
青森	134	46	88	佐贺	93	22	71
三重	130	55	75	高知	81	29	52
栃木	129	43	86	福井	74	25	49
爱媛	129	39	90	岛根	72	19	53
山形	119	37	82	山梨	71	21	50
和歌山	117	22	95	滋贺	69	24	45
大分	117	33	84	鸟取	56	14	42
				全国总数	10 142	2 800	7 342

出自：厚生省大臣官房统计调查部 1968，202、209 页。

　　设想一下，可供分娩的医疗设施的增加或许是出于人们对"安全"分娩的需求。然而文化人类学者松冈悦子对此却表示质疑，认为从居家分娩到机构分娩的转变与分娩安全性并无关系（松冈 1993，59 页）。松冈就将围产期死亡率作为安全性指标一事展开探讨，并分析道："自本世纪中叶起，在发达国家，分娩向机构转移的现象十分显著，这与围产期死亡率的下降并无因果关系，甚至并无关联。"（松冈 1993，46 页）在处于高度经济成长期的 20 世纪 60 年代，产业结构从第一产业向第二产业转变，在这一时期，"与物资生产由家庭内部向工厂转变相同，人的生育也由家庭转移到医院"，这项变化被认为是"在医疗方面出现的产业结构的变化"（松冈 1993，59 页）。并且，松冈得出结论："如果把分娩由居家到机构的转变，与物资生产由家庭作业、手工业向工厂制造业的转变对应起来看的话，这确实是改变了生育的性质，但这与生

育的安全性并无关系。"（松冈　1993，59 页）

　　松冈指出，分娩向机构转移与分娩安全性并无关系，而是应对 20 世纪 60 年代产业结构变化所产生的结果。如果如她所言，那分娩安全性是从何时起受到重视的呢？确实，正如第六章中所探讨的，进入 20 世纪 70 年代以后，由于在没有接到医院任何说明的情况下遭遇过度医疗、医疗事故等问题频出，自此之后，作为生育主体的女性对"安全"的呼声逐渐高涨。

● **奈良县的分娩的机构化**

　　正如我们之前讨论过的那样，根据都道府县的不同，可供分娩的医疗机构的增加情况存在地区差异。接下来，让我们将目光转向各都道府县内部，进一步研究市部和郡部的差异。首先，让我们以奈良县为例，对可供分娩的医疗机构的变迁展开讨论。

　　首先，据 1952 年[1]的资料可知，整个奈良县，居家分娩的比例为 95.25%，在医院、诊所及助产所等机构分娩的比例仅为 2.24%（图 5-2）。接下来让我们比较一下位于市部的奈良市与位于郡部的纪伊山地的吉野郡的情况。奈良市机构分娩的比例为 8.31%，尤其是在诊所分娩的人数不断增加（图 5-3）。与此相对，吉野郡机构分娩的比例不足 1%，居家分娩的比例占到 98.17%（图 5-4）。

　　这个时期，奈良县的市部和郡部选择机构分娩的情况呈现明显的地区差异。1952 年，奈良县共有 8 所妇产科、全科医院，基本都位于奈良盆地地区（金原　1952，156 页）。顺便补充一下，到了 1956 年，奈良县产科、妇产科医院数量增加至 14 所（金原　1955，109 页）。除了奈良盆地到山区地带建起了医院，奈良县中部地区也建立了医院，例如

――――――――――

[1]　由于 1950 年奈良县的统计资料中没有包含按郡分类的数据，因此这里参照 1952 年的数据制表。

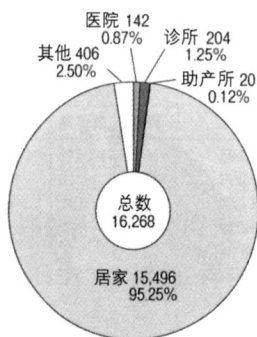

图 5-2　奈良县不同出生场所的出生数（1952 年）
出自：奈良县卫生部 1953，107 页。

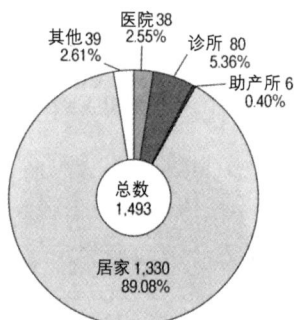

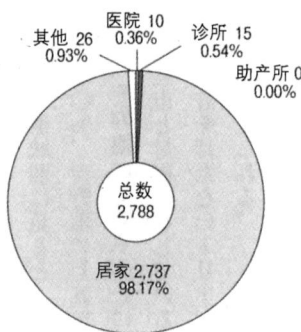

图 5-3　奈良市不同出生场所的出生数（1952 年）
出自：奈良县卫生部 1953，107 页。

图 5-4　吉野郡不同出生场所的出生数（1952 年）
出自：奈良县卫生部 1953，107 页。

大和高田市的市立医院、吉野郡吉野町的国民健康保险医院及南葛城郡医疗法人医院。

接下来，根据 1953 年的"参与者类别下的出生数"（表 5-3、4）可知，整个奈良县由医生参与的分娩共 887 次（占比 6%），助产妇参与的分娩共 13 178 次（占比 89%），其他共 747 次（占比 5%），其中助产妇参与的分娩数占到总数的九成。不同地域呈现的比例也不同。在奈良市，医生参与生产的比例约为 20%，而吉野郡则不到 5%。与此相对，在吉野郡"其他（人士）"参与生产的占 24%，与奈良市呈现两个极端。吉野郡所谓的"其他"，应当包含了不具有助产妇资格的接生婆和产妇的家人在内。

表 5-3　奈良县不同地域、不同在场人员下的出生数（1953 年）

地　域	不同在场人员（人）			
	医　生	助 产 妇	其　他	合　计
奈良县	887	13 178	747	14 812
奈良市	289	1 130	42	1 461
添上郡	23	612	4	639
山边郡	62	907	12	981
大和高田市	25	496	—	521
北葛城郡	27	1 244	8	1 279
南葛城郡	20	675	23	718
矶城郡	75	1 802	7	1 884
高市郡	42	1 189	15	1 246
生驹郡	134	1 619	4	1 757
宇智郡	53	613	9	675
吉野郡	117	1 843	616	2 576
宇陀郡	21	1 047	5	1 073

出自：奈良县卫生部 1955，21 页。

表 5-4　奈良县不同地域、不同在场人员下的出生比例（1953 年）

地　域	不同在场人员（%）			
	医　生	助 产 妇	其　他	合　计
奈良县	6.0	89.0	5.0	100
奈良市	19.8	77.3	2.9	100
添上郡	3.6	95.8	0.6	100
山边郡	6.3	92.5	1.2	100
大和高田市	4.8	95.2	0.0	100
北葛城郡	2.1	97.3	0.6	100
南葛城郡	2.8	94.0	3.2	100
矶城郡	4.0	95.6	0.4	100
高市郡	3.4	95.4	1.2	100
生驹郡	7.6	92.1	0.2	99.9

地　域	不同在场人员（%）			
	医　生	助　产　妇	其　他	合　计
宇智郡	7.9	90.8	1.3	100
吉野郡	4.5	71.5	23.9	99.9
宇陀郡	2.0	97.6	0.5	100.1

出自：奈良县卫生部 1955，21 页。

注：使用小数点后第 2 位的四舍五入算法，因此合计并不一定为 100%。

　　紧接着在 1962 年，整个奈良县选择在包括医院、诊所、助产所在内的机构生产的比例有所增加，四舍五入后（以下同样）为 64%（图5-5）。以奈良市为例，医院生产占 29%，诊所生产占 50%，助产所生产占 5%。1962 年，在机构生产的占比已达到整体的 84%（图 5-6）。

　　与此相对，同年吉野郡[1] 医院生产的比例仅占 4%，诊所生产占 22%，助产所生产占 2%。机构生产的比例仅占整体的 28%，还不到三成（图 5-7）。而奈良市机构生产人数已经超过八成，与人数不满三成的吉野郡形成了鲜明的对比。

　　另外，1962 年，位于吉野郡最南端的十津川村，在医院、诊所、助产所等机构生产的比例（32%）甚至比吉野郡全郡的比例（28%）还要略高一些（图 5-8）。1960 年，十津川村在田户开设了县立诊所，在上野地和重里开设了村办诊所，再加上 1955 年开设的小原诊所，十津川村内的诊所达到 4 家。然而，并不是每家诊所都从事接生业务，因为小原诊所的护士持有助产妇资格证，所以孕妇只能选择在小原诊所进行生产。但是，就笔者所了解到的情况来看，并没有受访者提过有熟人或是其他女性在十津川村内的诊所进行分娩的事情。也就是说，仅从十

---

[1]　1962 年，吉野郡管辖有 3 个城镇、10 个村落，包括吉野镇、大淀镇、下市镇、西吉野村、野迫川村、大塔村、十津川村、黑龙村、天川村、下北山村、上北山村、川上村、东吉野村。

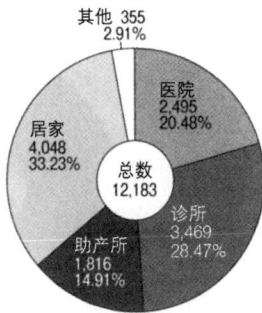

图 5-5 奈良县不同出生场所的出生数
（1962 年）

出自：奈良县厚生劳动部 1964，30—
41 页。

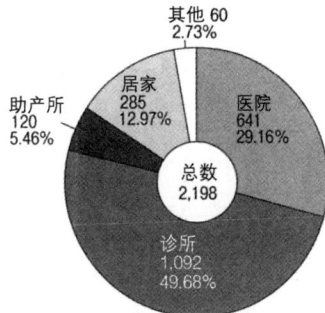

图 5-6 奈良市不同出生场所的出生数
（1962 年）

出自：奈良县厚生劳动部 1964，30—
41 页。

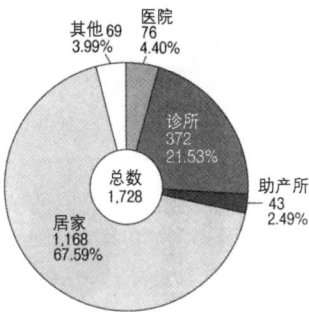

图 5-7 吉野郡不同出生场所的出生数
（1962 年）

出自：奈良县厚生劳动部 1964，30—
41 页。

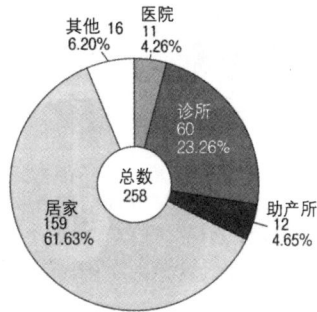

图 5-8 十津川村不同出生场所的出生
数（1962 年）

出自：奈良县厚生劳动部 1964，30—
41 页。

津川村的数据来看，尽管在诊所分娩的人数占到总数的 23%（图 5-8），
但这很可能不是十津川村内的诊所，而是村外诊所的数据。换言之，这
个数值很可能指的是在奈良县五条市、和歌山县新宫市等十津川村以外
的诊所分娩的数据。

而且，从 1962 年十津川村居家分娩时在场人员的情况来看，助产
妇占 60%，医生占 6%，还有其他占 34%（图 5-12）。与其他地区不同
的是，十津川村"其他"部分的占比较高。也就是说，十津川村产妇的

生育环境的民俗学：迎接"第三次生育革命"的到来

居家分娩，在场人员除了助产妇、医生等医疗工作者之外，还有"其他"部分的家人、接生婆和邻居到场支援。关于这一点，我将在第 3 节展开详细论述。

最终，1972 年奈良县女性的机构内分娩率达到 97%（图 5-13），可以说奈良县在 20 世纪 70 年代初期已经实现了生育的机构化。郡部的机构内分娩率也接近九成，其中吉野郡为 87%，十津川村为 90%（图 5-15、16）。此外，就分娩机构的类型而言，奈良市内有 49%，接近半数

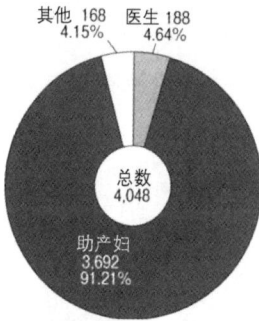

图 5-9 奈良县居家分娩时的不同在场人员数量及比例（1962 年）

出自：奈良县厚生劳动部 1964，30—41 页。

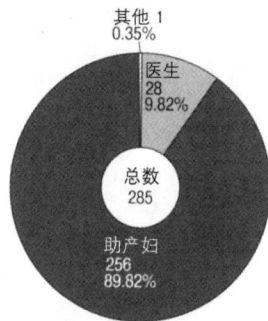

图 5-10 奈良市居家分娩时的不同在场人员数量及比例（1962 年）

出自：奈良县厚生劳动部 1964，30—41 页。

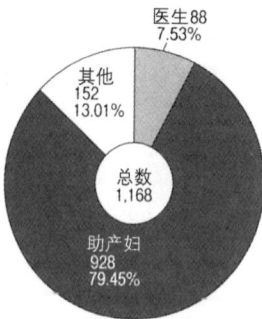

图 5-11 吉野郡居家分娩时的不同在场人员数量及比例（1962 年）

出自：奈良县厚生劳动部 1964，30—41 页。

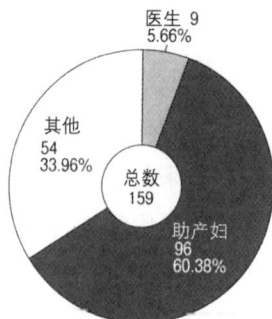

图 5-12 十津川村居家分娩时的不同在场人员数量及比例（1962 年）

出自：奈良县厚生劳动部 1964，30—41 页。

的分娩机构为医院（图 5-14），而吉野郡这一数据仅有 18%（图 5-15），反之诊所占到分娩机构总数的 51%。可以说，在郡部相较于医院，诊所的数量不断增长，以此推动了生育的机构化。

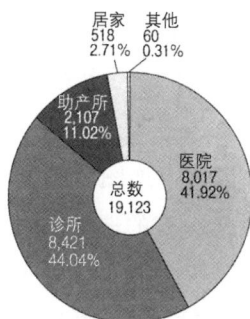

图 5-13　奈良县不同出生场所的出生数（1972 年）

出自：奈良县厚生部 1973，38—39 页。

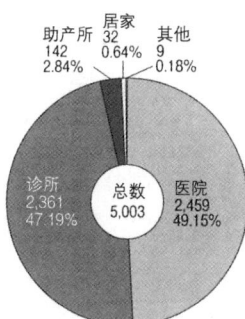

图 5-14　奈良市不同出生场所的出生数（1972 年）

出自：奈良县厚生部 1973，38—39 页。

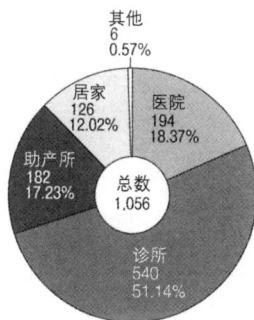

图 5-15　吉野郡不同出生场所的出生数（1972 年）

出自：奈良县厚生部 1973，38—39 页。

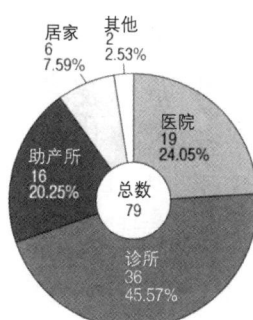

图 5-16　十津川村不同出生场所的出生数（1972 年）

出自：奈良县厚生部 1973，38—39 页。

● **分娩机构的选址条件**

下面，让我们来了解一下奈良县分娩机构的分布情况。《医院要览》

上刊登了各所医院的信息，但不包括普通诊所。我曾询问过奈良县相关部门，但工作人员的回复是该县没有保存过去的分娩机构信息。于是我参照《奈良县医师协会史（后篇）》（奈良县医师协会编 1982，1100—1179 页）上的名册，又拜托奈良县的医师协会，在其允许下查阅了1972 年的成员名册。此后，我一一确认了当时产科与妇产科医生开办或就职的妇产科医院，并在地图上做了标注。图 5-17 就是我依据收集到的资料与《医院要览 1972 年版》（厚生省医务局总务课编 1972，237—239 页）制作完成的。当然，我无法保证这幅地图涵盖了当时所有的妇产科医院，不过它大体上把握了 1972 年医院的选址倾向。我们可以发现，医院与妇产科医院基本上都集中于奈良盆地、交通干线沿线及车站周围地区。从这张地图可以得知，在提供助产服务的医疗机构数量达到最高点的 1972 年，分娩机构的选择在奈良县北部与南部呈现出极端失衡的地区差异。并且在此之后，这一地区差异并没有得到解决，同时分娩机构在整体上呈现减少趋势。

私营产科医院必须要保证盈利。因此对于医生来说，比起在患者稀少的山间地带，他们更愿意在靠近铁路的车站附近或者在国道与县道选址营业。正如伊凡·伊里奇在《去医院化社会：医疗的极限》中提到的，"比起其他职业，医生更倾向于按照自己的喜好来选择生活的地方，他们聚集在气候适宜、青山绿水、人们辛勤劳动、自己的服务能得到报酬的地方"［伊凡·伊里奇 1979（1976），25 页］。这种倾向也适用于奈良县。

当然，这也并非全是否定的评价。2013 年的当时，吉野郡没有一家可以生产的医疗机构。但距今约半个世纪前的 1972 年，吉野有 19 家可以生产的诊所。也就是说，虽然吉野郡的诊所不多，但是个人产科医生在家乡开设的诊所支撑起了当时吉野郡的生产需求。而并非说只是在能够盈利的城市地区开设诊所。

以上，从 1952 到 1972 年，参照图表和地图可以清晰地看出这 20年来奈良县内的产科、妇产科诊所及医院数量的变化以及生育机构化的

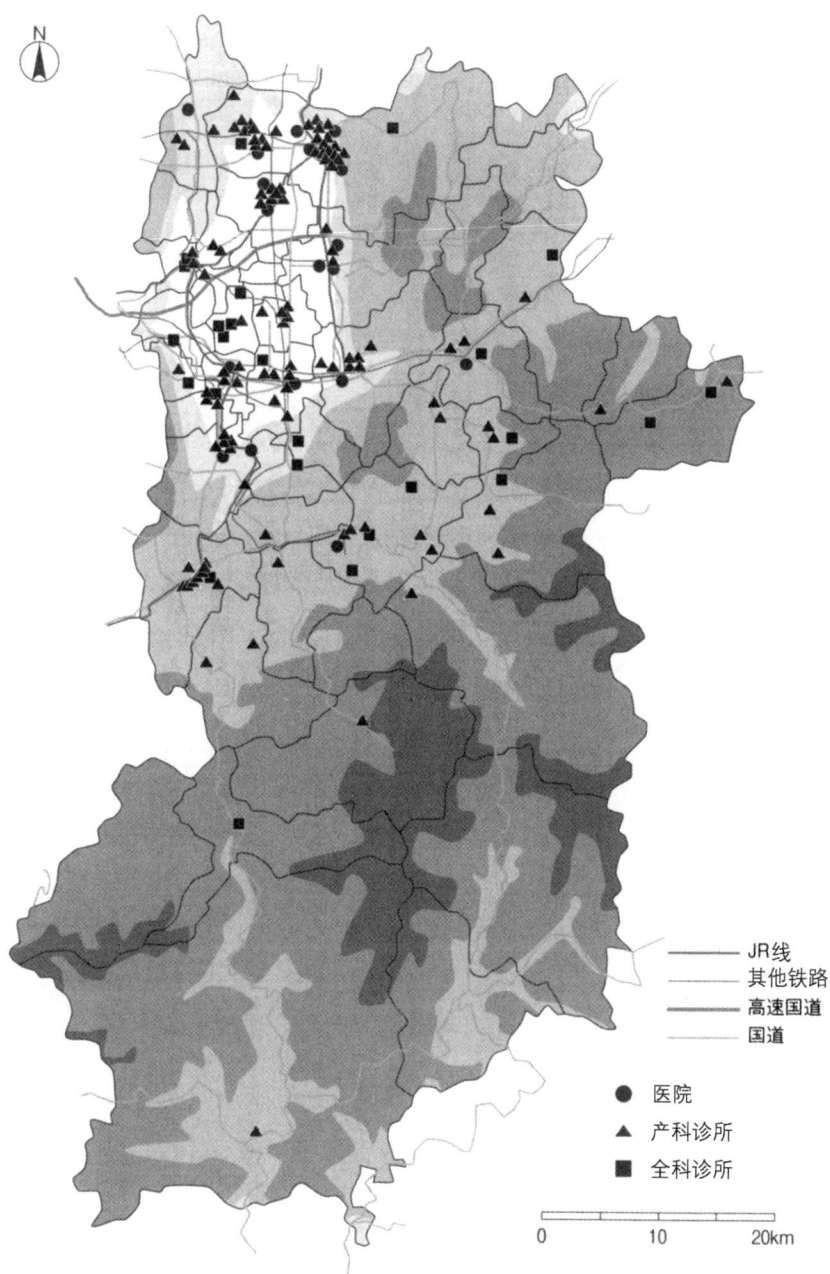

图例：
- JR线
- 其他铁路
- 高速国道
- 国道

● 医院
▲ 产科诊所
■ 全科诊所

0　　　10　　　20km

图 5-17　奈良县分娩机构分布图（1972 年）

注：依据 1972 年奈良县医师会名簿（厚生省医务局总务课编 1972，237—239 页）制作。

情况。奈良县的产科、妇产科医院主要设置在县北部，也就是说以奈良市为中心，集中在奈良盆地，而南部的村庄只有少许几家医院。总而言之，分娩机构的地区差异并非近些年突然出现的，从 20 世纪 50 年代生产机构化开始，这种地区差异就已经出现苗头，到了 70 年代这种差异愈加显著，直至今天这一问题依然存在。

2. 母子健康中心助产妇陪同下的生产

● 何为母子健康中心

母子健康中心被认为提升了村落地区的生育机构化。接下来，让我们聚焦母子健康中心的产妇生产状况。首先让我们来了解一下，母子健康中心的相关设立者他们所追求的机构化生育的理想状态是什么。

当时，东京大学医学部教授森山丰，将母子健康中心分娩的优点和居家分娩作了比较。具体如下："1. 有独立的分娩室。2. 助产妇随时待命。3. 与产科医生的联络通畅。4. 配备有应急器具、药品。5. 有产后住院室，能保证安静的环境。6. 住院期间可以学习产后保养和新生儿的喂养技巧。7. 住院期间可以从家务事中脱身，保证身心安静。8. 住院期间有膳食供应，无需担心营养不良。"最后他总结道："综上所述，母子健康中心对于不具备有助产机构的山乡渔村等地区来说，实则意义非凡。我们必须要致力于母子健康中心的普及和完善。"（森山 1964，30 页）确实，第 1 到 4 点体现的是医疗机构的优点，这是传统居家分娩所没有的。第 5 到 8 点，对于山乡渔村的产妇来说，因为她们产后常常要立即回归劳动，所以这意味着至少她们的产后休养得到了保证。

此外，1964 年的《母子健康中心要览》上刊登了东京大学工学部

建筑计划研究室绘制的《母子健康中心参考设计图》（图 5-18）（社团
法人全国母子健康中心联合会 1964）。根据设计图显示，东侧端头的
诊疗室中设有内诊台，西侧端头的分娩室设有分娩台。另外还设有三
间"产妇室"，每间设有两张床，全部用帘子从中间隔开。建筑家柳泽
忠对于这个设计图，从产妇的产后生活出发，提出了不少改善性意见，
例如考虑到在产妇室里放置新生儿床，所以建议面积至少在四坪以上；
厕所、洗衣室、厨房等房间过于狭窄；尤其是为了保证配方乳的新鲜卫
生，要考虑在厨房留出空间加放冰箱，为此面积还需要扩大一倍，等等
（柳泽 1964，62 页）。

即便有这种参考设计图，但由于母子健康中心的主导权掌握在地
方自治体手中，因此运营的方法依旧会因地区不同而多样化。西川麦
子《近代产婆物语：以能登地区竹岛实生的讲述为个案》中记载，1964
（昭和三十九）年，在石川县凤至郡门前町（今轮岛市门前町），设置了
一处母子健康中心。但是由于没有医生愿意来此地工作，于是只能求
助在附近经营助产所的助产妇竹岛实生前来运营。实生也因此关闭了自

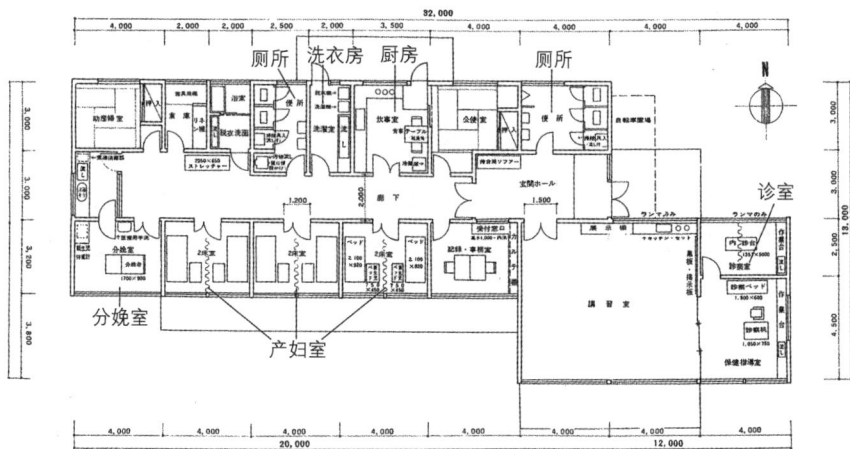

图 5-18　母子健康中心参考设计图

出自：社团法人全国母子健康中心联合会 1964 设计图，图上增加了说明。

己的助产所，开始承担起母子健康中心的日常运营工作。之后，在实生的动员下，町内经营个人诊所的 6 名助产妇也纷纷加入健康中心。如此一来，门前町的人们不再居家分娩，纷纷转向在母子健康中心进行分娩（西川 1997，252—257 页）。

此外，据伏见裕子介绍，香川县伊吹岛，保留着有 400 年历史的出部屋习俗。女性们居家生产后的第二天开始，约一个月的时间，会和新生儿一起待在出部屋内。但是，考虑到产妇在生产后立马翻山越岭前往出部屋，体力根本无法支撑，因此助产妇 N（参考文献资料上的记载）建议孕妇直接在出部屋内生产，为此她向政府提议，于 1956 年政府在出部屋内设置了分娩室。出部屋作为传统产房，自昭和初期以来，以"伊吹产科医院"之名，获得了来自国家的作为近代化医疗机构的官方认可。战后助产妇进一步介入其中，给伊吹岛的生产带来了变化（伏见 2010，111 页）。尽管这起个案的主角不是母子健康中心，但它作为一个传统的产小屋被活用为医疗机构的事例，耐人寻味。

接下来笔者将以奈良县为例，更加具体地呈现母子健康中心的生育状况。

● 奈良县的母子健康中心

奈良县分别于 1958、1963 年在天理市富堂町、北葛城郡香芝町设立了两处母子健康中心，两者作为优秀的母子健康中心被双双记录在册（社团法人全国母子健康中心联合会 1964，218 页）。前者是天理市的母子健康中心（名称为天理市母子保健中心，以下使用此称），1959 年选址在天理市国民健康保健医院（现在的天理市立医院）的旁边开设成立。天理市母子保健中心由分娩室和住院室组成，几位当地私营的助产妇在这里工作。

当时在那里工作的助产妇普遍年龄较大，大家多会找其中一位年轻的助产妇帮忙。她就是第四章中介绍的，当时 34 岁的东田百合子。百合子作为东田助产所的助产妇经常去产妇家出诊，忙于接生和帮助新生儿沐浴。但百合子有自己的先见之明，她认为，助产妇在家为产妇接生的形式将被取代，此后在机构生孩子的产妇会越来越多，因此答应在母子保健中心工作。在她的提议下，称之为开放系统即平时由助产妇去孕妇家中进行产检，只有在分娩时由母子保健中心负责接生的助产妇进行接生的方式被采纳。产妇分娩后住院的一周时间内，助产妇们轮流照顾产妇，饮食则由营养师负责。可见，机构追求的是"如同居家感受下的分娩"的目标。此外，如果发生异常情况，邻近的天理市国民健康保险医院的产科医生可以进行处理，由此建立起应对紧急事态的处理方式。

随着母子保健中心的设立，天理市可以进行生育的地方增加为3类：① 和从前一样，产妇在助产妇的帮助下居家分娩。② 产妇在助产妇的帮助下于新设立的母子保健中心分娩。③ 产妇在产科医生的帮助下于妇产科医院或者综合医院分娩。由于在母子保健中心分娩费用较低，同时在产妇分娩后这段需要产后护理的时期，家人无需贴身照顾，因此，这种分娩方式受到了忙于农活的孕产妇家人的欢迎。20 世纪 60年代初期，选择在医院分娩的孕妇，或是孕期有异常状况的、或者家庭条件较为宽裕的。

现在我们将目光移向在母子保健中心完成分娩的宫城富子（1935年出生，化名，下文省略敬称），富子家住天理市福住町，在刚开设不久的天理市母子保健中心，先后于 1960 年和次年的 1961 年生下长女和长子。她自豪地说道，"我分娩的地方非常漂亮整洁"。当时，富子因身体不适去综合医院体检得知自己怀孕。但是由于工作繁忙，富子无法定期去综合医院接受检查，于是拜托家住附近、声誉颇高的助产妇东田百合子定期上门做产检。

让富子下定决心在母子保健中心分娩的理由是助产妇东田从母子保健中心成立之初就在那里工作。此外，由于富子的亲生母亲很早就去世了，婆婆也忙于工作无法照顾产后的富子，所以她觉得居家分娩条件达不到，综合上述种种原因她选择了在母子保健中心分娩。从这一点可以看出，富子并不是出于安全性问题的考虑才选择了母子保健中心。

富子比预定时间提前一天住进了母子保健中心。东田助产妇看出富子的不安，开玩笑说"现在还没到生的时候，你还能乘电车绕上天理市一圈，回来后还可以泡个澡呢"，以此消解了富子的焦虑。

随着阵痛逐渐加强，富子进入了分娩室，上了分娩台，工作人员拆掉了固定在分娩台上的脚架。当时，脚架作为一种紧急措施，只有在分娩出现异常状况，医生前来时才会使用，以此来方便医生的检查处理。除此之外，分娩台和普通的床别无二致，产妇分娩通常采取利于助产的仰卧位。

如今，富子回顾自己的分娩历程"并不感到痛苦"，她说主要是归功于助产妇东田。东田全程陪伴在富子身旁帮她按摩腹部、腰部，为她加油鼓劲。富子分娩之后，就转入了单人间和新生儿住在一起。在住院的一周时间里，东田助产妇每天给婴儿沐浴，同时也留意观察富子的身体状况。对于亲生母亲早亡的富子来说，东田助产妇非常体贴，给予了她母亲般的关怀。"多亏她细致周到的照顾，我才能平安生产"，字里行间表达出自己对东田助产妇的信任与感激。

出院后，富子直接回娘家待了一周，之后又返回到了婆家。虽然富子被建议生产后需要休养75天，俗称坐"带屋"，但是她只休养了三周，即坐了一个月都不到的"半带屋"，就回归了工作。后来，富子又再度怀孕。

第二次怀孕，富子孕吐反应严重，甚至无法进食，东田助产妇见状，又是鼓励又训斥地说道"必须要好好吃饭"。生第一胎时对东田助产妇积累的信任让富子这次顺从地遵照了东田助产妇的嘱咐。

虽然第二个孩子出生时脐带绕颈，但是东田助产妇凭借娴熟的手法成功完成了接生并随即不间断地拍打胎儿的屁股。边拍打边等待他的第一声啼哭，"好了，可以了，出声了"，东田助产妇的话让富子也松了一口气。产后一周，富子出院了，之后东田助产妇都是前往富子的家中进行复查。除了复查之外，只要来到附近，东田助产妇也会顺便拜访并问候富子："孩子和妈妈都健康吧。"

富子对自己在天理市母子保健中心的生产体验表示了极高的满意度，她评价道："场所干净、餐品美味，在值得信赖的东田助产妇的陪伴下完成了生产，还能不用顾及家人随性休养。"从中我们可以得知，正是因为助产妇从始至终一对一地为产妇服务，所以产妇和助产妇之间才建立起了深厚的信任关系。

此外 1965 年，比富子晚五年生孩子的岸边纪子（1941 年生，化名）因为听说天理市母子保健中心"饭菜不好吃""没有单独的房间"等传闻，而选择在天理市内的妇产科医院生产。此外，山下琴（1947 年生，化名）先后在自己家、天理市母子保健中心和医院产下了第一、二、三胎。因为与医院相比，在天理市母子保健中心生产既实惠又舒心，所以山下琴心心念念第三胎也一定要在母子保健中心生产，然而就在这时天理市母子保健中心却突然关闭了。

中山真纪子对于国家政策下确立的母子健康中心事业遭受压制的背景，分析了以下两方面的内容。即"首先是自 1964 年爆发的'医生针对母子健康中心的批判'，问题的根源在于《医疗法》。其次，保健所与母子健康中心的关系，压制了该事业的发展"（中山 2001，178 页）。尤其前者，由于城市地区周边也设立了母子健康中心，而且费用非常低廉，因此妇产科医生中出现了将母子健康中心视为"威胁到了生计的存在"，进而反对其设立的声音。另外指责母子健康中心"将妇产科医生排除在外，仅仅是为助产妇提供了获得生活保障的场所"的批判声音也层出不穷，该言论还被刊登在了由妇产科医生所组成的日本母性保护医协会的会刊上（西内 1988，207—208 页）。妇产科医生们由于担心医院助产数量减少，便开始从正面对母子健康中心展开攻击。

另外，作为左右母子健康中心存亡的医疗法，该法则第 19 条中明确规定"助产机构的创立者必须要选定、设置有嘱托医"[1]。因此"若

---

[1]　嘱托医是指受行政机关、医疗机关、护理设施等委托进行诊疗的医生。译者注。

一位医生拒绝担任嘱托医，则国家规划的一个公立助产机构便不被允许运营"（中山 2001，180 页）。正因如此，"国家政策下安置的助产部门的嘱托医，有时会比助产妇、掌管机构运营的地方自治团体的长官、厚生省儿童家庭局母子卫生课，甚至比母子保健法更具压制力"（中山 2001，180—181 页）。

　　鉴于上述情况，全国的母子健康中心被迫废除，延续了 16 年的天理市母子保健中心，在 1975 年也随着附近医院的增设而落下帷幕。正如中山真纪子的研究指出（中山 2001），设立于全国的母子健康中心，是一种能与助产妇一起、在毫无顾虑的环境中完成生育的"理想模式"。但因为私营的产科医生们逐渐参与到正常的生育中来，出于对无法招揽到顾客的担忧，对母子健康中心的存在进行猛烈批判，受此影响母子健康中心的数量急剧下降。

3. 另一种形式的生育机构化

● 水坝改变了村庄——村貌变迁和生育

　　20 世纪 50 至 70 年代，生育的机构化进程在全国范围内展开，但各地的实际情况却不尽相同。另外，也并非所有郡部都设立了母子健康中心。在本节中，笔者将基于在奈良县吉野郡十津川村进行的实地考察，来探明生育机构化的另一种样态。

　　现在，从近铁大和八木站（奈良县橿原市）乘坐开往 JR 新宫站（和歌山县新宫市）的"日本最长线路巴士"前往十津川村公所所在的小原，大约需 4 个小时。巴士在主干道国道 168 号线上，沿着深 V 字形溪谷的十津川干流（熊野川上游）行驶。另外，从 JR 新宫站到小原大约需要 2 个小时的路程。

让我们结合村庄的社会、经济变化来考察十津川村的生育机构化。

20 世纪 50 年代后期，熊野川（十津川村）干流上修建了水坝，村里许多人都说自此"十津川村的风貌焕然一新"。当时，全国各地都在开展水坝建设，1958 年 8 月，十津川村的风屋水坝总工程开始动工，1960 年，二津野水坝也开始建设（十津川村公所总务课 2010，30—31页）（照片 5-1、2、3）。施工期前后总计约 4 年，在此期间，来自村外负责施工的工人们都居住在十津川村。其结果是，十津川村的人口从 1 万 2 503 人（1955 年）增加到 1 万 5 588 人（1960 年）（图 5-19），电影院等娱乐场所和经营日用品的商店等数量增加，其中十津川温泉一带也因人口聚集变得繁华起来。

在这种情况下，20 世纪 50 年代，村落医疗发生了巨大变化。1955年，十津川村小原地区设立了村办诊所（照片 5-4）。在奈良县立医科大学附属医院工作的医生、护士，以及作为药剂师的医生妻子前往此诊所就职，并于 4 月 1 日开始了医疗问诊业务。村报《十津川》上记载了该诊所设立的使命："此诊所不归任何人私有，是全体村民的财产，希望大家打消顾虑，及时就诊，尽快康复。"（十津川村公所 1955）

由于当地多为林业工作者，因此诊所主要针对因使用电锯而引起手麻的"雷诺氏病"进行集中治疗。另外诊所还发布通知，从同年 8 月起，每月聘请一次专业医生进行"妇产科定期诊疗"。为了让更多女性前来就诊，诊所还提供免费的汽车接送服务（十津川村公所 1955a）。但很快，在第二个月的宣传中信息就进行了更正：出于专业医生的原因，妇产科的定期检查无法在规定时间内进行（十津川村公所 1955b）。尽管有了诊所，但能够实行定期检查还是一段时间以后的事了。

此外，1956（昭和三十一）年，出身于十津川村，持有助产妇和护士两种资格证的加山嘉子（以下省略敬称）来到诊所就职。村报《十津川》上记载："加山女士拥有助产妇、护士两种资格证，在诊所开展助产业务，欢迎大家前来就诊。"（十津川村公所 1956）这样一来，诊所

照片 5-1　十津川村风屋大坝的施工场景（十津川村历史民俗资料馆藏）

照片 5-2　十津川村风屋大坝的施工场景（十津川村历史民俗资料馆藏）

照片 5-3　十津川村风屋大坝的施工场景（十津川村历史民俗资料馆藏）

照片 5-4　十津川村小原诊所（开设之初）（十津川村历史民俗资料馆藏）

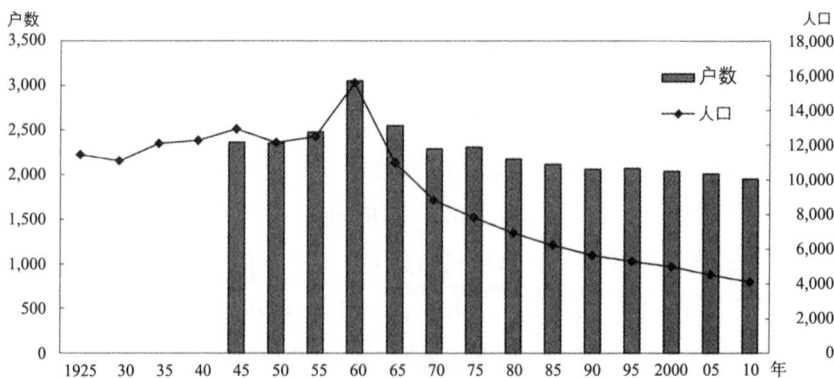

图 5-19　十津川村人口与户数的推移

出自：十津川村公所 2009、2011。

也可以进行分娩业务了。但是，包含现在诊所的护理师在内，很多人都说："没听说当时有谁在村办诊所生过孩子。"可见实际上几乎没有孕妇来诊所分娩。嘉子助产过的小森村的女性也是，当遇到特殊情况，比如负责给自己助产的助产妇不在家时，才会匆匆去诊所把嘉子请到自己家助产。村里的女性们习惯了请助产妇或接生婆到自家助产，所以她们怎么想也想不出在诊所生孩子有什么好处。

20 世纪 50 年代，一名助产妇在人口密集的平谷村开设了助产所，60 年代，这个助产所里有了 2—3 名助产妇。据说助产妇会带着自己负责的孕妇到助产所进行助产。据说，这个助产所一直开到 1972、73 年。在水坝建设时期，也有一些不同于村办诊所的个体妇产科医院开业，但在水坝工程结束后就马上关门了。如上所述，20 世纪 50 年代，十津川村设立了村办诊所，还有若干个临时性的由助产妇创办的助产所以及个体经营的妇产科医院开业，但即便如此仍有大量女性依旧选择把助产妇或接生婆叫来家里进行居家分娩。与战前相同，分娩时出现异常，不得已一尸两命的情况也多有发生。战后，十津川村出现了几位个体医生，人们可以向他们寻求帮助。接下来，我将为大家介绍其中的一位——中川太郎先生（以下省略敬称）。

● 十津川村的医生

战后，在十津川村分娩出现异常时可以求助于个体医院。经营至今的中川医院便是其中之一。对于中川医院的创始人中川太郎，大家有这样的评价："战后，他在平谷的家里开办诊所，在那个路况恶劣、医疗器具和诊疗物资不足的年代，收治了很多从事林业和水坝工程的相关人员以及民众，为偏僻地区构筑起了医疗基石。"（十津川村公所 2010a，21 页）（照片 5-5）而且太郎的父亲——中川小四郎专攻泌尿科，是位以酒精麻醉研究而闻名欧美的医学博士。从松木明知的《划过天际的流星：先驱者的医生们的轨迹》中可以得知，小四郎于 1887（明治二十）

照片 5-5 　现在的平谷（从蕨尾拍摄）

照片 5-6 　昭和三十年代的折立（十津川村历史民俗资料馆藏）

年出生在十津川村，之后就读于京北中学，于 1905（明治三十八）年考入千叶医学专科学校，1909 年毕业，1912 年成为新潟医学专科学校第二外科的助手。此后，在 1913 年 4 月前往德国慕尼黑大学自费留学，短短四个月便获得了学位。1921（大正十）年回国后，小四郎转到东北帝国大学杉村外科工作，活跃在酒精麻醉领域，是世界上最早从事该领域正式研究的人（松木 1990，36—40 页）。

中川小四郎的儿子中川太郎 [1912（明治四十五）年生于十津川村] 也是一名医生。太郎毕业于大阪帝国大学第一外科，之后进入医院成为一名在编医生，第二次世界大战时赴前线，战争结束后回到了十津川村的家中。那时，在村民们的再三恳求下，他决定开设私立诊所。如上所述，二战后十津川村计划建造水坝，因为人口数量增加了，对医生的需求量也随之增多。

在十津川村开诊所营业后，太郎不仅从事自己专业的外科治疗，同时应患者要求，作为内科和妇产科的主治医生进行治疗。此外，如果遇到异常情况，附近的助产妇就会带着孕妇一起前来中川医院，请太郎检查。对于助产妇来说，中川医院是突发紧急情况时最坚实的依靠。

1973（昭和四十八）年，太郎突然去世。儿子顺夫 [1940（昭和十五）年生于十津川村，以下省略敬称] 于是辞去了大阪的医院工作，回到十津川村。顺夫擅长脑外科，但据说自从他继承了十津川村的中川医院后，就与父亲一样处理患者的各种病症。他说："偏僻地区的医疗，最重要的是提供全方位服务。"但据说至今没有发生一例孕产妇在分娩时因紧急情况而被送到中川医院的情况。这是因为 20 世纪 70 年代前半叶，十津川村的大部分女性已经选择在村外的妇产科医院及医院分娩，即使有异常情况，也会直接与负责医生面谈进行处理。

就这样，二战后中川医院开始负责治疗村民的各种病症。但是在分娩方面，太郎所处的时代（二战后—1973 年）与顺夫所处的时代（1973 年至今）的对接方式是不同的。太郎以十津川村的助产妇为中介人，处理怀孕、分娩时的异常问题，但在 20 世纪 70 年代，这种情况已经完全消失了。因为村里女性的分娩，包括孕期体检等，基本都改为在村外的医疗机构中进行了。

● 接生婆助产走向终结

本书第三章第 3 节中介绍了十津川村的接生婆，她们之后又怎样了呢？笔者也想就此略作交代。如上文所述，十津川村的民众即使在战后，也依旧习惯请没有助产妇资格证的接生婆德野为产妇助产。这是因为德野手艺出众、助产经验丰富，深得村民信任的缘故。十津川村也有几位持证的助产妇，但村民们对资格证的有无并不在意。战后一段时间内，村民们对待接生婆德野和持证助产妇可以说一视同仁。因为在面对生产时的意外事故时，无论是被禁止进行医疗行为的助产妇，还是没有医学知识的接生婆，都只能听天由命。村民们对于生产时母子的意外死亡也只能默默接受。因此，村民们并不认为怀孕和生产是值得庆祝的一大幸事，而视之为生死一线、极为危险的事。可以说，十津川村偏僻的地理位置和恶劣的自然环境，不仅为助产妇，也为接生婆的活跃提供了土壤。

自 20 世纪 60 年代起，十津川村也开始有村民驾车去村外的医院或诊所生产。然而，由于对医院的男性产科医生抱有抗拒心理，或对医院也会发生事故抱有恐惧心理，不少女性仍旧不愿在医院生产。这时，她们就会和以前一样请德野助产。这也是因为，比起乘公交或骑自行车一路颠簸，去远处的医院就诊，还是就近找德野帮忙更方便也更安心的缘故吧。

但一个突如其来的意外让德野从此放弃了助产工作。1967年，德野的远房亲戚村山朋子（1930年生，化名，以下省略敬称）第三次怀孕。她曾有堕胎的经历，且手术的结果不尽如人意，因此最初就预想到难产的可能性很大。家里人都劝她去医院，但朋子态度坚定，一口拒绝。她认为，医院出于安全考虑，一定会建议她堕胎，这让她不能接受。家人和亲戚都劝告她："生下来你可能会没命。"但朋子执意要将孩子生下，怎么劝也不肯听。所以朋子决定去求助德野，希望她能为自己接生。不出所料，朋子分娩时发生大出血，就连德野也束手无策。最终朋子去世，但庆幸的是婴儿平安活了下来。当时村里没有任何人责怪德野。

但是从那以后，不管村里的人怎么请求德野，她都没有再帮忙接生。这意味着十津川村的接生婆走向了终结。

另一方面，有接生资格的助产妇随着年龄的增长，也逐渐辞去助产工作。例如在第三章中提到的西田和佐野，最后一次接生是在1961年其68岁时。体力的不断衰弱和在医院生产的女性数量的不断增加以至于接生需求的减少是主要原因。此后，和佐野虽然不再接生，但只要有人来请她，她还是会帮忙观察产妇情况。例如，一位在1975年生产的女性虽然已经在村外的医院做过产检，但她还是前去拜访了和佐野，请她帮忙确认胎位是否正常。当时，和佐野用听诊器进行了诊断，并告诉她胎位正常。

另外，根据一直在风屋做助产妇的深谷美佐子［生于1918（大正七）年］的助产记录，她的最后一次接生是1981年在十津川村陪同产妇完成了居家分娩。她的助产次数在20世纪60年代达到高峰，此后便开始锐减，进入70年代后，她的助产经历仅有10次。1962年，她还帮助在风屋的中野医院分娩的3位女性进行了体检。她在20世纪60年代的助产次数分别为：1962年17次、1963年20次、1964年24次、1965年13次、1966年8次、1967年10次、1968年7次、1969年2次。而到了70年代，她的助产次数锐减，仅在1970年助产了4次，

1974 年助产了 1 次。可见，自 20 世纪 70 年代之后，十津川村内基本没有产妇选择居家分娩了。

如上所述，十津川村的助产妇和接生婆在战前到战后的一段时间内承担起了助产的职责。此外，十津川村的医生虽不是妇产科的专业医生，但也会在产妇发生异常分娩的情况下协助应对。

然而，70 年代时多位助产妇因年事渐高不再从事助产工作，她们后继无人，且当时十津川村并未设立新的分娩机构。那是因为十津川村的人口出生率下降（图 5-20），所以相较于使用村内的预算设立新的分娩机构来应对为数不多的新生儿，政府自然更希望为村民全面提升医疗服务水平。

正如我在第 2 节中指出的，1972 年十津川村的机构内分娩率几乎达到了 90%，生育的机构化取得了飞速发展。不过，这一现象的出现并非因为十津川村内新设了提供助产服务的医疗机构，而是因为十津川村的女性们都到村外的医疗机构分娩。可见，尽管 20 世纪 70 年代时生育机构化在全国得以推进，但十津川村仍未设立提供助产服务的医疗机构，而且村内也没有助产妇，形成了助产的空白地带。恐怕同样的情况不仅出现在十津川村，也出现在全国各地的村落地区吧。

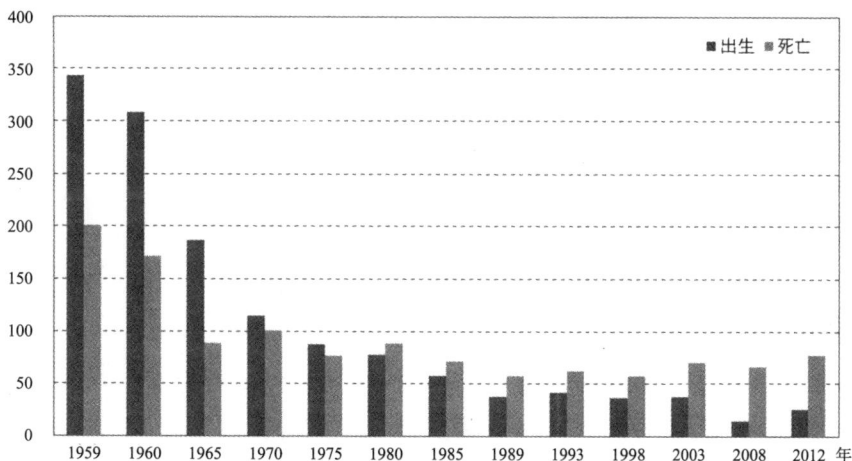

图 5-20　十津川村的出生数与死亡数

出自：十津川村公所。

第六章

来自生育主体的声音

孕期瑜伽

在第五章中，我们通过关注医疗机构的增减考察了从20世纪50到60年代的生育机构化的过程。特别是在分析了城市与乡村医疗机构的增设过程之后，得出以下结论：在原本就有很多医院及诊所的城市，其数量进一步增加；据1957年厚生省的数据显示，在乡村设置的母子健康中心发挥了重大作用；另外，有些乡村地区生育机构化程度的提高完全是依靠村外的医疗机构；等等。当然，生育的机构化并非是全国同步进行的。从中我们也感受到地区之间生育机构的数量及规模各有不同，这种现代的"医疗差距"并非近些年突然出现的，而是从生育机构化开始的20世纪50年代就已经产生了结构性的差别。

那么，在增设的医疗机构中，生育是如何被对待的呢？

本章第1节会将目光对准20世纪60到70年代，产妇在医疗机构内分娩的现状。就在医院和诊所分娩所带来的变化进一步展开讨论。

紧接着20世纪70年代，一方面生育的机构化让更多的人享受到医疗的福利，但另一方面在医院生产的女性对医疗的不满及问题点也显现出来。在第2节我想就医院生产所伴随的弊端，女性对此有何反应以及产生的抵触心理进行研究。

在讨论了产妇"对于医疗的抵触"之后，第3节将对20世纪70年代后半期日本引进的拉玛兹无痛分娩法以及80到90年代出现的自由分娩等多样的生育方法进行讨论。另外医疗机构的分娩状况逐渐得到改善，虽然仍存在问题，但其"安全性"的指标终于得到了确立。在此之上，90年代生育机构将女性看作"顾客"，为她们提供心仪的饭菜并装饰病房，提供更加舒适的服务，为"安全"生育之外增加了其他附加值。

此外，20世纪90年代的女性漫画家们，基于自身的生育经验创作出"生育书籍"，借助这一现象，我想指出在这一阶段，怀孕分娩对于女性来说，已经演变为人生一种不可替代的经历。这一方面使不孕不育夫妻在社会上陷入窘迫的境地，另一方面"不孕不育夫妻也（肯定）想拥有自己的孩子"的前提也促进了现代生殖医疗技术的进步。

1. 20 世纪 60—70 年代的医院分娩

● 在医院分娩台上分娩

对于女性来说，在综合性医院或者妇产科医院生育是何种体验呢？笔者采访了 20 世纪 60—70 年代在医院分娩的女性们，以此再现当时的情景。

综合性医院或者妇产科医院的分娩室大多设有带脚架的分娩台，分娩室天花板设有耀眼的无影灯（照片 6-1）。仿佛冰冷的手术室一般。产妇开始宫缩阵痛后，她的双脚会被岔开，固定在分娩台的脚架上。紧接着，穿着白大褂戴着手套的产科医生，以及同样穿着白衣的护士和助产妇会包围在她身边，产妇怀揣着紧张的心情生产。往昔若是居家分娩，陪伴在产妇身边的是自己的母亲和婆婆，还有丈夫或者邻居家的女性，产妇由此会备受鼓舞。而在综合性医院或妇产科医院，即便是家属也都被要求远离分娩室这一医疗场地，因此产妇在分娩室会感到孤独甚至不安。另外，即便是作为生产"救命稻草"的助产妇，也并非像居家分娩或母子健康中心分娩时一对一的全程陪伴，而是时间一到，她们就会进行交接班。助产妇及护士在和孕妇沟通时，也经常伴有命令的语气，比如"会不会使劲""再忍忍"等。此外，在后面的章节中也会提到，孕妇在即将临盆之际，在没有给予任何说明的情况下，医生就会实施会阴切开。虽然在分娩完成后切开的会阴会被缝合，但是伤口在之后还是会伴有强烈的疼痛感。产后，女性们的情绪会十分低落，但是医院里却无人可谈心。因此，诸如"在医院生孩子也就这么一回事啊"等失望的情绪在众多女性间蔓延开来。

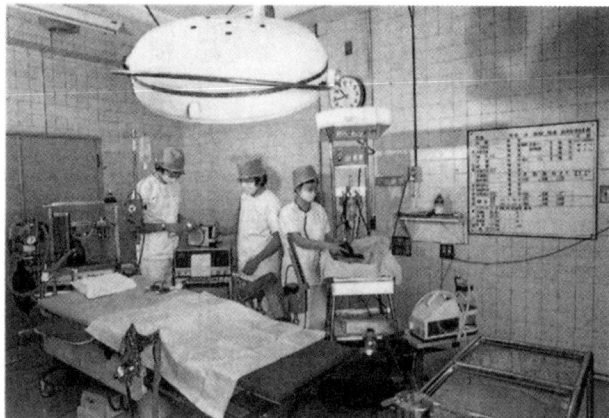

照片 6-1　20 世纪 80 年代分娩室的情景
出自：教室百年史风貌编辑委员会 1984，189 页。

例如 20 世纪 60—70 年代，考虑到村子的道路状况也有所改善，因此奈良县吉野郡十津川村的女性们相约一同前往村外的医疗机构考察并决定在那里生产。但是，即便在自己精心选择的医院内生产，被医生、护士、助产妇等团团围住，被固定在分娩台上等，也让她们十分紧张。此外孕妇会在不知情的情况下被切开会阴，会被医务人员嫌弃"不会用力"。这种饱受精神折磨的生产经历使女性们难以启齿。因为谁也不愿承认自己的选择是个错误。此后，20 世纪 70 年代，市民运动壮大起来，由此，上述问题才得以明确，产妇诉求得以公之于众。

● 产科医生与助产妇的关系

接下来将以对产科医生和助产妇的访谈为基础，从医疗从业者的角度对机构内生产进行考察。

20 世纪 60 年代初，刚毕业的产科医生们首先要向有经验的在编助产妇学习助产知识。产科医生尾崎基男（1936 年生，化名，以下省略敬称）就是其中一员。1961 年，当时年仅 25 岁的他开始实习，主要是跟随在医院工作多年的助产妇学习助产方法。

此外，前文中介绍过多次的助产妇东田百合子（省略敬称）在母子保健中心关闭后，便开始在综合性医院的妇产科工作。那时的百合子也会给年轻的实习产科医生传授助产方法和要领。据说她有时会在分娩室面对即将分娩的产妇，给年轻的产科医生下指示。但是，为了避免让产妇感到不安，她不会在产妇面前对产科医生直接出声说"接下来做这个、做那个"。而是就用眼神和手势示意接下来应该采取的步骤。

百合子在指导产科医生时重点强调的便是回旋的重要性。正如第三章中指出的那样，分娩时将胎儿的头部缓慢地旋转，同时使其顺利地从产道中娩出。如果能够很好地注意到回旋，就能够充分把握分娩的进行情况，从而明确判断下一步该采取的措施。

然而在 20 世纪 60 年代那个时期，医院和诊所建立了分工制度。多数情况下正常的分娩会尽量交给助产妇，产科医生只为异常分娩的产妇进行接生。即助产妇在胎儿马上就要降生之前联系产科医生，产科医生仅需在助产妇接生时在一旁确认，接生基本交给助产妇操作。在医院体系中，产妇的最终负责人是产科医生，助产妇在产科医生手下工作，因此分娩的瞬间产科医生的确认必不可少。毋庸置疑，产科医生在异常发生时会立刻采取措施。除此之外，主要由助产妇为新生儿接生。然而，即使实际为新生儿接生的人是助产妇，出生证明上签字的责任人也只能是产科医生。

而且部分医院会在孩子露头时，即与阵痛无关，当持续观察到新生儿头部娩出时导致阴裂、无法回到阴道的状态时，产科医生就会代替助产妇上阵。这对于助产妇来说，无疑是整个孕期自己照顾下来的孕妇，在剩下最后关键一步要把新生儿取出来的时候，转接给了产科医生。

如果是深夜分娩，夜班的助产妇会打电话通知在家的产科医生。例如，1967 年刚到医院工作不久的助产妇鸟居妙子（1945 年生，化名）

就提到半夜给产科医生打电话时机最让人费神。她要掌握好时机，最好做到产科医生到达医院时正赶上产妇分娩。像这样助产妇需要照顾到给产科医生拨打电话的时机，但同时这样也有一个益处，那就是在产科医生到达医院之前可以让产妇的会阴部位得到充分舒展。这在下文中也会提到，若会阴得以充分舒展，那么医生就无需实行会阴切开术。会阴切开指的是在胎儿娩出之时，医生用剪子人为地将会阴切开的医疗行为。

而对于正常分娩来说，决定由助产妇向产科医生的助产的交接与否正是会阴切开这一医疗行为。

● 针对会阴切开术的不同看法

在医院工作的助产妇和产科医生之间对于会阴保护术的看法大不相同。正如本书第三章所述，会阴保护术是由明治时期出现的新式产婆掌握并由战后个体助产妇继承下来的一门手艺。

即使是在 20 世纪 60 年代，在医院生产时会阴保护术也被认为是由在编助产妇负责实施的重要护理行为之一。伴随着阵痛，胎儿的头开始若隐若现，或者不伴随阵痛但胎儿的头已经不断地逼近阴道口，且退回不到阴道。此时，在胎儿头部的刺激下产妇的会阴充分舒展，而这正是产妇身体为迎接胎儿出生做好准备的表现。据一位个体助产妇所说，若孕妇在孕期经常运动或者进行会阴按摩，会使会阴组织变柔软，易于分娩时的舒展。这种情况下在胎儿头部若隐若现或完全露出之时，助产妇只需轻轻按住产妇的肛门，在胎儿头部完全露出之后，再按住会阴一边从胎儿的头围最小的后头部轻轻牵引胎儿下巴使其以屈位的姿势即可完成分娩。

像这样，尽管助产妇一直有实施会阴保护术，但在医院的产科医生还是会采用会阴切开术。据 1973 年的《助产妇杂志》报道，在一场名为"助产妇和医疗行为"的座谈会上，参会者藤田八千代（神奈川县立卫生短期大学）指出："即使是运用助产技术能做到避免会阴裂伤的情况，一些年轻的医生们也依旧认为没那个必要，而是轻率地实施侧切（会阴切开）的手术。从而导致助产妇和医生之间出现矛盾。"（藤田、植松、中岛 1973，17 页）正如他所说的那样，在分娩现场主张会阴保护术的助产妇和主张会阴切开的产科医生之间出现分歧的情况时有发生。

例如，上述中介绍的产科医生尾崎基男，先前在别家医院工作时碰到过因助产妇耗费太多时间进行会阴伸展，导致婴儿出生后呈现出假死状态，从而造成在其处理上花费了一番工夫的情况。据说从那之后，他有时就会挖苦助产妇："会阴哪里撕裂啦？你展示给我看看呗。"这是因为，无论助产妇们运用会阴保护术去力求多么近乎"自然"的生产，一旦婴儿和产妇出现异常，那就是本末倒置。

20 世纪 70 年代基男所工作的市区医院确立了助产妇辅助、产科医生进行新生儿接生的工作职责分配模式。据统计，20 世纪 70 年代在头胎生产的情况下，有 70%—80% 的产妇接受了会阴切开手术。这是因为产科医生们判断，比起会阴伸展，提前切开会阴能更安全地接生婴儿。此外，据某产科医生称，虽然想要对产妇进行会阴切开手术的告知说明，但是产妇在分娩时已经相当痛苦，完全不是一个可以冷静倾听的状态。因此，绝大多数情况下，考虑到在分娩室很难对产妇进行手术知情告知即详细说明，医生们都是在不提前告知的情况下，直接实施会阴切开手术。当时的医生们似乎没有考虑过可以在产妇阵痛开始前，抽时间对其进行详细说明。

● 助产妇微乎其微的抵抗

20 世纪 70 年代，医院生产中会阴切开术的实施率在全国范围内已经达到了一个相当高的比例。例如，据统计，同一时期国立仙台医院的产科科室中，有 70%—80% 的产妇产后出现了会阴裂伤或是会阴切开导致的术后创伤（佐藤、中村 1973，30 页）。另外在该医院，出于防止恶露淤积以及促进子宫收缩的目的，正常分娩情况下无论是初产妇还是经产妇，都会建议她们在生产结束的 8—12 小时后，进行站立、坐立或者早期离床活动。换言之，产妇分娩后尽管体力耗尽、会阴部还有伤口，也无法卧床休息。想必产妇们也非常痛苦吧。

关于当时产妇的情况，有记述称"最常见的症状是缝合部位的撕裂感和疼痛感，尤其在排便、排尿、哺乳时感受强烈。因此产褥期女性，会尽量忍住尿意、便意，或在椅子上稍微一坐以缓解片刻，哺乳时也多采用站姿"（佐藤、中村　1973，30 页）。像这样，产妇们产后的生活存在着诸多不便。助产妇们认为"这种情况很容易影响到产褥期女性的身心康复"，因此挺身而出设计了一款中间镂空的、特殊的面包圈形坐垫。

即便如此，产妇因为会阴切开而备受痛苦的话，那么助产妇应该做的难道不是和产科医生沟通，尽可能去降低占比达 70%—80% 的会阴裂伤或会阴切开导致的伤痛比例吗？若是现在，说出这样的话或许非常容易。但是，仅从佐藤、中村两位助产妇的报告书中，我们并没有看到助产妇对上述问题存疑或为此发声的迹象。换言之，可以看出早在 20 世纪 70 年代，会阴切开在医院已成为理所当然的行为，助产妇已无法阻止该趋势，或者说助产妇也认同了这种趋势。

民俗学者铃木由利子认为，会阴切开是朝向助产妇辅助下、医生主导接生的职责转换的节点（铃木　2011，30 页）。她还提出了这样的疑问，"最终，面对人为切开会阴这样的做法，一线助产妇们没有感到世事无常吗？"（铃木　2011，37 页）

但是在 20 世纪 70 年代，认为会阴切开是理所当然的风气逐渐蔓延，对于铃木所指出的"一线助产妇们的无常感"，助产妇们即便表达出来恐怕也无济于事。因此面包圈形的坐垫成为一线助产妇们无奈之下的些许抵抗。助产妇们所作的微弱尝试，似乎正诉说着她们在医院中的艰难处境。

让我们再次把目光转向 1973 年刊登于《助产妇杂志》中的"助产妇和医疗行为"座谈会。在座谈会上，藤田八千代发表了如下言论。

　　　　民众对助产妇所做的工作及其能力并不抱有太大信任，这让我

> 深感遗憾。助产妇虽隐于医生背后，但实际上肩负着大部分责任，
> 她们引导产妇顺利分娩，或是将分娩时出现的异常情况控制在最低
> 限度，可却……虽然在出现异常情况时实施手术的人是医生，但助
> 产妇才是解决大部分问题的关键人物，社会和国民对此并不了解，
> 实在让人深感遗憾。（藤田、植松、中岛 1973，22 页）

这一言论一语中的，道出了 20 世纪 70 年代，人们信任医疗机构内的产
科医生而非助产妇的心理。另外，藤田进一步提议修改法律以允许助产
妇的医疗行为，"如果修改法律，允许助产妇实行一部分医疗行为，助
产妇自然会承担相应责任。这样一来，教育中自然也会涵盖助产妇所负
责的医疗内容"（藤田、植松、中岛 1973，23 页）。

然而，实际上法律还未修改，日本就迎来了第二次婴儿潮，分娩数
量大幅增加。因此，在医护人员较少的医疗机构内，助产妇有时会代替
产科医生实行一部分医疗行为。在上述的座谈会上，藤田也指出，"医院
零星分布在广阔的区域里，如果助产妇数量非常少，医生也只有一位，
那么助产妇势必要实行医疗行为"（藤田、植松、中岛 1973，16 页）。

如此一来，随着会阴切开这一医疗行为的普及，接生婴儿这一助产
的重要环节便从在医院任职的助产妇手中转交到了产科医生那里。

● 计划分娩、无痛分娩

分娩会面临各种突发状况，比如正好赶在半夜或节假日。但是
在夜间分娩，万一发生意外或紧急情况，值班的助产妇和医生较少，
有时会难以应对。因此，很多产妇采取预先打催产针、人工破羊水
等方式来进行计划分娩，[1] 从而把分娩时间"调整到白天，以降低风

---

[1] 本书出现的计划分娩是指分娩的波动时间受人为的调节和控制，目的是选择有利于母
子的时机，使分娩过程在医师、助产士和护士的共同监护下在计划时间内进行，同时
对产妇的分娩有所准备，减少分娩过程中发生意外，降低风险。译者注。

险"。为了确保分娩"安全"，很多妇产科医院引进了计划分娩这种分娩方式。

此外，作为一项常规工作，产科医生在进行计划分娩前会给孕妇使用 500 毫升灌肠。产科医生认为，分娩的时候排便是不可避免的，因此提前灌肠排便比较好。医院甚至说灌肠有利于加速分娩。

此外，有关胎位不正的情况，前文提到的产科医生尾崎基男表示：20 世纪 60 年代中期，他个人的指标是一半进行剖宫产，一半进行顺产，即通过阴道产下婴儿。当婴儿胎位不正时，如果是进行顺产的话，就采取第三章讲解的产婆的胎位矫正术，为了让婴儿的手脚不被卡住，会依靠直觉和经验慎重助产。基男认为不采用剖宫产，而选择积极顺产也是一种学习。

再加上当时受到美国潮流的影响，希望进行无痛分娩的孕妇也不在少数。有的医院为了舒缓产妇的不安情绪而对其实施麻醉，但也有很多医院认为这种做法风险大，因此尽量不采取无痛分娩。

关于无痛分娩，早在 1962（昭和三十七）年的《主妇之友》二月刊的附录《安产本——孕、产妇和新生儿》的小册子中，就有以《亲眼目睹的新型分娩方式：美式无痛分娩》为题，附带真实照片的介绍。这是东京都立筑地妇产医院的院长竹内繁喜撰写的报道（竹内 1962，43—48 页），竹内院长曾参与自己侄女的美式无痛分娩过程。他在文章的开头写道："'减轻疼痛、顺利分娩、母子平安'是所有产妇的愿望。"

无痛分娩一词由美国医生乔治·皮特金于 1928 年首次提出，并有报告指出这是美国在 20 世纪 60 年代应用最为广泛的分娩方法（竹内 1962，43 页）。人们采用静脉点滴注射脑下垂体后叶荷尔蒙催产素（Atonin-O）的方式来实现无痛分娩。如此，初次分娩可提前 2—3 小时完成，而经产妇则可以提前 1—2 天完成，并且还有预防出血的效果（竹内 1962，45 页）。

可以说，无痛分娩是基于医疗从业人员"希望女性可以没有疼痛地分娩"这一想法而发明的一项技术。推行无痛分娩的妇产科医生普遍持有应该消除分娩的疼痛这一观点。

如此看来，从居家分娩到机构分娩的转变大大改变了分娩方式以及医疗从业人员与分娩的对接方式。分娩场所并非产妇所习惯的家中卧室，而变为医院产房内固定产妇、令其局促不安的脚蹬式分娩台。并且在分娩台上，只采用仰卧位的姿势。关于分娩场所和姿势，比起考虑如何让产妇轻松分娩，更多优先考虑的是医疗从业人员，考虑如何更便于妇产科医生诊察。而关于分娩过程的助产人员，居家分娩的情况下，助产妇和产妇一一对应，负责产妇从怀孕、分娩到产后护理的照料；在医院的情况下，从怀孕到分娩之前，有数名助产妇轮流负责，在分娩之前，即便是要正常分娩，也会有妇产科医生代替助产妇来接生婴儿。其间的关系从产妇与助产妇的一一对应，演变为产妇除了面对妇产科医生之外，还要与助产士和护士等数名医疗从业人员发生关联。

在医院分娩，妇产科医生会采取种种医疗行为，包括使用阵痛促进剂和实施会阴切开、计划分娩和剖宫产、无痛分娩等。这些虽然从 20 世纪 60 年代以前便存在，但随着机构分娩的普及，其实施率逐步提高。而在这些医疗行为之中，比如分娩之前的灌肠与分娩过程中的会阴切开，不论其是否具有必要性，且事前也不向产妇本人充分说明便进行的情况也有发生。

产科医生认为"出于安全考虑，预先实施会阴切开""出于安全考虑，在产科医生和医疗人员较多的白天为孕妇实施计划分娩"，这种情况下，即便是正常分娩，他们也会采取医疗手段，由此不断扩大产科医生适用的领域。可以说，对于产科医生来说，"安全"是对正常分娩采取最新医疗手段的正当理由。这是因为没有正统的理由可以支持在非疾病的正常分娩中采用最新的医疗手段。

但是，这样的医疗手段对女性而言究竟是否"安全"，尚且存疑。在下一节，我们将针对女性对医疗提出的异议展开讨论。

2. 来自生育主体的抗议

● 对医疗提起申诉

20 世纪 70 年代，在物质极大富足的影响下，新的生活方式确立起来，生与死都被带入到了消费社会的洪流之中。三浦展指出作为这个年代的背景之一，"战后出生的团块世代（1947—1949 年生）已经到了 20 岁冒头的年龄，然后掀起了就职、结婚、生育的热潮。团块世代的女性于 1971 年迎来了结婚的高峰期，带动了婚庆产业的发展；两年后的 1973 年又迎来了生育的高峰期，就此催生了母婴市场。这一时代涌现出了前所未有的大量消费，他们这一代人确立了崭新的生活方式"（三浦 1999，11—12 页）。

另一方面，1970 年前后历史事件频发，越南战争进入白热化，出于危机意识，国内民众展开了市民运动（成田 2006，8 页）。同样引人注目的，还有 20 世纪 70 年代"普通民众对医疗服务的声讨"（杉田、堀江 1996，4 页）。这次声讨不仅针对分娩生育，还针对整个医疗体系，这同时也是一次世界范围的运动。

比如，法国有位妇产科医生，名为弗雷德里克·勒博耶。他在妇产科工作期间，逐渐对医院的生产方式产生了怀疑。于是，在学习了精神分析学之后他远赴印度，在那里接触到了印度的传统生产方式。而这次经历彻底改变了他的想法。回国后，他在 1974 年出版了《无暴力分娩》一书，书中控诉，医院的生产方式对胎儿和新生儿来说是一种极端暴力行为。他认为对婴儿来说"诞生是一种痛苦"，并追问，婴儿诞生时的啼哭"也许是真的在表达自己的痛苦"（弗雷德里克 1976，17—19 页）。

《无暴力分娩》中的记述颠覆了原有的常识，同时还附有婴儿的照片，由此一举成为法国的畅销书。《无暴力分娩》一书"给医疗分娩领域带来了巨大的意识变革"，随之在英国、美国、德国、瑞典、意大利、荷兰等国家也十分畅销，受到大家的追捧（中川 1991，177 页）。

与此同时，女权运动席卷法国，为女性争取不生育权带来了积极的影响。1974 年，法国堕胎合法化。毫无疑问这是女性自己赢得的权利。在日本，堕胎作为一种国家人口政策，虽然早已合法化，但其中的原委却大为不同。

● 向医生提出抗议

20 世纪 70 年代，日本实现了全国的消费型社会，与此同时，众多社会问题也呈现井喷式爆发。早在 1953（昭和二十八）年，日本就发生过水俣病[1]、森永牛奶砷中毒事件[2]，以及将作为安眠药和镇痛药使用的沙利度胺给孕妇服用，致胎儿畸形的沙利度胺事件，致使医疗机构的公信力降到了冰点。

1971 年，日本发生了全国 64 000 名医师会成员（大部分是个体医生）辞去保险医的事件。尽管厚生省很快采取了相应解决措施，在一个月内迅速平息了此事，但保险团体、相关审议会和市民团体等都对医师会的强硬态度表示了不满，社会舆论认为"政府不应该对医师会轻易妥协"（杉山、堀江 1996，5 页）。而且，正如杉山次子、堀江优子所指出的那样，"普通市民从战前开始就认定'治病救人的医生是绝对正确的存在'，心中或多或少都存在着'我们没有说话的份儿'这种想法。但到了这个时期，民众心中已经一点点积蓄起了能够对抗这种想法的力

---

[1]　在熊本县水俣市发现的一种公害病，原因是食用被工业废水污染的水产品，从而引起汞中毒。译者注。

[2]　以西日本为主的食物中毒事件。森永乳业在加工过程中使用了工业添加剂，致使约 1 万 3 千名的婴幼儿食物中毒，并且造成 130 名婴幼儿死亡。译者注。

量"（杉山、堀江 1996，5 页）。

　　杉山次子决定效仿大阪消费者之友协会为调查医疗状况而开展的"医疗 110"运动，率先在东京推行。后来这一运动扩展到北海道、山形、福岛、群马、千叶、新潟、福井、兵库、福冈等地，再加上大阪和东京两地，共涉及 11 个都道府县（杉山、堀江 1996，8—11 页）。

　　以 1975 年国际妇女年为契机，这些市民运动变得更加活跃。1975 年 1 月，由 42 个妇女团体、劳动团体、市民团体组成的国际妇女年大阪联络会正式成立。该联络会为了了解生育现状，于 1977 年面向 1 万人进行了"关于怀孕、生育的问卷调查"（第一次调查），并于 1979 年在《生育白皮书》上发表了研究成果（国际妇女年大阪联络会 1979）。其调查对象是 1973 年至 1977 年间怀孕、生产的女性，通过任意发放问卷，获得 3 361 份回答。回答问卷调查的女性，正是 20 世纪 70 年代"创造了大众新消费文化的那群女性"。在那个在医院和诊所等医疗机构内生产率超过八成的年代，她们有过怎样的经历呢？

　　据调查结果显示，三分之一的人在分娩时接受过催产等计划分娩，其中四分之一的人并没有得到医生对催产的相关解释，甚至四分之一的人对催产感到不满。此外，我们还可以从调查结果中发现有 43% 的孕妇在怀孕期间没有接受过保健指导（国际妇女年大阪联络会 1979，5—9 页）。

　　即便有些孕妇听取了催产说明，但其中四成内容都是解释为"超过了预产期"。

　　对于在此类不讲理的医疗机构内分娩一事，产妇们愈发感到不满。在第二次"催产素的使用状况调查"（第二次调查）中，联络会收到的控诉与手记里，赤裸裸地记录了女性们对在医院分娩的不满与质疑。女性们质疑的最大原因就在于，医生在未给予她们充分说明的情况下采取医疗措施，且未能就其后果给出令人信服的解释。接下来我将就其中一例做详细介绍。

　　昭和五十一（1976）年6月　　神户市私立医院

　　怀孕期间我的身体没有任何异样。预产期前我接受产检，当时医生说时间还早，但预产期当天医院有空床位，所以我被匆忙安排住进了医院。从早上9点开始就给我不停地吃药、打针，宫颈处放置了球囊，注射点滴和连续不断的阵痛令我痛苦不已，但没人在乎我的哭诉，护士态度冷漠，医生和助产妇也不见人影。2点过后，医生为了帮助我进行吸引分娩才从门诊赶来，孩子出生后头部受到了严重挤压，无法发出啼哭，虽被放入了恒温箱但还是在当天离开了人世。我的家人提出质疑，但院方态度冷淡，不予回应，这对我们来说是沉重的打击。医院不作事先说明，我们也无处申诉，我内心十分后悔，要是当初选择了自然分娩该有多好。

　　这里的医院只考虑自己的方便，为了配合医生的工作时间，使产妇能够在4点左右生下孩子，对经产妇也使用催产素，想尽了一切办法。（国际妇女年大阪联络会 1979，76—77页）

　　为了让新生儿的出生时间与医生的时间安排不矛盾而对产妇使用催产素，这在之前也提到过，这一做法不仅限于这一家医院，而是广泛存在。当然，对医生来说他们也有一套名正言顺的说辞，那就是"工作人员全部在岗且能够从容地应对风险的时间段安排分娩"。因此有的医院将分娩时间集中安排在周一到周五。当时，"引发及促进宫缩阵痛，采用吸入式分娩或麻醉式分娩，抑或是进行会阴切开及剖宫产手术等这种'进攻型产科医疗技术'被开发出来（或产业升级），产科大夫也开始逐渐将之应用于临床"（吉村 1992，4页），其中计划分娩也得到广泛应用。

　　产科医生佐佐木静子一方面对于医学积极主动地介入生产给出评价，指出其减少了围产期死亡和母体死亡。但她也同时指出，"另一方面，这种管理型分娩引发的医疗事故近来也时常发生，管理分娩很多时候忽视了产妇的意愿及要求"（佐佐木 1991，20页）。

　　另外，佐佐木就管理分娩的理由解释道，出现生死攸关的问题时，在医疗人员充足的白天分娩会比较安全。因此会人为引发宫缩阵痛，促使在白天完成分娩（佐佐木 1991，20—21 页）。但是考虑生理特点，生产多发生于夜晚，因此佐佐木建议，"我认为考虑到生理问题，应该建立夜晚安全生产系统，这虽不是医疗机构的义务，但却是它们的责任"。针对此事，很少有女性表达自己的意见，也很少能听到"我希望医疗机构如何如何去做"的声音。相反，管理分娩成为主流且看不到改变的苗头。生产不尊重女性的意愿，我认为这很大可能是因为产科医生大部分都是男性的缘故（佐佐木 1991，25 页）。

产科医生多为男性，由此很难为产妇营造出良好的生产环境。那么，女性就应该更多地发声，形塑出她们自己所希望的生产方式。但正如佐佐木指出的，"在日本很少能听到作为生育主体的女性发出的希望医疗机构如何如何做的声音"。

而且《生育白皮书》的问卷调查结果显示，医患关系远远不对等，也没有能使患者轻松问询的医疗氛围。对此结果，现代助产妇研究会代表山西美奈子发表了自己的看法。

很多产妇没有收到过任何关于"催生"措施的解释，着实是让人震惊，站在一个在编助产妇的角度，我真心认为在不进行任何说明的前提下，突然给产妇注射催生针，是一种不符合常识的行为，是令人难以置信的事情。医生们实施催生措施时应该会有一些规范才对，比如从护士准备注射到针头插入的几分钟里，若产妇本身无法接受将要被注射的现实的话，一般情况下都会抱着疑惑而提出询问的吧。然而却有四分之一的人不进行任何发问、默许护士将针头插入自己身体。对此，我们应该理解为来自医疗机构方的压力太过沉重了吗？还是说她们自己放弃了生育的主体性而选择全盘依靠医疗机构了呢？（山西 1979，90—91 页）

山西所批判的，是那些在没有得到任何告知的前提下，默许对自己实施医疗行为的产妇自身。这其中的原因，是她们"受到了医疗机构方的压力"，还是"放弃了自主生产的主体性而选择对医疗机构言听计从"，尚无定论。抑或者是两者都有，才造就了在分娩台上无言的产妇。在这之后的时代里，后者所体现的趋势，即为波平惠美子指出的生育医疗化的进程——"不仅在制度层面上，甚至关于人们的行为、身体健康、生老病死等思考方式都越来越依赖于医疗"（波平 2009，24 页）的倾向变得愈加显著。

另外，阪南中央医院妇产科医生佐道正彦，站在产科医生的立场上指出妇产科医疗体制存在着结构性问题。

> 这段时期内出现了由居家分娩向机构分娩这种在生产方式方面的快速变化，而针对此类变化，医疗机构没能作出充分的应对，我认为这是问题的重要背景所在。虽说几乎所有产妇都转向了机构生产，但其中大部分都是在只有一位产科医生和几位工作人员共同经营的私人医院内进行生产。虽说产妇大多产程顺利，自古也流传着"与其忐忑不安，不如顺其自然"（百思不如一试）的说法，但分娩时间并不确定，只有顺其自然。但是有时还是会在人们预料不到的情况下发生危害母子生命安全的紧急事态。因此，为了防止此种紧急事态的发生，需要解决以下问题。例如：由个体医生组成互助合作的团队诊疗体制，同设备齐全的医院开展合作以及确保血库血液的供给体制等，而这些问题尚未得到解决。（佐道 1979，87 页）

如上，"为预防紧急事态发生，需要构建个体医生间的互助合作"的关系网。这在 20 世纪 70 年代后半期便被提了出来。但是之后究竟落实到何种程度，还有必要给予探讨。

此外，藤田真一通过对医疗第一线的采访，于 1978 年 10 月在《朝日新闻》上开始了《生育革命》的连载报道。

如此，以《生育白皮书》为契机，在医疗机构分娩的女性们的声音得以公之于众，一旦作为接受医疗服务的"消费者"一方提出申述异议，那么与之相对应，医疗第一线也不得不做出改变。并且，社会上还出现了女性们主动获知信息、为自己做打算，而不是将身体全权委托于医生和医疗机构的动向。此外，如杉山次子开办的"生育学校"，孕妇及其丈夫会来到这里学习生产、育儿的知识，并且将此地作为信息交流的实践场地，收获了良好的效果。从这一层面来看，可以说20世纪70年代，作为生育主体的女性们对于不满及不信任感的表达，实则意味深长。

3. 多样的分娩方法

● 产妇的主体性

20世纪70年代以后，出现了一些旨在最大限度发挥女性身体可能性的分娩方法。如拉马兹无痛分娩法、自由分娩等，它们被视为是对生育过度医疗化反省的产物。

拉马兹无痛分娩法的前身为20世纪50年代苏联实行的"精神预防性无痛（缓痛）分娩"，后来法国的拉马兹博士对其进行了改良和推广，之后由美国传入日本。精神预防性无痛分娩的特征"第一，是消除对分娩的恐惧。为此需要学习分娩相关的知识，恢复对自己身体与生理的自信。并且在孕期中进行肌肉锻炼，为分娩做准备"。在此之上又增加了"'感到阵痛时就使用呼吸法'这一新的训练内容。这样，即使真正的阵痛来临，也会形成'是呼吸法的信号'的条件反射，从而在分娩时不会感受到太剧烈的产痛"。这一原理在拉马兹无痛分娩法中同样适用（杉山、堀江 1996，266—267页）。

拉马兹无痛分娩法传入日本之际，"正值国内产妇'想要找回自己对分娩的主动权'的意愿高涨时期，一部分医疗工作人员也开始对分娩的过度管理进行反省"，因此虽然拉马兹无痛分娩法与精神预防性无痛分娩性质相同，但人们对两者的接受态度却大相径庭（杉江、堀江 1996，264 页）。换言之，拉马兹无痛分娩法被认为是"解决过度的医疗管理问题，实现自然分娩的有效方法"（杉山、堀江 1996，263 页）。并且由于当时女性解放运动的参与者同时向个体助产妇发出呼吁，因此有许多产妇夫妇参与到个体助产妇对拉马兹无痛分娩法的实践中，由此拉马兹无痛分娩法的普及范围扩大到产妇群体（杉山、堀江 1996，264 页）。并且拉马兹无痛分娩法认为，"'由于产妇是日本女性，即便是一个简单的坐姿也应该结合自身情况，采取与欧美国家不同的姿势'，关注自我身体的感受"，所以很早就结合日本的生育环境进行了内容上的修订（杉山、堀江 1996，265 页）。由于拉马兹无痛分娩法的不断普及，个体助产所也会在产前让产妇与其丈夫学习该呼吸法，进行分娩准备的普及性教育。此外借鉴美国的做法，在日本我们也能够看到分娩时丈夫陪伴在妻子身边的情景。

另一方面，由于拉马兹无痛分娩法并没有特别规定具体的分娩体位，因此助产妇会依照自身经验尽可能地采取使孕妇相对舒适的分娩姿势（杉山、堀江 1996，276 页）。

此后，1988 年英国的詹妮特·博拉思卡斯倡导"自由分娩"，他批判现代产科的医疗机构只采取侧卧、仰卧的体位，主张应该根据产妇的意愿，由产妇自己决定采用何种体位来完成自然分娩（博拉思卡斯 1998，23—24 页）。博拉思卡斯认为，自然分娩是描述产妇"根据自身意愿和个人身体机能自然而然完成分娩的最确切表达"。他主张"在分娩时女性并不应只被动地接受助产人员的管理如同一位病患，而是要自主控制自己的身体"（博拉思卡斯 1998，22 页）。换言之，自由分娩是指女性顺应自身意愿、自主选择分娩体位完成自然分娩，是对女性生育观念的重新审视。

无论是拉马兹无痛分娩法还是自由分娩，强调的都是女性作为生育主体的意识上的革新与实践，而不是全权委托给产科医生。

● 奢侈的"精品分娩"

20 世纪 80 年代人们对分娩态度的变化并不只有反对生育的医疗化。而是在机构分娩"安全"的大前提下，追求彰显"自我个性"的多样分娩方法。

例如，在泡沫经济时期出现了极尽奢华的"精品分娩"，她们毫不吝惜费用，选择在配置最新设备的医疗机构中完成分娩，待到分娩结束后在媲美豪华酒店的医疗机构中享受产后护理。当时，东京都筑地的圣路加国际医院、恩赐财团母子爱育会旗下的爱育医院，以及艺人和明星御用的赤坂山王医院被媒体评为国内"产科医院三巨头"（《涌向海外的"精品分娩"热潮》，《Weekly ASCII》创刊号，1997 年 6 月）。并且自1996 年 1 月起，新宿京王广场酒店和大仓酒店推出了每天享受助产妇 5小时服务并入住商务套房的产后入住项目。该项目的第一位体验者是艺人三田宽子。

不仅是艺人，普通女性们也追求豪华和奢侈。例如，号称"三小时博闻'现代'"的信息杂志《DAKABO》（第 376 期，1997 年 7 月）就以《媲美酒店！超高端产科的"精品分娩"》为标题，介绍了千叶县木更津市的妇产科医院。据说这家医院从床、壁纸到窗帘等全部用品统一使用英国罗兰爱思品牌并且提供怀石料理或法式大餐二选一作为产后的"喜宴"。这体现了产妇将生孩子视为"女性人生中和结婚平齐的一大幸事"，从而致力于追求加倍舒适体验的志向。

一位正在享受豪华法式大餐的 28 岁产后女性感叹道："未来要忙于养孩子，所以大概没有金钱和时间去享受如此豪华的大餐了。我真想一直这样待在医院不走了（笑）。"为什么这样说呢？因为无论从"金钱、时间上"还是精神、肉体上，等待她们的都将是充满"巨大育儿压力"

的日子。对于普通女性来说，"精品分娩"就是一个给日常生活偶尔带来非日常奢华体验的庆典。这与当时合计特殊出生率跌至 1.57（1989年），即一位女性一生可能生育孩子数量的减少不无关系。总之，从中我们可以得知，女性们开始把生孩子视为人生中的一件大事并且想要在这件事上活出"自我本色"，此外她们还有这样的想法，既然一生中只能体验不过 1 到 2 次，那么高额消费也无可厚非，由此在生育机构的选择上也开始不再吝啬金钱。

这样看来，除了拉马兹无痛分娩法以及自由分娩法倡导下的避免不当医疗介入、让产妇以易于分娩的体位自由分娩之外，例如法式大餐等的配餐以及妇产科医院媲美酒店的单人病房等，产妇对分娩舒适性的追求被商品化也成为 20 世纪 90 年代消费社会下的生育特征。

此外，生育一方的欲望也转向了让我们意想不到的方向。例如，一位孕妇因为腹中胎儿胎位不正，于是在附近的妇产科医院预约了剖宫产。预定日期本来是 5 月 30 号白天，但由于她本人、其丈夫以及家中大一点的孩子在内，全家人生日都是 28 号，因此该女士恳求医生无论如何把剖宫产的日期也定到 28 号。医生答应了她的请求。这样一来，该孕妇成功实现了全家人生日同为 28 号这一天的愿望。

原本为了新生儿健康，我们需要考虑的是，让胎儿在母体充分吸收养分、获取充足免疫力之后再进行分娩，然而这一常识在"想让孩子的生日和父母相同"这一父母的欲望面前，变得不再有任何说服力。然而，满足了父母这种个人私心的也正是管理分娩（计划分娩）。再进一步试想，那么"想要在心仪的日子分娩"与"想生个称心如意的孩子"之间的距离也并非如此遥远。过不了多久，凭借顶尖的生殖医学，想生个基因优异的孩子的想法也可能变为现实。

另一方面，该时期妇产科医生减少的事态也愈发严重。20 世纪 80年代后半期，年轻的医生接班人考虑到即将到来的少子化时代下妇产科需求将会减少，已经开始对妇产科敬而远之。

● "生育书籍" 的出现

至于生育相关的最新动向，除了追求奢华的分娩，还扩大到了追求"自我个性"的生产方式、"自我个性"的养育方式层面。为了从一定程度上把握该特征，让我们将目光转向 90 年代女性漫画家们结合自身的怀孕、生育经验写成的随笔以及漫画类的"生育书籍"。

在文学领域，怀孕、生育一直以来都是重要的主题。正如斋藤美奈子在《妊娠小说》（1994）中进行的透彻分析，许多脍炙人口的作品中都会提到男子使女子怀孕、之后不承担责任而是自寻烦恼的主题，是基于男性内心世界、站在男性立场上书写的怀孕、生育小说。当然，我们也能看到女性小说家创作的为数众多的作品，但其特点多是，即使作品基于作者自身的怀孕、生育经验写成，但其内容却是虚构的。

与此相对，女性作家——尤其是女性漫画家们将自己的怀孕、生育经验以纪实、非虚构的形式创作完成的随笔和漫画开始出现。掀起这股热潮的作家和作品便是漫画家石坂启的《宝宝来了》（1993）。她在1990 年怀孕，同时开始在《朝日新闻》上连载这部作品，之后于 1991年生下孩子。石坂用轻快的笔触描写了自己的怀孕、生育经验，受到大家的欢迎。另外，内田春菊的漫画《我们在繁殖》系列（1994—），以及《樱桃小丸子》的作者——樱桃子的随笔《我们是这样长大的》（1995）等作品也接连问世。此外，其他以怀孕、生产、育儿经验为题材的漫画和随笔也被大量出版。

对于这些"生育书籍"，评论家大塚英志在相对较早的时期就表现出了不适应。女性漫画家们纷纷将自己的怀孕、生育体验描绘出来，对于"媒体广泛传播下的生育书籍、生育热潮"，大塚认为这是"从母性禁忌到对母性全面肯定的改变"，并指出"这在战后女性史上是一个重要转折"（大塚 1996，211 页）。

● 叛逆性的生育书籍

那么，为什么这类生育书籍会在 20 世纪 90 年代被创作出来呢？

一直以来，与生育和育儿相关的启蒙书多由男性产科医生或男性儿科医生写成。第 1 节中介绍的 1962 年《主妇之友》的附录册子《安产本》的执笔者们也都是男性产科医生。此外，身为儿科医生的松田道雄的《育儿百科》（1967），也和《斯波克博士的育儿书》（1968）一起被双双奉为育儿必读书目，深受妈妈群体的喜爱。不仅如此，自 1964 年 1 月 14 日起，松田还在《每日新闻》上开始了多达 50 期的《日本式育儿法》连载，后整理汇编为《日本式育儿法》一书出版（松田 1978）。

据社会学家樱井哲夫统计，1954 年育儿类书籍的发行量仅为 1 万册，但是到了 1958 年增加到 22 万册，1960 年更是达到了 40 万册，呈现出令人惊诧的增长速度。对于这背后的原因，樱井指出"① 小家庭，也就是只有夫妇二人的家庭模式数量激增，他们身边缺少育儿经验者，因此增加了对育儿书籍的依赖。② 二战前后的育儿方式存在巨大差异，即便与父母同住，年轻妈妈对于上一代人的育儿方法也大多不予认同"[1]（樱井 1994，188—189 页）。

20 世纪 90 年代开始，女性漫画家们开始将她们的生育经验创作于笔尖。1989 年，受到丙午迷信[2]的影响，合计特殊生育率降到了 1968 年的 1.58 以下，被称为"1.57 冲击"，预示了少子化社会逐渐到来的危

---

[1] 品田知美在对育儿法的变迁研究中指出，20 世纪 30—70 年代存在着"传统型育儿"和"科学化育儿"的双重育儿标准。但是，进入 20 世纪 80 年代中期以后，出现了被称为"超日本式育儿"的"历史上首次出现的新方法"。那时"母亲不再被要求从事劳动，因此出现了在传统育儿观的基础上融入小儿医学的新潮流"，"采用不规律的喂养方式、允许陪伴幼儿入睡、安慰孩子为表达需求的啼哭，这些新观念叠加在过去的惯习之上，重视抱抱、背背等肌肤接触，尽量满足孩子的需求等，遵照的都是小儿医学的新潮流"（品田 2004，132—133 页）。也就是说，这是一种"完全以孩子为中心的模式"。正因为这样的育儿规范深入人心，20 世纪 90 年代，打破这种桎梏、践行我行我素的生产本、育儿书才会大受欢迎。

[2] 日本有迷信认为丙午年的火气太旺盛，是多灾多难的象征，因此丙午年出生的孩子数量少。译者注。

机。可以说在这个时点上，出现由女性漫画家们创作的生育书籍也绝非偶然。20 世纪 90 年代，花上时间和金钱精心养育一到两个孩子的生育观受到女性群体的广泛认同。因此，怀孕、分娩作为女性不可替代的经历，逐渐被认可和接受。可以说"生育书籍"就是在这样的时代背景下被接受的。

其中，内田春菊的《我们在繁殖》系列漫画便是基于自身的分娩体验，以本人独特的视角描绘了婴儿日常和自身的育儿实践。例如，初为人母的内田从妇产科医院出院后，将婴儿放入婴儿筐，直接带去酒馆的这类轶事。带新生儿外出，这在以往的育儿常识里是绝对想象不到的。另外，在体检时，她的"我行我素"的育儿方式，受到循规蹈矩的保健妇的训斥。结果，她拒绝接受保健妇强加的"正确育儿方法"，而是选择依靠自己的直觉，不断进行探索尝试，以此形成自己的育儿方式。通过漫画，我们可以看出，不拘泥于既有规范，独立思考尝试，这就是内田主动面对育儿的姿态。

当然，面对产科医生时，内田十分言听计从。例如，她会通过镜子确认会阴切开以后伤口的缝合情况，并称赞医生："技艺完美！"内田对于医学化分娩丝毫不存疑，在当时的时代大背景下，她所坚持的是最大限度地依靠自己的身体分娩，同时对于保健妇的强制性指导不予理睬，完全按照自己理想的方式去养育孩子。可以说这在当时实属标新立异。

对于这些生育书籍，大塚英志指出，"面对'机构化生育'，'生育书籍'或许可以视为追求生育相关的经验性知识的重新抬头。而且，这些经验的传递并非是依靠母—子之间的代际相传，而是在一代人中间迅速累积，在一定程度上发挥着经验准则的作用"（大塚 1996，217 页）。生育书籍之中，也有些类似于内田春菊的《我们在繁殖》的内容，她们在机构化生育的前提之下，不接受医院内助产妇与护士老套的指导，而是去探究"自己主体性的做法"。而这同样可以视为对经验性知识进行重新审视的动向。

　　20 世纪 90 年代，与生育书籍一样，孕期杂志、生育杂志也风靡一时。

　　例如，主妇之友杂志社于 1985 年创刊的《Balloon》以及倍乐生发行的《鸡蛋俱乐部》（1993 年 10 月创刊）、面向 0—1 岁半幼儿妈妈的姐妹刊《幼雏俱乐部》、面向 1—3 岁儿童的《小鸡俱乐部》，等等。《鸡蛋俱乐部》的几乎所有读者都会在怀孕到分娩前的大约 8 个月内读完这部以孕妇为读者群的杂志。而关于读者从何时开始阅读，从怀孕第几个月开始阅读，大家的情况各不相同。时任主编高阶麻美说道："创刊之初作为'招牌企画'的《激动人心的怀孕日记》完美解答了这些问题。""我们总共有 8 名读者评论员，她们从怀孕 3 个月左右开始到平安分娩结束，每个妊娠月份都会持续向我们投稿她们的生活杂记。即便是刚开始订阅的读者也可以与自己的情形进行比对。而且包括这个栏目在内，每年有近 1 万人参与投稿征集。"（《主编推荐！生育后援杂志〈鸡蛋俱乐部〉》，《朝日新闻》2003 年 10 月 11 日晨刊）也就是说，读者通过将自己的孕期与杂志投稿作比较，便可以了解到"肚子变大了多少、体重增加了多少"等，让孕期充满了喜忧参半的乐趣。

　　孕期杂志、生育杂志的特点在于，它让读者体会到怀孕、生育对女性而言是仅次于结婚的人生一大庆典，并且为其提供了享受此过程的各种方法。以追求奢华的"精品生育"为代表的时代——90 年代前半期，终于向着重视个体体验、崇尚"无可替代的个体化生育"的时代转变。怀孕、分娩，甚至养育孩子，都逐渐被视为女性展现"自我"的重要活动和道具。然而，这对于那些"没有孩子""不孕不育"的女性而言，也同样带来了巨大的压力。

第七章

第三次生育革命的当下

拍摄于奈良市石井助产院

1. 21 世纪的生育环境

● 生育机构化面临的困境

　　21 世纪的日本处于怎样的生育环境之中？笔者在本书开头已经提到 21 世纪为"第三次生育革命"的时代。现代社会的大多数女性都选择在医疗机构进行分娩，"生育机构化"已经基本达成，但与此同时，作为基石的医疗机构的数量却在逐渐减少。20 世纪 60 年代以后，女性被推动着顺着"生育机构化"的时代阶梯不断爬升。因为大家都坚信，只有不断爬升才能实现"安全"的分娩。但是进入 21 世纪，当众多女性都爬升到了阶梯的最高处时，这些梯子却接连地被拆除，女性们变得孤立无援。也就是说，虽然处于"在医院分娩是理所应当"的时代，但产科医生却不断减少，提供分娩服务的医疗机构也在减少，女性处于无法自由选择分娩场所的困境。或许我们可以称之为"生育机构化面临的困境"。因此，我们现在有必要推动第三次生育革命以探索下一个模式。

　　河合兰指出，"日本的围产期医疗体制建立在市民理解的'患者只要有需求，医生就要予以应对'的认识与医疗工作者肩负的'挽救生命为己任'的义务感之上。对于两者矛盾的解决，依靠的只是行政负责人基于诚意之下的尽力而为，完全是作为一种人情体制存续至今"（河合 2009，157 页）。而且，女性产科医生的数量不断增加，为了让产科医生也能有更加宽松的空间安心生孩子，河合兰建议，"从今往后，对于产妇而言，即使分娩场所比以前远了一些，但能够让她们感受到有值得一去的价值，这才是我们应该致力于实现的安全、安心的生育环境"（河合 2009，172 页）。确实如此，如果只是依靠这样的"人情体制"，日本的围产期医疗体制恐怕无法继续存续下去。

　　猪饲周平指出，20 世纪迎来了"医院的世纪"的终结，同时也"拉开了新时代的序幕，在新时代下，医疗的中心目标将不再是克服疾病"（猪饲 2010，299 页）。对于日本医疗今后的发展，他表示，"医局[1] 制度走向衰退之后，不同部门间的合作会进一步拓宽广义的医疗领域，我们需要做好相应的准备"，并指出"培养诊疗护士、扩大护士的医疗行为范围、设置院内助产所和助产士门诊等，都意味着日本的护士开始与欧洲意义上的护士接轨，需要应对广义医疗领域下更多样的医疗需求"（猪饲 2010，299—300 页）。虽然这里猪饲只提到了护士，但毋庸置疑，负责院内助产所和助产士门诊的助产士同样是适应未来"医疗需求多样化"的杰出人才。

　　因此，本章将介绍在迎来第三次生育革命时代之际，诸如院内助产所等机构为最大限度调动助产士发挥其作用所做的尝试。首先，笔者将在第 1 节阐明日本现代生殖医疗的前景、产科医生与助产士等医疗从业人员的定位，并就其中并未反映出产妇的需求这一点展开探讨。

　　在第 2 节中，笔者将列举近年来备受瞩目的院内助产所、产科专科医院、生育中心等积极发挥助产士作用的生产机构。而在第 3 节，笔者将重新审视个体助产所，并探讨其能否实现以产妇为主体、令产妇满意的生育方式。

● 产科医生与妇产科机构数量的减少

　　如序章图 0-1 所示，妇产科、产科机构的数量于 20 世纪 60 年代达到顶峰，随后逐年下降。尤其进入 21 世纪后，这种趋势更加明显，媒体甚至以"没地方生产"为题进行大肆报道。2012 年 10 月，媒体报

---

[1]　医局是日本医学界独有的民间机构，通常指日本医学院校附属医院临床科室的医局，是以教授即科主任为核心，统一调配科室内医师工作、人事的组织机构。译者注。

道了妇产科、产科医院数量连续 22 年减少的新闻（《连续 22 年……妇产科、产科医院减少》，YOMIURI ONLINE（读卖新闻）2013 年 9 月 5 日）。其主要原因在于产科医生的减少，但其根本在于由大学向医院输送医生的医局制度事实上的解体。

米山公启在《医疗差距的时代》中指出："可以说在没有医局束缚的情况下，医生们第一次可以按照自己的意愿考虑自己的未来。自然会有很多医生选择避开容易发生医疗事故和医疗诉讼的妇科和儿科。"（米山 2008，114 页）例如，从 2006（平成十八）年的医疗诉讼案件中不同诊疗科目已解决案件数来看，妇产科的医疗诉讼达 161 起。这相当于每 1 000 名医生已解决的案件中，妇产科的医疗诉讼案件就有 16.8 起。而矫正外科、整形外科有 6.6 起，外科有 5.4 起，内科有 2.7 起，可见妇产科是医疗纠纷的重灾区。[1]

另外，2004 年日本开始实行新研修医制度，研修医可以向自己心仪的医院提交申请，医院方面从申请者中进行选择，完成"匹配"。因此，可以说"在某种意义上，竞争原理和市场性第一次被引入了医疗体系之中"（米山 2008，106—107 页）。对于研修医来说，如果可以自由选择研修医院的话，自然会选择那些能够给予实质性指导、积累大量临床经验、将来有希望顺利入职的医院。

基于此现状，恩田裕之参照 2006（平成十八）年颁发的"关于地域医疗相关省厅联络会议"的"新医师确保综合对策"内容，提出了确保妇产科医生数量的 3 点对策，分别是"妇产科医生的集约化""诊疗报酬的评价""预防女性医生的离职及复职支援"（恩田 2007，3—5 页）。"妇产科医生的集约化"中重点指出了强化以产科为中心的医院的集约化、重点化。而且要求各都道府县，在 2008 年 3 月之前完善以综合围产期母子医疗中心为中心的围产期医疗网络。此后，《关于围产期

---

[1] 出自厚生劳动省《医疗诉讼案件中不同诊疗科目的已解决案件数（平成 18 年）》52 页（www.mhlw.go.jp/shingi/2008/03/dl/s0312-8c_0042.pdf。2012 年 4 月网站浏览）。

医疗及急救医疗之保障与合作的恳谈会报告——确保围产期急救医疗的"安心"与"安全"》中提出"为了让合并产科以外的急性病患孕产妇也能够享受到最好的医疗服务，需要重新规定围产期医疗服务内容"等要求。[1] 可见，为了在产科医生数量减少的情况下，实现充实围产期医疗的目标，日本在全国范围内推进了分娩机构的集约化。

　　2008 年 6 月，厚生劳动省基于医生人手不足的情况就医疗前景展开讨论，并发表了题为《令人安心且充满期待的医疗保障愿景》的报告。[2] 在该报告书中，厚生劳动省提出 1982 年之后首次出现医生群体供不应求的问题，这一观点引发了人们的广泛关注。报告指出，为了建立"令人安心且充满期待的医疗保障"体系，需要构建 3 大支柱："一、医疗从业人员的数量与职责，二、以地域为主力的医疗服务的发展，三、医疗从业人员与患者、患者家属间协作关系的深化"。并且，在"医疗从业人员的数量与职责"问题上，厚生劳动省此前始终"致力于削减医学部人员编制"[1997（平成九）年 6 月 3 日的内阁会议决定《关于财政结构改革的推进》]，但在此次报告提出的新愿景中，其工作方针彻底转变为医生数量的增加。可见，厚生劳动省面对产科医生数量不断减少的现实，在着力增加其数量的同时，为了保障人手不足情况下工作的正常运转，推行了以产科为中心的医院的集约化、重点化举措。

● **助产士制度**

　　还有一个办法可以用来解决产科医生人手严重不足的问题，那便是请另一拨专业助产人士——持有厚生劳动大臣颁发的国家级资格证书的助产士前来帮忙。我们是否可以考虑采用这些对策？例如，着力于助产士

---

[1]　出自厚生劳动省 2009，《关于围产期医疗及急救医疗之保障与合作的恳谈会报告——确保围产期急救医疗的"安心"与"安全"》9 页。http://www.mhlw.go.jp/seisaku/2009/04/dl/01a.pdf。2011 年 1 月网站浏览。

[2]　出自厚生劳动省 2008，《令人安心且充满期待的医疗保障愿景》。http://www.mhlw.go.jp/shingi/2008/06/dl/s0618-8a.pdf。2010 年 12 月网站浏览。

教育、增加分管产科与妇科的助产士数量，或者修改助产士的工作内容，恢复过去的分工体制，即正常分娩交由助产士负责，异常分娩交由产科医生负责。就助产士的业务内容而言，个体助产院与医院在岗的大有不同。但正如本书所探讨的，战后无论是居家分娩还是在母子健康中心分娩，助产工作都由助产妇负责，直到 20 世纪 60 年代以后，产妇在妇产科医院及综合性医院等分娩机构分娩成为社会主流，此时产科医生才成为应对正常分娩的主力军。[1]此后，产科医生数量减少，导致如今无论是异常分娩还是顺产，产科医生都无力应对。因此作为候补方案，是不是可以考虑再次将顺产交由助产士负责？然而现实并非朝着这个方向发展。

下文我们将考察厚生劳动省或产科医生对于助产士的定位。

时间倒回至 1969 年，《妇产科实况》杂志刊登了一篇题为《助产妇的现在与未来》的文章，其内容耐人寻味。文章中竹村乔与南野知惠子就未来产科医生有可能出现短缺的情况下助产妇应有的姿态进行了讨论。

论文指出，个体助产妇的"工作内容包括：妊娠检查、处理分娩、新生儿护理、处理妊娠中毒症[2]、新生儿家访等。与工作范围广泛的个体助产妇相比，大医院与诊所的助产妇更像产科护士，工作内容主要是处理分娩问题，很少进行保健指导。与其他国家相比，彼此间工作内容的巨大差异令人惊讶"。论文还指明了应对的方向，"不可否认，对于年轻有志者来说，扩大并丰富工作内容是成为'他们所憧憬的助产妇'的首要条件。另外，考虑到未来产科医生数量会不断减少，这种改变也是顺应时代潮流的必然之举"。具体来说，报告建议未来"产科护士的工

---

[1]　大出春江指出："早在 20 世纪 20 年代末，日本的医生已经开始'越界'，干预产妇的正常分娩，以城市为中心，使用催产素与进行剖宫产手术等医疗措施大范围介入产妇的分娩过程，这一现象的出现时间远比人们认为的更早。此外，女性在产院及医院等分娩机构住院、分娩也成为普遍现象。"（大出 2005，25 页）医生干预正常分娩的现象并非始于机构内分娩开始成为社会主流的 20 世纪 60 年代，它早在 20 世纪 20 年代末便已经出现在城市地区，大出春江的这一观点对探究分娩的医疗化进程尤为重要。

[2]　孕妇特有的疾病，常发生在妊娠 24 周以后或产褥早期。临床主要表现为水肿、高血压、蛋白尿；重症时出现抽搐、昏迷、心力衰竭和肾衰竭，也是引起早产儿和胎儿、新生儿死亡的主要原因之一。译者注。

作不应局限于眼前部分，工作内容不仅要包含处理分娩，今后还应增加以下内容：一、加强保健指导（除"妈妈班级"等集体指导外，还要包括个别指导）；二、为孕妇与产妇进行诊断；三、增加分娩相关的工作内容"（竹村、南野 1969，1055—1056 页）。

事实上，现代产科医生的短缺已经成为十分严峻的问题，尽管距离这篇文章的发表已经过去了 40 多年时间，然而助产士的工作内容并没有得到扩展。

如第一章所述，明治政府颁布的医制在规定产婆资格时就明确了禁止其从事医疗行为。对于该医制，杉立义一指出："其对产婆的工作范围做出了严格的规定，现今的助产妇法也延续了其实质。"（杉立 2002，203 页）也就是说，自 1874（明治七）年该医制出台到现在 140 年间，尽管生育的医疗化取得了日新月异的进展，而产婆（助产妇）的工作范围却没有发生任何改变，直到如今依旧受到严格限制。

但现在，我们不是应该重新讨论一下助产士的工作范围吗？多给助产士一些权限，由她们负责自然分娩，这样一来那些因人手不足而在现场焦头烂额的产科医生，也会稍稍得以解脱。但很遗憾，这种气象完全看不到。倒不如说，助产士愈发被定位为产科医生的辅助者，这将在下文进行介绍。

● 现在的助产士

与产科医生同样，近几年助产士和护理师也出现了人手不足的问题。例如，在上述 2008 年 6 月厚生劳动省发布的《令人安心且充满期待的医疗保障愿景》中，关于助产士的部分提到了以下内容"④ 完善部门间的协作、健全团队医疗体系。（1）完善医生与护理间的协作"。

助产士要在与医生的协作下亲自负责顺产，考虑到专业性的发挥和医疗供给的效率，在大力普及院内助产所、助产士门诊等的同

时，也要促进团队医疗合作。这就需要增加从事助产工作的助产士数量，同时也要考虑素质提升的对策。（厚生劳动省 2008）

规定中指出，助产士要与医生协作共同负责自然分娩，以及通过参与医院内助产所和助产士门诊工作等形式，促进与医生的"团队医疗合作"。此外，后续内容中还强调了要增加助产士的数量和素质提升。说到底是为了给医院或诊所的医生提供高效的辅助工作。而这听起来仿佛助产士只有在医院与医生合作时才有价值。那么，从事个体助产所的助产士又是一种怎样的情形呢？

在这一愿景制定之前，2006 年 6 月公布，并于 2007 年 4 月生效的《医疗法》（2012 年 6 月 27 日法律第 40 号最终修订）第 19 条有关助产所的相关规定中涉及了个体助产所存续令人担忧的内容。

旧《医疗法》第 19 条规定，助产所的开设者"须提前确定嘱托医生"，因此确保嘱托医生是开设助产所的重要条件。然而，新修订法规定"助产所的开设者，应根据厚生劳动省条例，提前确定嘱托医生以及医院或诊所"。这意味着除了嘱托医生之外，还需确保医疗设施，开设助产所的门槛被进一步提高。因此，助产所如果长期同没有住院设施的医疗机构的嘱托医生合作，那么还需要重新同新的医疗机构建立合作。而如果不能找到符合上述条件的医疗机构，那么助产所就只有关门大吉。

中山真纪子指出："《医疗法》修正的真正目的在于告诉我们，个体和公立助产所的关闭是无奈之举，而增加在诊所及医院工作的助产士人数才是摆脱现状的最好方法。"（中山 2008，246 页）

此外，公益社团法人日本妇产科医会在《医疗法》修正案出台后，于 2006 年 12 月面向会员制定了一份名为《关于同助产所签订嘱托医生合同》的文书。[1]该文书中刊印了有关助产所同嘱托医生签订的合同范

---

[1] 《关于同助产所签订嘱托医生合同》的文书在公益社团法人日本妇产科医会的网站上有公示。http://www.jaog.or.jp/sep2012/JAPANESE/jigyo/TAISAKU/keiyaku/keiyaku_277.htm。2012 年 11 月网站浏览。此外该文书每年更新。

本，例如在范本第 4 条中包含了助产所开设者需要向产科有床诊疗所^[1]

开设者支付委托报酬等《医疗法》中不曾涉及的内容。另外在责任划分方面，规定妇产科医生比助产士有更加有利的条件。

当然，有些产科医生会表示理解并接受嘱托医生的委托。但是从整体来看，正如中山真纪子所言，"助产所的存亡全凭嘱托医生的有无，医生掌握着助产所的'生杀大权'"（中山 2003，171 页）。这种状况延续至今。因此现状便是助产所变得越来越难以经营。不仅如此，对于在医院上班的助产士也有明确规定，要求与产科医生协作。正如笔者在前项最后部分所指出的，正常分娩由助产士负责、异常分娩交由产科医生负责的分工制度几乎没有实现的可能。助产士终究只能是辅助产科医生的工作。如同接下来所言，这是因为"安全"成为分娩所追求的首要目标，为了确保"安全"，产科医生需要采取各种各样的医疗行为。因此，被禁止进行医疗行为的助产士就只能处于协助产科医生工作的从属性位置。

● 追求分娩的"安全"

正如第六章中的分析，在现代，生育的机构化基本完成，同时民众也因此最大限度地享受到了医疗的恩惠，"在医院分娩很安全"这一神话就此诞生。而实际上孕妇在医院进行分娩时，却会遭遇医疗事故，以及没有事先告知就被切开会阴等情况。导致这种现象的原因有两个。第一，在医院进行的会阴切开、计划分娩、剖宫产等措施都是以保证分娩的安全性为说辞得以立足。可以说"分娩的安全性"是医院机构中的医疗相关人员追求的指标，并且这种倾向逐年加强。为了避免分娩引发医疗诉讼，"安全"需要得到绝对的保证。

第二，受益于医疗，迄今为止无法治好的病被治愈，生命得到了

---

[1] 有 19 张以下收容患者的病床时叫做有床诊疗所，完全没病床时叫做无床诊疗所，一般也叫诊所（吴小平《国民皆保险——日本等亚欧美十二国社会保障制度纵横》，中国金融出版社，1998 年）。译者注。

救助。人们将这种医疗的好处也套用于分娩。尤其是孕妇难产或超早产时，如果母子的性命都得以保全，人们就会更加感谢医疗带来的恩惠。

但是，如果坚信"在医院分娩十分安全"，就会难以看清现实的真实情况。人们在没有被卷入事件、过着平稳的日常生活的时候，就不会特意去追求"安全"。当"安全"的呼声越来越高时，那必然是发生了什么危机性的状况。

比如在《朝日新闻》中检索包含有"安全"一词标题的新闻，就会发现其数量上的增减变化令人深思。[1] 在 1990 年一共出现 526 次。1995 年发生了阪神淡路大地震以及奥姆真理教信徒制造的"东京地铁毒气事件"，在这一年中以"安全"为标题的报道有 856 次。1997 年"安全"出现的频率首次突破 1 000，达到 1 373 次。进而 2000 年达到1 230 次，2005 年达到 2 096 次。在 2005—2010 年期间首次突破 2 000次。此后虽然呈现减少趋势，但在东日本大地震发生的 2011 年，"安全"出现的频率又再次逼近 2 000，达到 1 956 次。

像这样当有重大事件发生时，人们就会产生危机意识，对"安全"的追求就会越强烈。在生殖等医疗方面也是如此。2005—2010 年期间，医院因为拒收分娩时出现异常的产妇而导致产妇死亡的事件接连不断被媒体大肆报道。进入 21 世纪，人们追求安全分娩的意识愈加强烈，因此对于医护工作者来说，确保产妇安全分娩成为最重要的课题。

● 新型生殖医疗技术

不仅分娩的医疗技术有所提高，治疗不孕不育的技术也有了显著进步。但同样，在不孕不育方面，人们也十分注重治疗技术的"安全性"。

体外受精是治疗不孕不育的重要手段。它是指从卵巢中已成熟的卵

---

[1] 设定"朝日新闻""标题"的条件，以"安全"为关键词，检索"闻藏 II Visual"（《朝日新闻》《AERA》《周刊朝日》等新闻报道的网络数据库）即可得出本文的相关数据（2013 年 5 月检索）。

细胞里取出卵子（采卵），然后在体外将其与精子在培养皿中混合使其受精，再将受精卵再次送回子宫内待其着床（胚胎移植）的技术。

1978 年 7 月，全球首位试管婴儿路易丝·布朗（Louise Joy Brown）在英国出生。自此以后，面对以体外受精（In Vitro Fertilization: IVF）为代表的辅助生殖技术（Assisted Reproductive Technology: ART）以及伴随该技术的发展进步出现的社会性、文化性运动，石原理将其合称为"生育革命"，并对其进程展开了考察（石原 2005，20 页）。特别是关于体外受精技术，她指出 2005 年的时间节点上，"到目前为止，利用 IVF（体外受精技术）出生的试管婴儿在世界范围内已超过 100 万人，可以说大多数生殖辅助技术的安全性已经得到确认"（石原 2005，39 页）。

2005 年全年，日本有将近 2 万名试管婴儿出生。同年的年出生人口总数为 106 万人，由此可计算出大约每 55 名新生儿中就有一名是试管婴儿（菅沼 2008，16 页）。日本成为"和美国并驾齐驱的、世界上屈指可数的生殖医疗技术发达国家"，对此，菅沼认为主要原因有两点，一是"经济实力雄厚"，二是"法律法规滞后"。因为体外受精技术没有被纳入医疗健康保险，所以难免费用昂贵。虽然在多数发展中国家，体外受精技术是"一部分资本家才能享受到的特权，而非普通民众阶层可以承受的"（菅沼 2008，9 页），但是日本人恰好具有负担得起的经济实力。此外至于后一项原因，因为国外很多国家针对 ART（生殖辅助技术）实施机构颁布了执业登记许可制度，所以 ART 诊所的数量稀少。但是日本的情况截然不同，据说"尽管有登记许可制度，但那只是相关学会自主的行为，不具备任何法律效力，零经验的医生都可以开设体外受精医疗机构"。因此这导致了"小规模诊所泛滥""品控方面遗留下巨大问题"的后果（菅沼 2008，10 页）。虽然如先前石原理所说，体外受精技术本身的安全性已经得到了确认（石原 2005，39 页），但是如果实施体外受精技术的诊所质量低下的话，那么这项措施的最终安全性还是令人质疑的。可以说日本生殖辅助技术的最根本问题就在于法律法规的不完善。这是因为除去生殖辅助技术的安全性之外，有关伦理方面的讨论并没有得以充分展开。

菅沼信彦在一篇名为《生殖辅助医疗的现状与展望》的论文中抛出了以下问题。那就是"科学的进步催生出了伦理问题，而其更进一步的发展消解了这一问题，但随之又带来了新的伦理问题。人类或许会永远不停地重复地兜圈子。若体外受精能够真正意义上实现'试管婴儿'，即从受精到分娩整个过程都在体外完成，那么就可以使女性从怀孕、生产的负担中完全解脱出来，真正的生殖医疗也就得以实现。'人'摆脱了'人之为人'，最终成为'神'之时，我们不禁要问，生命伦理还有其发问的必要吗？"（菅沼 2012，21—23 页）

正如菅沼所指出的那样，科学的进步孕育出新的伦理性问题是一种周而复始的"兜圈子"，想必今后也会持续存在。因为科学朝着"实现真正的生殖医疗"而不断在发展。只要妇产科医生以及研究人员仍然认为怀孕和分娩是"女性的负担"，那么生殖医疗今后仍会不断取得进展。正如无痛分娩技术在"消除分娩带来的疼痛"这一大义名分之下的不断提升。但是生殖医疗所追求的"将女性从怀孕、分娩的负担中解脱出来"的目标与作为生育主体的女性们试图使怀孕、分娩回归女性身体的动向恰恰相反。

2. 以助产士为主体的新尝试

● 院内助产所的举措

在第 1 节中，我们就"第三次生育革命"时代下妇产科医生以及助产士的定位进行了探讨。依据厚生劳动省所出台的方针，相比独立的助产专家，助产士们显然更被期待与医疗机构中的妇产科医生进行合作。
在这种受限的环境中备受瞩目的便是院内助产所以及助产士门诊。院内
助产所是指，"在能够应对紧急情况的医疗机构等场所，由助产士独立
护理妊娠过程正常的孕产妇并为她们助产，而非产科医生"。另外，助
产士门诊是指"在医疗机构等场所，正常分娩的孕产妇的健康检查和保
健指导由助产士在门诊独立进行"。[1]虽然这两项举措的最初目的都是
为了减轻产科医生的负担，但对于生育方而言，也有能避免不必要的医
疗行为，并在助产士的看护下分娩的好处。

　　厚生劳动省正在推进此类院内助产所和助产士门诊的设立，2008
年设立了院内助产所的机构数量为 31 个，2010 年达到 59 个，2012 年
更是提高到 82 个（井本 2012a，258 页）。

　　例如奈良县立医科大学附属医院的院内助产所，2010 年医院开始
对 6 楼的一角进行改建，并取名医学生育中心（Medical Birth Center）。
目前，该大学附属医院的产科科室由常规产科、围产期母子医疗中心和
院内助产所三个部门构成。下面我将为大家具体介绍。

　　一直以来，大学附属医院都是由围产期母子医疗中心接收从其他医
疗机构转来的孕产妇和新生儿。围产期母子医疗中心内设 MFICU（母
体胎儿集中治疗室）、NICU（新生儿集中治疗室）和 GCU（继续保育
治疗室），几近满负荷运转。这是因为，奈良县内开展分娩业务的医院
和诊所的数量减少，所以正常分娩的孕产妇也都集中到了大学附属医
院。因此，年分娩数量由 2000 年的 406 件激增到 2010 年的 754 件，[2]
这大大增加了在附属医院工作的产科医生的负担。在这种情况下，遵照
奈良县的方针，院内助产所应运而生。

　　来医院的孕妇，首先在妇产科接受产科医生的检查，之后会被分诊

［1］　厚生劳动省医政局看护课《关于院内助产所、助产士门诊》（中医局　诊—2—2，2009
　　　 年 11 月 4 日）1 页。http://www.mhlw.go.jp/shingi/2009/11/dl/s1104-3j.pdf。2012 年 6 月
　　　 网站浏览。
［2］　出自奈良县立医科大学附属医院医学生育中心官网。http://www.naramed-u.ac.jp/˜gyne/
　　　 mbc.html。2012 年 10 月网站浏览。

到常规产科或医学生育中心。35 岁及以上的初产妇、身高偏低的孕妇，以及怀孕期间体重异常增加的孕妇等高危人群，被安排在常规产科分娩。只有情况没有异常的孕妇，在怀孕 22 周后会在生育中心接受助产士的检查，即"助产门诊"。每位孕妇都会接受生育中心的 7 名助产士团队的诊察，因此孕妇和助产士之间很容易建立信任关系。另外，生育中心的孕妇体检实行每次 30 分钟的预约制，所以一般不会等很长时间。此外方针规定不必每次都对孕妇进行内诊检查，所以怀孕未满 37 周的孕妇不需要接受内诊检查。另外引人瞩目的是，通常来说，生育中心的助产士与护理师、医生及其他员工的着装相同，但这里的助产士所穿的制服以深红色为基调，设计别具一格。这对宣传助产士的存在有很大的促进作用（照片 7-1）。

阵痛开始以后，孕妇办理住院（这时已经进入分娩阶段，因此以下称为产妇），放松情绪等待进一步的分娩。其间中心不会采取不必要的医疗处置，也不对产妇使用催产素等药剂。因此产妇能够充分借助自身进行分娩。

分娩室中配备有生育中心开设之初最先进的 LDR 分娩台，其旁边也预留了放置榻榻米的空间（照片 7-2）。这样一来，产妇可以自由选择在什么地方用什么姿势分娩。只是产妇身上会连接分娩监测装置，由助产士陪伴在身边并时刻观察分娩进程以及胎心状况。监测画面同时连线着不同楼层的围产期母子医疗中心，因此，如果有什么情况发生，产科医生也可以通过确认监测图像给予及时的应对。

分娩时，助产士会在进行会阴保护的同时引导胎儿的娩出。全家人也可以在场一同迎接新生命诞生的瞬间。

婴儿平安出生后，要佩戴上血氧饱和度监测仪，出产房时则替换为呼吸监测仪。母亲与新生儿在单间独处时，助产士也可以通过呼吸监测仪时刻关注到新生儿的动态。产妇在宽敞的单间内可以与新生儿独处，在出院之前接受助产士有关乳房保养与哺乳技巧的指导。

如上所述，助产士会负责关于分娩的所有事宜。此外，产妇还佩戴

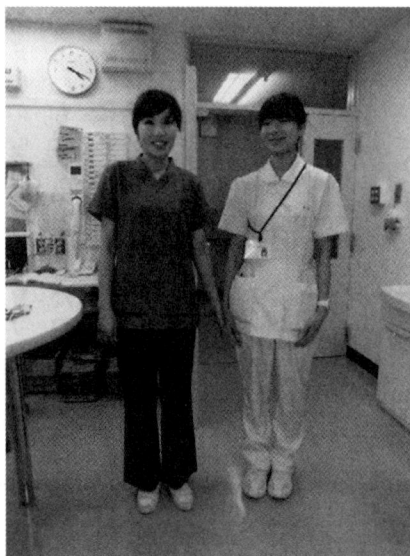

照片 7-1　奈良县立医科大学附属医院医学生育中心（Medical Birth Center）助产师的制服

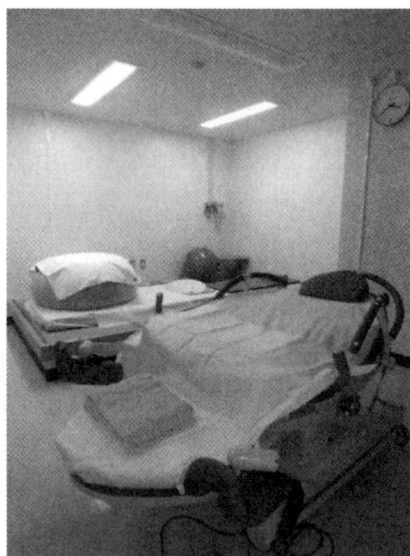

照片 7-2　奈良县立医科大学附属医院医学生育中心（Medical Birth Center）的分娩室

有监测设备，做到随时确保安全。一旦有任何异常，同馆的产科医生就会及时赶到。换言之，院内助产所的优势便在于紧急时刻的迅速反应能力与先进的医疗处理技术。

● 圣路加产科诊所

除了设置于医疗机构内部的院内助产所，还有助产士独立开设的产科诊所。例如，东京筑地的圣路加产科诊所，其开设时间为 2010 年 6 月，其宗旨是不过度医疗，为产妇提供轻松分娩的场所。圣路加国际医院仁立在圣路加护理大学对面，建筑外墙通体采用柔和的浅桃黄色。这家诊所的首要特色在于，助产士们奉行基督教爱的精神，会全力协助女性最大限度唤醒"分娩力"。但由于诊所仅收容正常怀孕、分娩的产妇，因此，对于产妇患有并发症、年龄大于 41 岁的初产妇等可能出现高风险分娩的女性，会安排她们前往对面的圣路加国际医院生产。

　　诊所首先安排会面，向孕妇介绍圣路加产科诊所的特色，并对判定为低风险的孕妇进行初诊。之后，产妇从怀孕 14 周开始要定期去诊所检查。目前，诊所的 17 名助产士共分为 3 个小组，每组对应一名孕妇，向她们传授保持身体健康的养生方法，例如指导她们摄取营养均衡且不使身体受寒的食物，并督促她们合理运动等。

　　据副所长堀内成子所说，很多孕妇在圣路加产科诊所举办的、每周两次的婴儿祝祷礼拜上会感动地流泪。从诊所分娩室和住院期间所住房间的窗户向外看，都能看到对面圣路加国际医院的小教堂（照片 7-3）。当阵痛减弱或不安来袭的时候，只要看看小教堂，或许就会涌出力量。因此，诊所里还设置了装有美丽的彩绘玻璃的祈祷室（照片 7-4）。

　　分娩室分日式与西式两种，供孕妇自由选择。日式分娩室里有一张小双人床，天花板上垂挂着一条白色的绳索，被称为"力纲"（照片 7-5）。而且，墙壁上有一根像梯子的被称为肋木的木棍，可以用于蹲坐式分娩的辅助。西式分娩室里有一张大床，没有力纲。此外，日式分娩室和西式分娩室都采用间接照明，使房间变暗，以便孕妇能够集中精力分娩。房间里配备有浴缸和淋浴设施，可以悠闲地泡澡等待阵痛到来。而且，由于心电监测仪等医疗器械全部被放置在收纳空间里，所以不会使孕妇因为看到医疗器械而导致过度紧张。此外，挂在墙上的手工制作的大挂毯也能让孕妇的心情舒缓下来。

　　诊所里除了助产士与专任的所长以外，还有完善的全年 365 天全天 24 小时无休式轮班的外聘医生后援体制。如果分娩时出现了会阴撕裂等情况，可以联系产科医生来负责缝合。万一发生了异常情况，3—5 分钟就可以转运到对面的圣路加国际医院。

　　在日式分娩室里，为了检查低矮床垫上仰卧的产妇患部，产科医生不得不蹲下。有的产科医生起初会觉得"难以看清楚"，但是次数多了以后也就慢慢习惯了。

照片 7-3　圣路加国际医院的小教堂

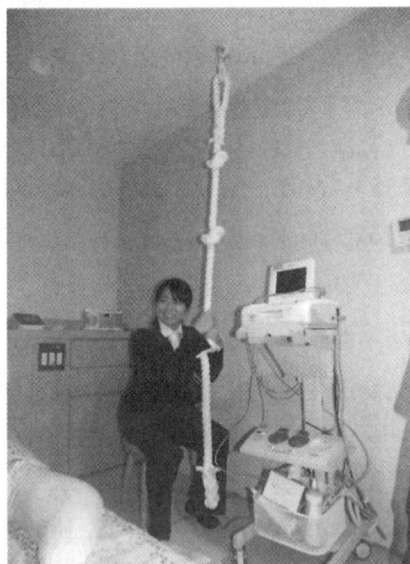

照片 7-4　圣路加产科诊所的祈祷室　　照片 7-5　圣路加产科诊所的分娩室（日式房间）

　　首先，产妇会在分娩室以自己喜欢的姿势完成生产，随后与新生儿一起被推到单人间。房间里放置着一张亲子床，床垫选用偏硬的款式。睡觉时让婴儿躺在靠墙的位置，就不必担心他从床上掉下去。另外，室内的洗漱间、厕所都采用透明玻璃隔断，方便让母亲随时查看婴儿的状态。

除此之外，诊所健全的产后护理也值得注目。例如，产妇的住院餐采用玄米为主食，搭配三菜一汤，一概不使用油、白砂糖及化学调味料。玄米和蔬菜都采用天然种植的有机产物，鱼、肉也必不可少，再使用酒曲等天然发酵的酱料进行调味，让人食指大动，还因此得名"奢侈的粗茶淡饭"。大厨每天都会到筑地的市场买回新鲜的鱼类贝类，再泡上柿叶茶来搭配富含鱼类和蔬菜的玄米餐，由此一来，产妇的便秘也会有所缓解。据说，"柿叶茶含有丰富的维生素 C 和具有抗氧化作用的柿丹宁"且"保暖又补水"（山内 2012，212—213 页）。

除此之外，诊所还为产妇提供瑜伽以及活动较为剧烈的塑形瘦身操等体操课程，这些课程不仅有利于产后恢复，还为新手妈妈们提供了互相交流的途径，对产后抑郁症也有一定预防作用。

该诊所还为出院一周后的产妇提供健康诊察服务，例如测量新生儿体重、母乳咨询，等等。为了长期落实这一举措，他们还向政府申请发行产后健康诊察的免费体验券。

另外，诊所允许产妇延长住院期限，并为母婴提供产褥入院[1]服务。有许多住在东京的产妇，丈夫忙于工作，而父母远在乡下，哪一方也指望不上，此系统就是为了让她们也能在助产士帮助下好好休养而建立的。

完善的产后护理、助产士的温馨陪伴、如家一般的住院体验，以及由圣路加国际医院产科与儿科医生构成的可以在发生意外时随叫随到的应急体制，圣路加产科诊所作为今后生育机构发展的样板，备受业界瞩目。

---

[1]　产褥入院，日本将产后 6—8 周内称为产褥期，这期间办理住院，称为产褥入院。译者注。

● 九州生育中心

接下来我想介绍的是位于福冈县远贺郡芦屋町的一般社团法人日本生育中心协会·九州生育中心"姥怀"。该中心致力于助产士与产科医生携手，以推动当地的生育发展。九州生育中心位于响滩对岸，整体采用沉稳内敛的日式传统住宅风格（照片7-6）。其最大的特点在于，一方面助产士"注重引导母亲分娩的产力、婴儿娩生的力量和天然的母乳喂养"（选自九州生育中心的宣传手册），另一方面有一群被称为分娩指导员、分娩陪护员的当地人加入到了孕产妇的陪护和护理中，有力促进了当地生育事业的发展。

照片 7-6　九州生育中心

九州生育中心借鉴的是英国的运作模式。英国为解决产科医生不足的问题，按照生产风险的高低进行了孕妇分流。"高风险生产"在医院中进行，"低风险生产"在生育中心进行。九州生育中心效仿英国，也主要是以助产士为主力军处理低风险生产。在紧急情况下，为了能够迅速将孕产妇送往合作的医疗机构，医生和助产士商讨制定了相较于日本助产士协会的指导方针（公益社团法人日本助产士协会 2009）更加严格的指导方针，认真规划具体细节，做到"安全的生产"。

其中，最吸引笔者的是被称为"分娩陪护员"的地区志愿者，他们以各种形式参与到分娩相关环节。不分年龄、性别，谁都可以成为分娩陪护员。他们就是孕妇分娩时的合作者，在孕产期帮助孕妇做一些力所能及的事情。例如，帮忙做饭、打扫卫生、照顾孕产妇的日常起居、陪伴孕产妇的孩子一起玩耍等。最重要的是，分娩陪护员会在分娩时帮助按摩孕妇的腰部，鼓励她们，和她们一起迎接生命的诞生。正因为孕妇和分娩陪护员之间建立了牢固的信任关系，才让这种生育形式成为可能。

主妇重光惠里（41 岁）秉持着"助人为乐记心间，一点一滴皆是善"的原则，在担任分娩陪护员期间多次陪同助产，积累了经验，深受孕产妇信赖。凭借丰富的经验，她成为九州生育中心的头号分娩指导员，如今她指导孕产妇学习体操、为孕产妇进行芳香疗法，在很多方面大展身手。为了让临近产期的孕妇有切身感受，分娩指导员与分娩陪护员会在分娩室为其按摩。如此一来，孕妇可以真正得到放松，以轻松的心情迎接分娩。

不管是否具有资格，只要有此意愿，任何人都可以注册成为分娩陪护员。其代表斋藤真由美（48 岁）曾说过，成为分娩陪护员的唯一条件就是"对育儿缺乏自信的人"，这一点极为重要。对育儿充满自信、凡事都做得完美无缺之人很有可能仅仅因为此而给孕产妇带来压力。反倒是分娩陪护员作为分娩、育儿的过来人，在面对孕产妇时所交流的，例如"生第一胎时确实很上心，到了第二胎就完全不紧张了，不用担心"，"饭菜全部都是自己亲手做的话负担太重，可以买些现成的饭菜回来重新加工"等内容，传递出的是"育儿没有完美可言"的态度，这对于孕产妇来说会十分受用。现代母亲总想面面俱到，有时没有家人帮助，只能选择一个人承担，或者硬撑。想要帮助她们就要倾听其内心的声音，让她们知道有人能够理解她们，这是最重要的。承担此重任的正是分娩陪护员。

　　另外，注册分娩陪护员不需要有生产与育儿的经验。一位单身的分娩陪护员在生育中心服务时就曾发出感慨，"能够与婴儿亲密接触真是一件幸福的事情"。

　　分娩陪护制度以美国的导乐分娩为模板。导乐分娩在 20 世纪 70 年代由美国人类学者 D. 克劳斯在母乳育儿领域首次推出，之后其作为一种从妊娠期到产褥期尤其是分娩时为女性提供身心及社会性支持的新职业，以北美为中心逐渐兴盛起来（岸 2006）。岸利江子的研究表明，导乐分娩陪伴下的生育，"在医疗处理（剖宫产、器械分娩、药物介入）的减少、分娩时间的缩短、产妇满意度等心理层面的效果、母乳喂养率的提高、母子间感情的维系等广泛领域带来了显著成效"（岸 2006）。

　　九州生育中心虽然是以导乐分娩为模板，但他们同时也注意到过去地域社会对分娩的参与活动。并且现在也提供这样的机会。这不仅有利于孕产妇，也给当地人提供了一个参与生命的诞生和产后护理的宝贵机会。另外，通过生育还能密切地域社会的联系与交往。

　　另外，九州生育中心"姥怀"这一名称的来历，与行桥市沓尾海岸地区的一个白色沙滩附近形成的周防变质岩洞窟渊源颇深。相传丰玉姬生下山幸彦的孩子后将其留在此处独自离开。依靠洞窟滴下的"乳汁"，婴儿得以养育，因此该洞窟成为母亲们祈求母乳充足的地方。此外，英彦山的修行者们，会在新的一年的祭神仪式开始时，从今川出发来到祓川海边，在"姥怀"这里举行祓禊，并汲取潮汐来为英彦山祓除灾邪，这种"潮汐井取水"的仪式持续了千年有余（原贺 2007）（照片 7-7）。

　　然而，在新渔港开港后，这片美丽海岸的大部分都因搭设架桥柱子遭到破坏。当地的人们回溯历史根源后发现，此地原来是一处圣地，作为历史文化遗产具有留存的价值，于是便发起了保护运动，才得以最大限度阻止了海岸线的破坏，"姥怀"，是一处当地人们用情怀与行动守护下来的地方（照片 7-8）。

　　圣地"姥怀"，作为一个助产士与当地民众齐心协力助力生育的中心，可以说是名副其实。

照片 7-7　福冈县行桥市姥怀

照片 7-8　从福冈县行桥市姥怀眺望海岸

3. 令人刮目相看的私营助产所

● 在私营助产所进行的分娩

如上所述，院内助产所和生育中心近年来作为一种新的尝试，都受到了广泛关注。而除了这些新形式之外，我想将目光再转向那些为地域生育提供坚实后盾的传统私营助产所。虽然数量少，但这些私营助产所作为一种防止医疗过度介入、追求"自然"生育的机构正再次受到人们关注。

比如，2010 年 4 月发行的《AERA with Baby》（AERA Mook 特别保存版，朝日新闻出版）在卷首中刊登了河合兰的《自然分娩这件事：在相互感知、学习中成长的"生育力"》一文，介绍了京都市伏见区的Ayumi 助产院的情况。另外，同样在 2010 年发行的《蜡笔月刊》5 月号（Crayon house 刊）特辑《家人共同见证下的生育》中，介绍了助产士参与下的居家生产。在这本崇尚"自然"与"自我"的杂志中，私营助产所内和居家内的分娩极受欢迎。这是因为，现代医疗多把孕产妇当作"患者"和"病人"，而私营助产所则能做到让女性直面自己的身体，在怀孕、分娩时充分借力身体。

因此，助产所既是助产士作为生育专家施展作用的地方，同时也是孕产妇们实现高满意度的分娩场所之一。那么它最大的魅力在什么地方呢？

奈良县共有 9 家私营助产所，笔者想重点介绍的是位于奈良市内的石井助产院。2002 年，石井希代子开始从事私人助产士工作，距今已有 11 年。在助产院开业 10 周年之际，曾经在此分娩的母亲们带着孩子从全国各地齐聚一堂，举办了一场盛大的庆祝活动。接下来，笔者将借助针对助产所内分娩的女性的采访为基础，以石井助产院为例，为读者展示助产所内的分娩情况。

因医疗行为受限，助产所只涉及孕妇的自然分娩。一旦出现异常情况，助产所会第一时间联系嘱托医生，并将孕产妇和新生儿送往合作的医疗机构。

助产所主要致力于怀孕期间的护理。助产士会提前向准妈妈们简洁明了地说明怀孕和分娩的过程，以及怀孕期间身体会发生的变化。此外为了分娩顺利，还会叮嘱准妈妈们做些适当的运动、均衡饮食以及保证充足的睡眠。为了让身体变得柔软，避免妊娠中毒症的发生，也需要调养身体争取顺产。

每次孕检都在助产所完成。私营助产所的建筑多为白色或浅色调，给人以柔和的感觉（照片 7-9）。石井助产院的外墙以橘色为基调，打开玄关就仿佛进入了一处普通住户的人家。由于这里实行完全预约制，因此没有类似医院的候诊室和挂号处的地方，因此也不用排队等待（照片 7-10）。在大型医院，排队 3 小时看病 5 分钟的现象不在少数。而助产所则不用排队等待，仅这一件小事也有利于缓解孕妇的压力。

并且孕妇每次产检的时间较为充裕，时长为一个半小时到两个小时。在此期间，如果有在意、担心的问题，都可以询问助产士。因此孕

照片 7-9　石井助产院

照片 7-10　石井助产院的接待前台。这里装饰有出生的婴儿以及家属的照片

妇每次通过产检都能获得精神方面的慰藉。

在助产所也可以通过超声波诊断等手段来确认胎儿成长的进程。只是，内诊会根据助产士判断，控制在最低程度内进行。石井诊所的助产士会询问孕妇孕期是否顺利，饮食、运动、睡眠等是否充足，日常生活中是否感到不安等问题。随后为孕妇用热水洗脚，安排孕妇坐在中间有洞的椅子上用烟来熏蒸下体或进行热灸。如果孕妇感到腰痛或肩膀僵硬，助产士会为其进行按摩。孕妇在产检后会受到助产士的各种护理，因此身心都能够得到放松。

为了顺利分娩，孕期内孕妇最好不要一直待着不动，要多散步多睡觉，饮食清淡的同时保证营养均衡，毕竟这关系到孕妇的平安分娩。

妊娠后期，孕妇会与丈夫以及其他待产夫妇一起参加"新手父母学堂"工作坊，在这里学习如何度过待产期、如何调整分娩时的呼吸、明晰分娩时丈夫的责任、哺乳方法等大量与生育相关的知识，在这里无论孕妇有何种疑问都可以向助产士咨询。

此外，随着预产期的到来，孕妇产检的次数也不断增加。可以说助产士见证了孕妇从怀孕到分娩的整个过程。

孕妇从初次产检到进入孕期再到分娩以及产后护理，全程都有助产士的陪伴，这正是助产所的魅力之一（照片 7-11、12）。

照片 7-11　一家人一起来助产院接受产后检查

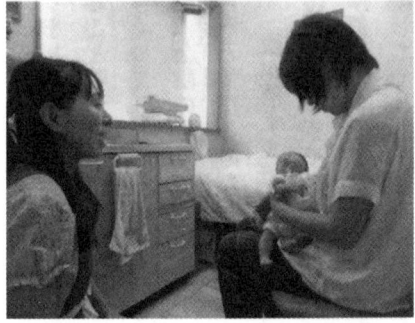

照片 7-12　在助产院进行产后检查

● 重新审视助产所内的分娩

　　在此，笔者想介绍一下在石井诊所对助产士访谈时听到的一则故事。我之前认为，作为助产士手艺之一的会阴保护，虽然是关于助产士的技术问题，但只要孕妇耐心等待，会阴自然会变得柔软、舒展，但事实却并非如此。孕妇只有在孕期内经常散步、运动，在快要接近预产期时，对会阴部分轻轻按摩或者熏浴，会阴部位的细胞才会提前变得柔软，在分娩时才易于舒展开来。这种情况下，助产士无需等待会阴的舒展，只要"在时机成熟之前轻按会阴"即可。反之，如果孕期内孕妇没做任何准备，在临产之前才用润肤油按摩会阴的话则效果不佳。也就是说，孕期内孕妇只要调动身体做好了充分准备，那分娩时它们便会发挥出意想不到的效果，分娩也就水到渠成了。虽然有些不可思议，但身体的构造确实十分神奇。

　　如上述所说，产妇们在怀孕时充分做好身体上的准备后，又究竟会经历怎样的分娩呢？下面我将举一个在石井助产院生产的女性实例来说明。

　　有一位过了35岁的女性因为无论如何都抵触在分娩台上分娩，所以在辗转多家医疗机构后最终选择了石井助产院。她在电车能到达的范围内考察了多家助产所并选择在她认为是最好的助产所里生产。总之，她决定有什么事都会和助产士沟通，如身体状况和不安的情绪等。怀孕期间，她也保持了适当的运动，注意体重变化，尽可能愉快地享受这一过程。

然而随着预产期临近，她的肚子却没有任何生产迹象。因为超过预产期会导致胎儿过大，分娩时难以通过产道，就无法在石井助产院分娩，而必须要转送至合作的医疗机构，再加上助产士也提前确认了存在超期分娩的可能性，所以她开始感到不安。

预产期的前一天，抱着最好能出现阵痛的想法，她不停地爬楼梯、走路、爬楼梯、走路。之后，阵痛终于开始。她一边盯着手表一边估算腹部的收缩频率并准备前往助产所。然而阵痛的不舒服让她无法站立。最后她一边忍着恶心，一边在丈夫的陪伴下终于在半夜坐上了出租车。

在到达助产所时，她的子宫口已经处于全开的状态。因为她的脑海里一直回荡着"有可能会过了预产期延后分娩"这句话，所以即便分娩进程突然加快，她也不以为"马上要生了"。她在丈夫的搀扶下直接转入了榻榻米的分娩室。之后，她弓着背，开始呼～呼～地呼气，据她所说，真正到了"正式"分娩，她才终于理解了呼吸法的意义，即通过将自己的意识集中在呼吸上来实现减缓痛苦的目的。

刚开始，她一边倚着丈夫，一边侧卧着，呼～呼～地呼气。随后，她感到一股难以抵抗的力量从体内深处翻涌上来。她只能任由这股力量支配。但是这样持续下去的话，很可能会气力用尽，她正这样想着，突然，她惊讶地发现自己竟然无意识地站了起来。紧接着，她大叫一声"再最后一次用力，就生出来了"，并把双手搭在助产士的肩膀上，双膝跪立。在那一瞬间，婴儿的头部便顺滑地露了出来，另一位助产士从后方熟练地将其托起。产妇顺势变为平躺姿势，婴儿被放置于其胸口之上。

据说该女士自己也非常震惊，做梦都没想到居然以这样的姿势进行分娩。她认为在尝试各种姿势之后，最终找到了适合自己的分娩姿势。

　　像那样尝试各种分娩姿势，也只有在助产所才能实现。一旦被固定在分娩台上，便已无计可施，该女士如是说道。而且据她所言，在分娩过程中经历的不是"疼痛"的感觉，而是从身体深处涌出的可以用"波涛"来形容的力量。亲身经历了整个分娩过程的她，刚生完孩子就有了"想再生一次"的想法。她认为，与其说是"令人满意的分娩"，倒不如说是"超乎想象的宝贵体验"。

　　或许是经由自己的身体完成分娩的成就感，让她有了"想再生一次"的想法。

　　这一事例所展现出的在私营助产所进行分娩的魅力，在于让分娩这一体验重回自己的身体，以及在与助产士的信任关系中放松地完成分娩。

终　章

面向今后的生育

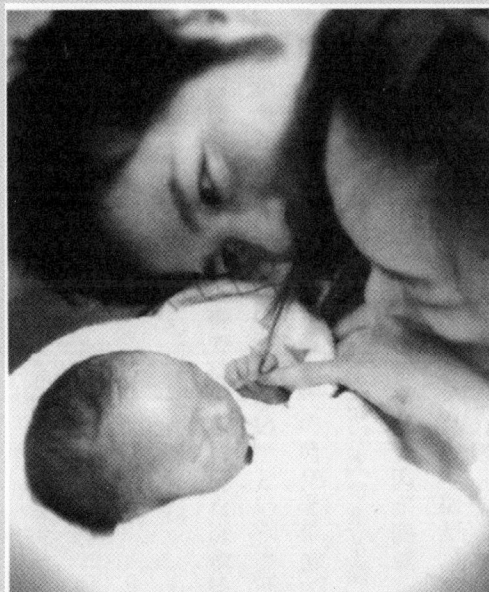

刚出生的婴儿

在最后一章，我将回顾本书的主题即生育环境的变化，并在此基础上，就今后的生育环境做出展望，以此作为本书的结论。

在本书的"前言"中，我将生育环境定义为"与怀孕、生育、产后相关的所有内容，包括与医疗、母子保健相关的国家的政策制度；医院与诊所等医疗机构；产科医生、助产士、护士等相关的医疗从业者；孕产妇周遭的家人、亲属、朋友、地域社会的人与人等各种人际关系；从怀孕到胎儿出生以及产后这一系列环节的相关民俗；涉及下一代成长的社会环境等"。并且从近代到现代，在各种重要因素的相互作用下，生育环境发生了很大的变化。除了藤田真一提出的近代产婆大显身手的"第一次生育革命"，以及实现了由居家分娩到机构内分娩转向的"第二次生育革命"之外，本书还特别将现代定位为"第三次生育革命"的时代。"第三次生育革命"的特征是，尽管生育的机构化已经基本实现，但出现了"分娩场所不足"的情况，可以将其理解为生育机构化陷入困境的时代。为了弄清这一点，本书对开展了分娩业务的医疗机构的增减进行了着重分析。接下来，我想先对这一点进行回顾。

● 分娩机构的增减

明治时代到大正时代，近代产婆开始代替家人和附近的女性，帮助产妇分娩。正如第一章中所探讨的那样，国家确立的产婆制度和各府县采取的增加产婆的措施卓有成效，近代产婆的数量在全国范围内不断增加。

另外，在昭和初期的城市地区，有一定数量的产科医生从事个体经营，因此孕产妇在出现异常时也能够在医院分娩。当时，形成了这样一种分工，正常分娩时依靠产婆居家分娩，出现异常时则依靠产科医生在机构内分娩。即使在日本战败后，GHQ 修改了产婆（助产妇）相关制度，但这种分工体制依然持续到 20 世纪 50 年代左右。因为即使在 20

世纪 50 年代，仍有 95.4% 的产妇选择居家生产。[1]

自从 1957 年全国范围内设立母子健康中心，生育环境便迎来了巨大的转折期。得益于此，即便是乡村地区，在助产士的陪护下于医疗机构分娩也成为可能。但是后来，由于妇产科医生不仅想要掌控异常情况下的分娩，还想掌控正常分娩，对母子健康中心发起攻击，导致许多母子健康中心被迫关闭。取而代之的是 20 世纪 60 年代，产科医院等的诊所数量大幅增多，超过了以往最高纪录的一万所（参照第 4 页序章图 0-1 "妇产科及产科机构数量的年度变化趋势"）。但是，在人口日益过疏的农村地区鲜有特意开业问诊的产科医生，医疗机构大多集中在城市和公共交通便利的地区。

在这样的生育机构化进程中，母子健康中心关闭后，农村地区尤其是偏远地区几乎没有可提供分娩服务的医疗机构，因此这些地域成了分娩机构的空白地带。据确切统计，虽然到 20 世纪 70 年代，日本基本实现了全国性的生育机构化。但是可以说，农村地区的生育机构化是依赖于村外的医疗机构才得以推进的。尤其是在农村地区，一旦助力居家分娩的助产妇停业，就没有新人能够接替她的工作。这样一来，在这些地区，不仅没有医疗机构、没有助产妇，即所谓的分娩机构，甚至是居家分娩也变得举步维艰。

正如第七章所论述的那样，到了 21 世纪，"分娩场所不足"这种情况受到了媒体的广泛报道，这种情况的出现是因为即使是在原本医疗机构众多的城市地区，也因产科医生人员的不足，导致了医疗机构数量的减少，再加上从郊区前往城市分娩的产妇数量众多，出现了提供分娩服务的医疗机构中"分娩预约竞争"（河合 2007）的问题。

然而，正如本书前文所提到的，在乡村地区，在生育机构化出现之初，"分娩场所不足"的情况就已经存在了。最近很多人来到奈良县吉

[1] 出自财团法人母子卫生研究会统计的《各市郡、出生场所、出生人数及比例（昭和二十五年—平成二十二年）》（财团法人母子卫生研究会 2012，47 页）。

226

野郡十津川村采访，他们会发问："没有可以提供分娩场所的医疗机构，非常不方便吧？"村民则回答："很久以前就一直是这样。"在诊所听到的这些话令我印象深刻（照片 8-1）。

照片 8-1　如今的十津川村小原诊所

此外，生育机构化的推行绝非是为了"安全分娩"。倘若真的是为了"安全分娩"，那必然应该是在那些助产妇长途跋涉都难以到达，只能由接生婆负责一切助产的穷乡僻壤率先开设医疗机构。

● 产后护理

在本书第二章"新式产婆采用的方法"中曾有介绍，在有关近代奈良县的文献资料《奈良县风俗志》中，相较于孕期描述，关于产后有着更为细致的说明，这包括新式产婆对产妇与新生儿的处理方法、产后的谢礼、产妇禁忌、互赠习俗等。从中我们可以得知，当地人认为，对于产妇与新生儿而言，在产后积极融入周围群体是不可或缺的，因此，各地区从这一认识出发，创造出了形形色色的关于产后护理的民俗。由于分娩伴随着污秽、晦气，因此产妇产后要在产小屋隔离 21 天。而在这些地区，这一习俗并非是将产妇独自一人留在产小屋，还有负责送饭、谈心、照顾产妇的妇女陪同，因此这也被视为产后护理的一部分。例如，在敦贺市白木村有这样一个历史悠久的习俗，妇女要在村里的产小屋生产，如果生的是男孩，产后要在产小屋待 23 天，如果是女孩则要待 24 天（板桥 2013，44—49 页）。总之，这些措施确保产妇得到了充分的休养。日本的这种产后民俗相当于产后护理。据文化人类学家松冈悦子与历史学家小浜正子所言，不仅是日本，亚洲各国都有许多关于女性产后护理的文化，亚洲产后养生的惯习比欧美地区更先进（小浜、松冈 2009，6 页）。而且，笔者曾在位于密克罗尼西亚群岛中的帕劳共和国进行调查研究，发现那里也有包含产后出生礼仪在内的诸多礼仪与习俗（安井 2011a）。我们可以认为这些产后护理文化与预防产后抑郁有关。

由产婆为新生儿沐浴也被认为是产后护理的一种。例如，在奈良县的许多地区，直到产后第 6 天或第 11 天，旧产婆和新式产婆都会每天前来为婴儿沐浴。产后第 6 天、第 11 天被认为是秽气消散之日，在此之前，产婆会到家里为婴儿沐浴，这一习俗在战后也得以延续。

例如，据第五章提到的助产妇东田百合子（以下省略敬称）所言，战后不久，有一次自己正想着"今天还有一家要生孩子，时间已经这么晚了，还是不要去给那家的婴儿沐浴了吧"，对方就打来了电话说"以为您会来，就做了很多饭，我们等着您来"，于是自己便在夜里急匆匆赶去为那家的婴儿沐浴。就像这样，产妇及其家人都盼望着助产妇来家里。单单是沐浴的话，恐怕产妇及其家人也能完成，不如说对产妇及其家人而言，沐浴只不过是借口，重要的是每天让助产妇来家里聊聊婴儿和产妇的身体状况等。即使不是什么大事，就自己稍微在意的事情询问助产妇，如果听到助产妇说"那没什么大不了的"，就会安心；而如果助产妇说"还是尽早去看医生比较好"，也能尽早处理。由产婆传承给助产妇的产后家访和沐浴也有助于产妇及其家人顺利开启育儿之路。

然而，在医院分娩成为主流的时代里，这些丰富的产后护理的民俗完全成了无本之木、无源之水。这是因为在医院分娩处于以产科医生为中心的医疗人员的监管之下，家人及邻居都被要求远离分娩场所。

在医院，产科医生所关心的唯有"安全"二字。正如第六章所详细分析的一样，医院出于"安全"考虑，积极采取了会阴切开及计划分娩的方式。明治以后，国家将"安全"出产以降低孕产妇及婴幼儿死亡率视为一个重要目标。另外，如果生产时产妇或胎儿发生意外，产科医生可能会因此背上医疗诉讼。若无法保证"安全"，产科医生的立场便会岌岌可危。在产婆陪同居家生产的年代，发生意外时，人们只能选择放弃孕产妇或胎儿的生命。但如今医疗行业兴起，人们理所当然地认为医院就应当保全性命，对医院抱有极大的期待。"在医院生产就应该安全无事"，此类看法对产科医生而言是莫大的压力，因此他们在工作时也不得不优先考虑"安全"。这便是医院更重视安全而没有余力考虑产后护理的原因所在。

例如，进入 21 世纪，有位产妇选择在车站前最有名的妇产科专科诊所生产。产后，母亲与孩子被安排在不同的房间。虽然得到了静养，但产后会阴处的伤口持续疼痛，并且母乳喂养不顺利，乳房肿胀，开始出现乳腺炎，她忍不住向助产士求助，然而对方却只扔给她一袋降温贴了事。出院后，情况也没有丝毫好转。这次，她没有再去诊所，而是选择了帮助母乳育儿的专业助产所。她在助产所里接受了乳房按摩，痛苦的程度眼见着好转。之后，她便常常去做按摩，同时母乳喂养也越来越顺利，生活逐渐恢复平静。事后，她十分后悔没能在产后闲暇之时，多陪伴在婴儿旁边，也没有向助产士学习一些育儿技巧。这便是医院未能建立起替代传统产后护理的新式护理方式而造成的后果。

另外，民俗学者伊贺绿在自己的报告中说道，此类乳房按摩的专业人士也被称作"催乳师"，活跃在全国各地（伊贺 2002）。而且在 20 世纪 70 年代后半期被称为现代"乳神"的富山的助产妇桶谷外见，为了帮助那些没有奶水不远万里上门求访她的母亲们，辞去了接生的工作，开了一家"乳房治疗手艺治疗院"（小林 1996，117 页）。20 世纪 70 年代后半期，受其影响，助产妇们以"令母亲、孩子及其家人开心的临床护理"为宗旨，大力推广桶谷倡导的母乳育儿运动，积极开展各类活动（小林 1996，124 页）。像这样，助产妇们有意识地参与到产后护理当中。

但是如果在医院生产的话，产妇出院后只要产妇和新生儿没有任何异常，除了产后体检，通常就不会再与医院有任何瓜葛了。为此医院也没有新制定产后护理措施，因此产妇在出院后，时常会有和新生儿两个人独自度过一天的情况，严重时甚至有产妇患上产后抑郁症。

● 第三次生育革命的新动向

在变成医院生产后，产妇产后好好休养、周围的人以各种形式照顾产妇和新生儿的文化完全消失了。由于在医院生产时医疗工作者最关心的是分娩，长此以往，产后的护理就渐渐转移到了个人身上。NPO 法人 Madre Bonita 出版的《产后白皮书》第 1—3 卷刊登了关于产后面临困难的女性的问卷调查结果（吉冈 2009、2011、2012）。文中赤裸裸地剖析了女性产后的困境与当前的难处，她们的发声极其令人痛心。为此我们有必要创新过去的产后护理文化，将其应用于现代生活。

在第七章中介绍过的九州生育中心，那里的助产士和分娩陪护员会前往产妇和新生儿的家里进行回访。每当这个时候，产妇和她的母亲都会非常不安地等待着助产士和分娩陪护员的到来。分娩陪护员和助产士只是说上一句"婴儿的体重增加了呢"，产妇就能感到无比的慰藉。但反过来说，如果没有这样的沟通的话，产妇就不得不独自面对一切。也有一些产妇认为生母与婆婆的育儿经验已经"过时"，不接受其建议。松冈悦子与加纳尚美证实了"医疗介入会增加女性产后的不适感与痛苦，提高产后抑郁指数"（松冈、加纳 2010，437 页）。可以说，这一新现象的出现正是医疗介入导致产后护理文化消失的代价。

可见，加强产后护理有利于女性的身心健康，也有利于打造一个轻松从容的育儿环境。

上文曾经提到，保障产后护理与辅助性的活动已经在全国多地开展。厚生劳动省于 2007 年启动了保健师与政府职员探望新生儿的"你好宝贝项目"，尽管各地政府的实际落实情况略有不同。NPO 法人与有志者也不断开展相关活动，通过产后瑜伽与产后按摩为女性提供身心护理。

此外，在同一家助产所分娩的女性们也会建立育儿网络，定期带领孩子聚在一起交换信息，这类活动在各助产所内都有开展。第七章中曾提到圣路加产科诊所，据其副所长堀内成子介绍，诊所开办至今尽管只有三年时间，但第一年时，在此分娩的女性们就已经强烈要求成立类似校友会的协会。堀内副所长表示："女性们或许是想回到分娩时那个给予自己关爱、自己曾经努力过的地方，回到那个令自己感觉'自己也曾拼尽全力'的地方，唤醒自己的记忆。"

个体助产所也是如此，孕产妇与助产士之间大多构筑起了深厚的信任关系。并且这种信任关系一经确立便不会轻易崩塌。其原因就在于，对助产士而言，产妇或许只是自己助产过的无数女性之一，但对女性而言，助产士是陪伴自己跨过分娩难关的伙伴。

如上所述，日本开展了各种各样的活动，值得我们给予称赞，但问题在于并非所有孕产妇都可以参与此类活动。总之，干劲十足且有行动力的女性会自己收集各种信息，努力实现自己所期待的生产，但是并非所有女性都是如此。另外，即使在如今这样网络发达的时代，仍有许多女性并不了解有关生产的重要信息、生产场所、产后护理以及生育的原貌。因此重要的是我们同样要为此类女性创造周到的产后环境，这就需要行政与医疗机构、相关女性及社会全体意识到此问题，并加以推进。

为此，女性要更多地发声，提出"希望助产士可以陪同生产""出现紧急情况时可以在附近接受最前沿的治疗""拒绝会阴切开与计划分娩"等要求。首先在个人层面，分娩时尝试向医疗工作人员传达自己的想法。其次，更是为了今后创造更好的生产环境而传达自己的声音。如果产妇不发声，此后无论是否为顺产，都会朝着更加"安全"甚至是过剩的医疗化方向发展。

● 震灾后的对策

2011 年 3 月发生的东日本大地震现场，以地域为重心的分娩与产后护理的重要性得到了最显著的体现。

仅就分娩而言，医疗机构应该如何应对震灾时的分娩，这是一个很大的课题。正如就职于石卷红十字医院妇产科的千坂泰所说，特别是围产期医疗的情况下，"对于无法拖延治疗的分娩，如何将针对其的日常诊疗以更加平常的方式安全地进行"，这是亟须解决的问题（千坂 2011，849 页）。并且，除了医疗体制，包含医疗人员在内，支撑受灾孕产妇与新生儿还需要家庭成员、避难所及当地人们的帮助。比如在东日本大地震中受海啸袭击的女性，抱着婴儿在避难所艰难度日，因为奶粉供给得不到保障，由此不得不依靠避难所中其他哺乳期女性的"爱心母乳"渡过难关。

而且，在发生地震灾害时，如何努力做到受灾群众不被孤立是一个重要课题。在本书的第三章和第五章提到的奈良县吉野郡十津川村，在2011 年遭遇 12 号台风带来的暴雨灾害，蒙受了死亡 7 人、失踪 6 人的重大损失。十津川村坐落于纪伊山地，在通向集落的各条道路都发生了塌方，生命线被阻断。十津川北端的长殿大坝（长殿发电站）的附近发生了深层山体坍塌，塌方达 184 万立方米（约东京巨蛋体积的 1.5 倍），土砂掉进本就已经涨水了的河流中，进而导致了海啸，海啸冲走了上游的长殿发电站和附近的两户住宅（十津川村 2012，9—10 页）（照片8-2、3）。另外，各地因山体滑坡还形成了堰塞湖。这次灾害一时间阻断了交通网，全村陷入了孤立无援的境地。经历了相当长的时间，交通网才得以恢复，大约一个月的时间里，村子都处在一种与世隔绝的状态。并且因为引洪建造了人工蓄水湖而导致通行变得困难，往来村子受到了短暂限制。村子内部也是同样，人们无法到村子外面去。一位带着一岁和三岁小孩的女性，和公公婆婆住在一起，虽然生活物资不成问题，但无论如何，村子处在这种与外界隔绝的状态下本身就是一种极大的心理压力，让她无法承受这种"被彻底封闭"的感觉。

长殿地区（寺谷）

照片 8-2　奈良县吉野郡十津川村遭受 12 号台风的侵袭（2011 年）
出自：十津川村 2012，10 页。

照片 8-3　十津川村野尻。12 号台风带来的危害（2012 年 2 月）

在避难所生活的这段日子，十津川村的受灾群众在互相帮助中挺过难关，互相拿来自家种的粮食并在一起煮饭。虽然救援物资提供了咖喱面包和炒面面包，但老人们对其闻所未闻，也没吃过，为了他们，大家还想方设法准备了粥等别的菜单。一名正在烧饭的男性村民说道："本来我们村无论发生什么事，人们都会互相帮助，因此这次也谈不上辛苦。"这样的地方，常以群众的互助作为经营生活的纽带，其强项便是无论发生什么状况，人们都有良策应对。

从中体现出的问题恐怕是，在没有这种羁绊的地方生活的人占据了绝大多数。对于如何再次唤醒这股团结互助的力量，这一震灾时发挥作用的地域性协同体制，对我们的启发良多。

照片 8-4　大家对十津川村的慰问与鼓励（十津川村公所内）

● 面向今后的生育环境

对于第三次生育革命的时代，本书做出如下定义：虽然人们已经普遍认为"在医院分娩是理所应当之事"，但产科医生不足和分娩场所减少，导致了分娩的机构化停滞不前。那么今后又会出现怎样的"生育革命"呢？

藤田真一在《生育革命》一书的最后部分做出如下阐述：

第二次生育革命最重要的点在于怀孕及生产的"安全管理"。因此，以男医生为主的围产期医务人员用尽一切手段，过度干预"女性的自然分娩"。这场革命十分成功，围产期死亡率等统计数字均已达到世界最优行列。尽管如此，为什么还是有如此多的年轻夫妻并没有感受到幸福或满足呢？问题究竟出在哪儿呢？不回避上述问题，积极寻求正确答案，这正是将要来临的第三次生育革命面对的最大课题。（藤田　1979，333—334页）

正如藤田所指出的那样，"怀孕和分娩的'安全管理'"确实成功地将围产期死亡率等统计数字提高到了世界最优行列。但是，如本书第六章所写，"怀孕和分娩的'安全管理'"往往会招致过度的医疗干预。由于实施未加说明的会阴切开和计划分娩等非必要的医疗干预而完成的怀孕、分娩经历，使得作为当事人的女性并不会因此感恩，反而感到无奈。也就是说，即便"以男医生为主导"以及"怀孕和分娩的'安全管理'"实现了围产期死亡率等表示"分娩的安全性"的指标有所优化，但作为当事人的女性们的"真实意愿"与满足医学上所追求的目标并不是一回事。下文将在承接藤田所提出的"第三次生育革命的最大课题"的基础之上，以笔者的视角来思考未来生育环境应有的样子。

首先，根据厚生劳动省的方针，今后的生育环境会呈现出以下特征：以各都道府县设立的围产期医疗中心为核心；完善应对异常分娩或紧急情况的体制；至于正常分娩，虽然目前仍属少数，为了减轻产科医生的负担，交由助产士在院内助产所进行接生。正如河合兰指出的，"我们追求的是能够让孕妇感到安全、安心的分娩环境。让孕妇感受到即使去到更远的场所进行分娩也物有所值"（河合　2009，172页）。为此我们也需要做出妥协。

但对于接下来面对分娩的女性与她们的家人来说，"就近分娩"难道不是一个十分重要的因素吗？例如，如果孕妇去医院产检的路程需要花费一小时以上，就会对孕妇的精神与身体都造成很大的负担。并且如果今后医院继续集约化发展，那么无论在城市还是乡下，去医院都会花费更多时间。

正如第七章中介绍的，为了解决这种状况，增设在地化的个体助产所或生育中心，便可以逐渐提高"就近分娩"的可能性。

在个体助产所或生育中心进行分娩，正如本书中所论述的，其优势恰恰在于产后护理。正如上文所述，地域社会形成的产后护理的相关民俗，在医院分娩盛行后渐渐消失。而如今，在超越地域的新型协同圈中，产后护理通过各种活动推广开来。如同第七章所介绍的，通过活用以生育中心和助产所为核心的地域间的联系，多样的产后护理得以付诸实践。如果与地域的居民搭建有良好的协作关系，就能够事先预防母亲和新生儿孤立无援、母亲患上产后抑郁症等情况发生。

当然，生育中心与个体助产所必须能够保证如果发生异常情况，能够立即把产妇送到附近的医院或者围产期医疗中心。构筑起新型协统网后，今后还必须建立起正常分娩在助产所或生育中心进行、异常分娩在医院或者围产期中心进行的分工体制。

因此，首先需要重新审视助产士的业务范围，以培养独立的助产士为目标制定培养方案。重新修订助产士教育，而不是简单地在现有的三年护理教育上加上一年。这样一来，我们就有可能实现将近代日本产婆助产的历史与优势在现代医疗中发扬光大。

对于女性来说，如果她们一开始就完全依赖医疗机构的话，则会产生没有产科医生就无法顺利分娩的强迫观念以及过分追求最新医疗的心理。由于分娩并不是生病，为了提高身体机能，孕妇要保持运动，注意起居饮食，放松心情，如此一来就能最大限度地减少对医疗的依赖。

掀起第三次生育革命的主体是女性，现代助产士无疑是她们强有力的陪跑者。

● 变化的身体

话虽如此，但也有可能存在以下的不同意见。现代女性的身体不同于以往生很多孩子的女性，她们的身体发生了很多变化。这是三砂千鹤在《过去的女性做到了》（三砂 2004）与《鬼化的女人们》（三砂 2004a）中反复提到的让人不寒而栗的观点。

当然，生育环境的变化的内涵中已经包括了女性的身体以及生育本身的变化。有关这一点，笔者将在下文阐述。

过去的女性，比如说昭和初期的女性，她们日常就从事着繁重的劳动，即使在孕期，也与平常别无二致，因此身体得到了充分的舒展。她们的日常劳动为顺利分娩提供了准备条件，于是没有必要为了分娩特意去做其他运动。矢田部英正在研究日本人的坐姿时，发现在明治时期的照片中，青年人经常跪坐在自己脚后跟上劳作以至于他们的脚脖呈现令人吃惊的锐角弯曲。据此，他指出："虽然在我们现代人看来，这脚踝柔软得让人不敢相信自己的眼睛，但这是从小几乎只坐在地板上的人会拥有的身体特征，照片为我们提供了强有力的史料依托。"（矢田部 2011，129 页）吉村典子在一张正在进行辅助生产的女性的照片里发现了同款柔软的脚踝。照片里的女性正从背后抱住孕妇，脚踝呈锐角弯曲（吉村 1992，第一章封面照片）。但是现在的情况却绝非如此。随着马桶从蹲式变成坐式，人们很少再做蹲姿，也难以做屈伸膝盖的深蹲，并且因为脚踝柔软度下降，蹲踞式动作也无法完成。因此要想僵硬的身体恢复柔软，只能通过步行、运动、瑜伽等能充分调动身体的方法。

因此，当我们在思考生育环境的变化时，也须将其构成要素里的女性的身体变化纳入其中充分考虑。接下来我想进行几点说明。

第一点是高龄产妇的增加。据图 8-1 所示，2004 年开始，35 岁以上生产头胎的产妇比例开始占全体的 10% 及以上。该数值之后也在不断上升，如今 40 岁才生产头胎都已经变得见怪不怪。

高龄生产的优越性在于，女性可以在工作上已有所成就、充分享受了自己的兴趣爱好的基础上，从容应对分娩、育儿。再加之受艺人及名人高龄生产被大肆报道的影响，人们对高龄生产已不太持否定态度。

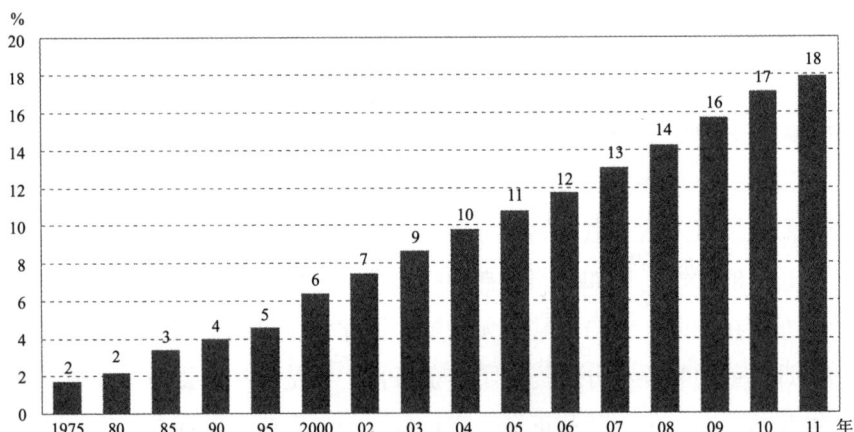

图 8-1 35 岁以上生育头胎的比例（1975—2011 年）

出自：厚生劳动省大臣官房统计情报部人口动态、保健社会统计课保健统计室 2011。

　　但另一方面，高龄生产也有发生意外的风险增加这一弊端。而且高龄也意味着受孕变得困难。若像以前那样，二十多岁时生育第一胎，初潮没过多久，身体发育完成后就可以形成怀孕、分娩的循环。但现在受初潮的低龄化以及初产年龄升高的影响，即使出现前所未有的变化也不足为奇。近年，卵子也会老化一事在媒体上引发轰动，[1] 人一旦上了年纪，生殖相关的各种身体机能便会相应下降，这也是事实。

　　正如山本贵代结合自身的痛苦经验所指出的，"只有生育，若错失时机，便会变得困难且无法弥补"（山本 2010，162 页），这一点也有必要铭记在心。

　　除此之外，过度减肥也被列为当今生育困难化的重要原因。现在，经由各种媒体向不同年龄段的人灌输苗条至上观念，孕妇也不例外。例如，在 2011 年 11 月 2 日号的《an·an》（下文称为《anan》）"首次怀孕、分娩"专题的封面上，选用了演员神田宇野的孕期裸照。[2] 已经怀

---

[1]　河合兰《卵子老化的真相》（2013）一书中有详细记载。

[2]　90 年代起，以海外女演员为中心，孕期裸照越来越常见。1991 年，黛米·摩尔公开发表孕照，引发热议（《VANITY FAIR》杂志）。此外还有超模克劳迪娅·希弗、辛迪·克劳馥以及歌手玛丽亚·凯莉等人。这些大多是在私下里拍摄的，但是《anan》中神田宇野的照片，则属在孕期以苗条的模特身份拍摄了平面写真（宣传照）。

孕 9 个月的神田宇野，如果不特地留意其腹部的话，就无法察觉其怀有身孕。《anan》选择了神田宇野，似乎向读者传递了"即使怀孕也可以纤细美丽"的信息。

如今，很多女性都希望即使怀孕也能保持纤细，分娩后尽快恢复先前身材。与鼓吹怀孕后摄入两人分量营养的旧时代已大不相同，为避免妊娠中毒症等病症，医疗机构大多也会对产妇进行控制体重增加的相关指导。

然而，如果孕妇过瘦，自然也会产生危害。厚生劳动省婴幼儿身体发育调查的最新结果（2010 年）显示，男孩出生时的平均体重为 2 980 克，女孩为 2 910 克，与平均体重最重的 1980 年相比，男女出生时的平均体重都减少了 250 克。国立保健医疗科学院的研究本部长加藤则子表示，新生儿的体重在如此长时间内持续下降，这在发达国家中也是非常少见的[1]（《婴儿　越来越瘦》，《朝日新闻》2012 年 4 月 29 日朝刊）。厚生劳动省研究小组在对其原因进行的调查报告中称，如果孕妇偏瘦或孕妇控制怀孕期间体重的增加，婴儿的体重也会有变轻的倾向。研究小组还指出，出现这种情况的背景是年轻女性越来越追求苗条，以及从 30 多年前就一直存在的"小生大养"的育儿理念。此外，根据国家的调查，2010 年，20 多岁的女性中被分类为"过瘦"女性的比例是30%，比 30 年前增加了一倍。

另外据报道，以欧美国家为中心，相继报告了如果新生儿出生时的体重较轻，将来患上糖尿病和高血压等生活习惯病的风险也会增加的流行病学研究。

在年轻女性群体中，即使体重符合标准，仍有人坚持不合理的减肥。过度减肥会产生营养不良、全身乏力、月经不调等危害，其结果可

[1]　根据厚生劳动省婴幼儿身体发育调查一览表"表五 昭和三十五年、昭和四十五年、昭和五十五年、平成二年、平成十二年以及平成二十二年的调查结果（平均值）比较 体重（kg）年·月龄、性别、年份"平成二十二年婴幼儿身体发育调查数据。http://www.e-stat.go.jp/SGI/estat/List.do?lid=000001085635。2012 年 11 月 9 日网站浏览。

能会导致进食障碍等问题，因此我们有必要多加注意。

生野照子称，进食障碍是一种多发于青春期、青年时期女性的精神疾病，其患病数量呈不断增加的趋势。生野指出，"当今进食障碍患病数量的增加是所谓的'减肥人群'增加所导致的。也就是说，以年轻女性为中心，人们追求苗条的想法越来越强烈，即使没有必要控制体重，却还是希望'再瘦一点'，因此容易过度采用对身体有害的体重控制方法"（生野 2010，287 页）。一直以来进食障碍多发于青春期，但近年来却呈现出"发病年龄层不断扩大"的趋势（生野 2010，288 页）。这种不合理减肥引起的进食障碍，在将来怀孕时，也会成为阻碍顺利生产的重要因素。

此外，过瘦或者姿势不规范，也会导致骨盆的大小、角度、变形方式不同，在以上因素的影响下，子宫的形态也会发生变化。过去，前后左右长度均等的圆形"顺产型"骨盆占据多数，但现在前后狭长的"细长型"骨盆逐渐增多，而且这种"细长型"骨盆容易导致难产，这可能是剖宫产数量增多的主要原因之一（《孕妇 骨盆细长化》，《朝日新闻》2013 年 5 月 9 日）。这些因素都可能导致平安怀胎十月的难度增大。

为了平安顺产，要做的事很简单，其中之一便是经常活动身体、做运动。为了能够顺利分娩，增强体力是十分重要的。

然而，据文部科学省于 2012 年 10 月 7 日发表的《体力、运动能力调查》（2011 年 5—10 月调查）显示，20 至 30 岁的女性中，缺乏运动的人数明显增加。1986 年，每周运动超过一次者在 20 岁出头和 30 岁出头的人中约占 50%，但在本次调查中该比例下降到了不到 40%（《日本人的体力如何？》，《朝日新闻》2012 年 10 月 8 日）。而且，缺乏运动的 20 岁出头的女性和坚持运动的 50 岁出头的女性相比，其运动水平不相上下，这不免令人震惊。20 岁出头的女性如果不运动，就会和母亲甚至年纪更大的女性处于同一运动水平。这样看来，在现代社会，分娩的难度只能是不断加大。但是，随着女性的努力，想必未来能有所改善。

● 再次回到无创 DNA 诊断

最后，还有一点，关于本书"序言"中所提到的新型产前诊断这一难关，无论正常分娩与否、孕妇情愿与否，新型产前诊断作为孕妇的必选项横空出世，接下来我想就此稍作论述。

当然，为了杜绝产妇在没有得到充分说明的情况下就轻易接受或中断检查的现象，日本产科妇人科学会也制定了相关准则。此外，现在对于开展无创 DNA 产前诊断的医疗机构也要求有义务提供遗传咨询。

然而，例如 2013 年 4 月 28 日，在无创 DNA 产前诊断兴起后大约一个月的时间，《朝日新闻》就进行了报道，早在 2 月，东京某企业就开始提供无需咨询就可以在美国进行检查的中介服务。不孕不育治疗大型诊所则宣称，"在着手开展独立采血并邮寄到美国的业务"（《动摇决心的阳性结果》，《朝日新闻》2013 年 4 月 28 日）。然而，如果真是那样，就会带给孕妇及其家人在没有接受任何遗传咨询之前就要面对严重事态的后果。随着这种诊断变得简便，尤其是高龄产妇"不接受检查就难以安心"的想法也越来越强烈。对此，信州大学医学部保健学科的玉井真理子在其研究基础上，表达了对"'安心'的扩大再生产"的担忧。换言之，"因为几乎所有人都是在检查后得到'阴性'结果才'安心'生产的，因此从结果上看，抱有'接受检查才能安心生产'这一想法的人占据了绝大多数，这使得所谓的'安心'不断被扩大再生产"。并且，她还表示了对于"为了求得安心，人们会不自觉地选择接受检查"的担心（玉井 2013）。

本来不必需的检查却发展至一定要首先做出"是否接受"的选择这一事态。为此，获取准确信息是十分重要的。然而，制定这一诊断准则的不过是日本产科妇人科学会这一介学会，从国家层面进行的全国性的方针探讨与法律制定完全没有体现，而这也显现出日本生育环境的贫瘠。作为生产主体的全体女性及其伴侣被迫承担了这一代价。

以"安全"之名推行的生育医疗化是无止境的。我们需要不断地追问"安全"的内涵。虽然无创DNA产前检查是血液检查，既方便又"安全"，但对其内容仍需充分讨论。就像进行无创DNA产前检查时必须进行遗传咨询一样，重要的是产妇无需独自一人承担一切，有能一起商量、产生共鸣、倾听自己的人陪伴在侧。据说所谓的咨询名不副实，实际上有时只会由忙碌的产科医生解说5分钟就结束。事实上，我们应该提供一种能让所有女性都能充分理解其内容的咨询。

希望那时助产士可以成为我们坚实的依靠。这并非是指助产士与孕产妇个人之间的联系，而是因为助产士这一职业至少可以在生育医疗化进程中推动女性重新掌握自己身体的主动权。

分娩在过去是日常生活的延伸，但现在越来越医疗化，成为复杂的非日常事件。受益于医疗进步，这100年间的婴儿死亡率、孕产妇死亡率明显下降。但是，分娩的医疗化却没有停止，以"安全"的名义对产妇实施各种医疗手段的风险行为越来越多。此外，不孕不育的治疗也日新月异，以满足"高龄也能在想生的年龄生孩子"的欲望。有的医疗机构甚至连传统的会阴切开术也不做任何解释说明。就像无创DNA产前检查一样，我们处于就连是否接受检查都不得不做出选择的境地之下。

在这种时候，如果有人在身边支持产妇及其伴侣，一起出谋划策，他们就会感到很安心。

例如，助产士可以从专业医疗人员的角度出发，准确地说明情况，并且还可以结合之前接触过的众多孕产妇、新生儿及其家庭的丰富事例，给出有针对性的建议。对于被迫做出各种选择的女性及其伴侣而言，或许比起积极的建议，只要对方能够耐心地倾听自己毫无头绪的谈话就得到了慰藉。

本书追溯了助产士的历史，从中不难看出，助产士不仅关注新生儿，也关注母亲。例如，战前的助产士会通过为新生儿沐浴来进行产后护理，在参与婴儿成长仪式的同时也默默守护着奋斗在育儿第一线的母亲。另外，她们还积极响应人工流产和计划生育等国家政策，在不同时代中扮演着不同的角色。虽然助产士的职责一直在与时俱进，但正如"midwife"一词所形容的，她们"陪伴了女性的一生"。

在现代社会，"安全"才是生产的第一要义，生产面临着过度医疗化和复杂化的困境。而助产士，或许能成为人们破除生产过度医疗化的桎梏，感同身受地帮助产妇生产的一大助力。

当然，这并不意味着要将生产全盘交给助产士。但在日本的生育环境进一步向医疗机构倾斜之前，我们有必要解决医疗化生产的问题，要鼓励女性大胆发声，什么是理想的生产、想要如何生产，应由女性自己决定。藤田真一在《生育革命》的最后部分指出："第三次生育革命的主角，不再是主导生产的一方，而是即将孕育孩子的夫妇。"（藤田 1979，334 页）只有了解过去的生产方式与各种各样的生产形式，并不断为下一代理想的生产方式发声，才能实现"第三次生育革命"。

后　记

　　对笔者来说迄今为止印象最深刻的事情之一，就是 1990 年访问密克罗尼西亚的一个小岛时，在那里目睹了孩子的出生过程。庞纳普环礁环岛一周只有四公里左右，岛上没有电、没有煤气，也没有自来水。装配式板房里只有一台自家用发电机，以备紧急情况。密克罗尼西亚联邦楚克州特鲁克岛不定期有船前往庞纳普环礁。笔者为了帮助纪录片节目组制作一期名为《传授传统航海术的仪式 Poe》的节目，搭乘不定期船前往庞纳普环礁。船上有很多岛上的人，其中还有岛上唯一的女护士。据她说，有一名孕妇的预产期就在船抵达那日。笔者迫切想要去了解一下岛上的分娩过程，于是拜托护士，一同前往了板房。

　　过了一会儿，孕妇和她的母亲一起来了。她躺在板房里的简易床上，仰面等待着阵痛的到来。过了两三个小时，孕妇产生了强烈的阵痛。也许是经产妇的缘故，她没有高声叫喊，只是静静地忍受着疼痛。然后，她发出了一声含混不清的呻吟，紧接着，护士就把婴儿接生了出来。分娩看似如此简单，以至于我不免有些扫兴。

　　不过，幸好当时有护士在场，要是船晚到的话，那该怎么办呢？询问了产妇和她母亲后我得知，在这种情况下，产妇的母亲会在家中陪同生产。对此，她们也并未感觉有什么不方便。也就是说，分娩不是一种病，所以不管有没有护士在场，只要时机到了，婴儿自然就会出生。如果分娩过程中发生了什么严重的事故，那也是没有办法的事态。只能说生产本身就是如此。

　　当然，人们对生育环境及生育本身的观念会随着地域与时代的不同而变化，并且其变化形式也有所差异。在密克罗尼西亚境内开展的调查告一段落之后，笔者不禁开始思考日本的生育环境与文化是如何变化的。因为在密克罗尼西亚的小岛上，人们认为分娩不是一种疾病或其他任何情况，而是一件理所当然之事，笔者想通过两者的对比来阐明日本生育环境与文化的变化过程。

当然，笔者从未打算利用如同密克罗尼西亚的小岛这般没有医院之处的分娩来批判现代分娩。在 99% 的女性都选择到医疗机构分娩的现代日本，这种想法太过荒谬。但正如本书所介绍的，过去日本产妇也曾经居家分娩，由女性邻居们充当起产婆的作用。笔者希望在发掘历史的同时，对现代日本的生育环境进行批判性探讨，并从中获得线索，以创造出下一个理想的生育环境，因此开始着手进行此项研究。

撰写本书耗时颇久。写作过程中，笔者发现很多原有信息已经过时，必须更换成最新信息。

本书尤为关注助产士，是因为在采访调查中我发现，助产士作为专业助产人员愿意花费时间倾听并且提供建议，而这对消除女性们心中的不安情绪起着至关重要的作用。或许笔者对助产士抱有太大的期待，但本人确实遇到了许多在工作岗位上大展身手的助产士。而且笔者还遇到了很多即将奔赴工作现场、干劲十足的新生代助产士学员。笔者确信她们会成为改变未来生育环境的巨大力量。

最后，笔者想向在本书编写过程中给予本人诸多关照的各方人士献上最诚挚的谢意，衷心感谢各位接受采访的医疗从业人员以及不遗余力地协助本人进行实地考察的奈良县吉野郡十津川村的村民。

另外我要感谢我在天理大学的学生柿本雅美、泽井奈保子、小泉麻美、中川凌子，在编写此书时她们为我提供了莫大的帮助，没有她们，现如今我可能还在大量的资料中迷茫。她们还通读了草稿，给我提出了很多中肯的评价，在此表达我衷心的感谢。

与昭和堂松井久见子女士的结识始于《分娩前后的环境》（昭和堂 1998）一书，我们就密克罗尼西亚的小岛——庞纳普岛和帕劳共和国的生育环境有过共同讨论。正是这种缘分，她请我写一本关于日本生育环境变化的书。我非常感谢松井女士多年来的耐心等待与她尽心尽力的编辑工作。

本书的研究得到了"以近代大和为中心的产育习俗变化的民俗学及人类学研究"［基础研究（C），平成 19—22 年度，课题号 19520716，主持人：安井真奈美］、"近现代日本生产、育儿文化的民俗学、人类学研究及对理想未来的建议"［基础研究（B）平成 23—25 年度，课题号 23320194，主持人：安井真奈美］的资金支持，对此我想表示感谢。

真诚地希望本书能够为推动第三次生育革命尽绵薄之力。

2013 年 8 月
于帕劳共和国科罗尔岛
安井真奈美

引用、参考文献

（著者按五十音图排序）

青木延春 1942《关于优生结婚》龙吟社

青木秀虎 1935《大阪市产婆团体史》大阪市产婆会

饭岛吉晴 2009《生命的诞生与成长》，饭岛吉晴、宫前耕史、关泽真弓《成长与人生》（日本的民俗八）吉川弘文馆

饭岛吉晴 2012《产婆：畏惧与轻视》，角知行编《天理大学人权问题研究室新闻》16

伊贺绿 2002《母乳育儿文化再考：被遗忘的"催乳师"》，《日本民俗学》232 期

猪饲周平 2010《医院的世纪理论》有斐阁

生野照子 2010《摄食障碍》，《心理临床à·la·carte》29-3（NO.123）

池上直己、J. C. 坎贝尔 1996《日本的医疗》中央公论社

石井园江 1968《烛火之下"繁忙的产婆"》，《生活手记"特集 战争中的生活记录"》96 期

石坂启 1993《宝宝来了》朝日新闻社

石崎升子 2000《明治时期围绕生育的国家政策》，《历史评论》600 期

石田一郎 1995《流产大巴》，奈良女性生活史编纂委员会编《奈良女性生活史 花开》奈良县（奈良女性中心）

石原理 2005《生殖革命的进展》，上杉富之编《现代生殖医疗：基于社会科学角度的研究》世界思想社

石村由利子 2003《母子保健的变迁》，武谷雄二、前原澄子编《助产学概论》第三版（助产学讲座一、基础助产学一）医学书院

板桥春夫 2009《分娩：产育习俗的历史与传承"男性产婆"》社会评论社

板桥春夫 2013《生命的近代：从接生婆到近代产婆》，山田慎也、国立历史民俗博物馆编《近代化中的诞生与死亡》（国立历史民俗博物馆论坛 民俗展示的新架构）岩田书院

今井柳三 1932《国文学研究参考 川柳新研究》大同馆书店

伊凡·伊里奇 1979（1976）《去医院化社会：医疗的极限》晶文社

井本宽子 2012《"关于推进安全、安心生育环境的体制建设研究委员会"的全国性调查》，《助产杂志》66 期 8 月刊

井本宽子 2012a《院内助产体系》，福井敏子著《新版 助产士业务要览 第二版 II 实践篇》日本护士协会出版会

岩崎莱穗、吉本金 1933《孕妇心得倾听会》，《家之光》9 期 5 月刊

岩崎宽和 1996《乳汁分泌及异常情况》，岩崎宽和编著《母性的健康科学》财团法人放送大学研究振兴会

岩田重则 2009《围绕"生命"的近代史：从堕胎到人工终止妊娠》吉川弘文馆

岩本通弥 2008《习俗的可视化：于民力涵养运动期创造的"国民礼仪"》，《国立历史民俗博物馆研究报告》141 期

上田博章 2006《阿波国 产婆二代记》井上书房

上野千鹤子 1996《女性主义与生态学的新发展》，上野千鹤子、绵贯孔子编著《生殖系统健康与环境：共生世界》工作舍

内田春菊 1994《我们在繁殖》文化社

大门正克 2009《生活在战时与战后》（全集 日本的历史第 15 期）小学馆

大里广次郎 1939《问候》，长谷川文编《大日本产婆会 第十二届全体大会议程手册》福冈县产婆会

太田素子 2007《育婴与杀婴：近代农村的家庭生活与育儿》藤原书店

大塚英志 1996《"她们"的联合军》文艺春秋

大出春江 2005《医院分娩的确立与加速：以正常分娩的攻防与产师法制定运动为中心》，《大妻女子大学人际关系学部纪要人际关系学研究》7 期

大出春江 2008《性与分娩的近代化及社会统管：从杂志媒体看卫生观念、家庭规范、国民意识的形成及变迁》，《国立历史民俗博物馆研究报告》141 期

大藤雪 1967《培养孩子》岩崎美术社

大野明子 1999《告别分娩台：自然分娩、自然养育》媒体出版社

大林道子 1989《战后助产妇》劲草书房

大林道子 2009《明治元年强化产婆管理的意图（上篇）（下篇）》，《助产杂志》63 期 3、4 月刊

绪方正清 1907《妇人的家庭卫生》丸善

绪方正清 1919《日本产科学史》绪方正清（《日本产科学史》科学书院 1980 年复

刻版）

冈本喜代子 2003《我国助产的发展历程》，青木康子、加藤尚美、平泽美惠子编
　　《助产学概论》（第三版助产学大全 第 1 卷）日本护士协会出版会

小川景子 2005《神奈川县产婆协会的成立经过和活动情况》，《东海大学短期大学
　　纪要》39 期

小川景子 2008《产婆章程颁布之后的产婆管理：以神奈川县为例》，《日本医学史
　　杂志》54 期 2 月刊

荻野美穗 2008《"家庭计划"的历程：围绕近代日本生育的政治活动》岩波书店

落合惠美子 1990《一位产婆的近代日本史：从个人生活史到社会史》，荻野美穗、
　　落合惠美子、田边玲子、千本晓子、长谷川博子、姬冈敏子著《作为制度的
　　"女性"：性、生育、家族的比较社会史》平凡社

落合惠美子 1993《德川时期的日本"生育革命"》，《综合文化研究所纪要》10 期

小野芳朗 1997《"干净"的近代》讲谈社专业丛书系列

小畑惟清 1943《产婆的使命》，谷口弥三郎编《大日本产婆会 第一届补习演讲
　　会 会议记录》大日本产婆会地方事务所

恩赐财团母子爱育会编 1975《日本产育习俗资料集成》第一法规出版

恩田裕之 2007《产科医疗的问题要点》，《调查和信息：ISSUE BRIEF》575 期

柿本雅美 2011《从〈奈良风俗志〉看孩子的起名》，安井真奈美编著《分娩、育儿
　　的近代篇章：读〈奈良县风俗志〉》法藏馆

鹿野政直 1995《寻找桃太郎：健康日本》（朝日百科 重读历史 23 期）朝日新闻社

河合兰 2007《生育选择 2 分娩预约竞争》，《朝日新闻》（2007 年 4 月 14 日）

河合兰 2009《安全、安心的分娩：依靠"羁绊"构筑稳健的医疗体系》岩波书店

河合兰 2010《自然分娩这件事：在相互感知、学习中成长的"生育力"》，
　　《AERA with Baby》（AERA Mook 特别保存版）朝日新闻出版

河合兰 2013《卵子老化的真相》文艺春秋

川添正道 1926《序》，川村清一纂著《产婆必备手艺一览》南江堂

川村纯一 1999《战胜疾病：日本天花史》思文阁出版

川村清一 1926《产婆必备手艺一览》南江堂

蒲原宏 1967《新潟县助产妇护士保健员史》新潟县助产妇护士保健员史刊行委
　　员会

岸利江子 2006《导乐在产前产后的作用和效果：以美国案例和最新研究为基础》，
　　2006 年 8 月发表于 CRN 儿童研究所主办的"Doula（导乐）学习会"（http://

www.crn.or.jp/LIBRARY/EVENT/DOULA/kishi.html）

岸利江子 2007《就导乐陪护进行的思考：日本的助产士学习导乐的意义》，《助产
　　杂志》61 期 2 月刊

木下博道 2007《大正时期的家族和国家：就非婚生子的出生问题展开》，关静雄编
　　著《"大正"再考：希望与不安的时代》MINERUVA 书房

木村一郎（代表）、厚生研究所编著 1942《国民医疗法及医疗团》研进社

木村尚子 2010《从产婆的主张看"异常"的提示和权威的指向：就产科医生进行
　　的产婆教育和产婆独立开展业务的尝试展开》，《女性学年报》31 期

木村凉子 2010《"家庭主妇"的诞生：妇女杂志和女性的近代》吉川弘文馆

教室百年史风貌编辑委员会 1984《东大产科妇女科学教室百年史 风貌》东大产科
　　妇女科学教室同窗会

草野笃子 2008《分娩与堕胎、避孕》，汤泽雍彦《大正时期的家庭生活》Kuresu
　　出版

元录春子 2007《助产士的今昔》，《鸣潮》54 期

小泉和子 2008《前言：为何现在要关注家庭护理》，小泉和子编著《居家治疗的时
　　代：昭和时期的家庭护理》社团法人山乡渔村文化协会

公益社团法人日本助产士协会编 2009《助产所业务指南：2009 年修订版》公益社
　　团法人日本助产士协会

厚生省医务局 1976《医制百年史》GYOSEI 出版社

厚生劳动省 2008《令人安心且充满期待的医疗保障愿景》

国际妇女年大阪联络会 1979《生育白皮书：根据对 3361 人实施的生育问卷调
　　查 致力于母性的社会保障以及婴儿健康出生的权利》国际妇女年大阪联络会

小浜正子、松冈悦子 2009《变化的亚洲的生育：共通性与多样性》，《亚洲游学》
　　119 期

小林亚子 1996《围绕母子的"生育政治学"：从产婆到产科医生、从母乳到配方奶
　　粉》，鹤见和子等监修、山下悦子编《女性与男性的交融 面向 21 世纪：现代》
　　（女性与男性的时空：日本女性史再考Ⅵ）藤原书店

驹井秀子 2007《来自助产妇的声音 "亲近生命的分娩"：追求性的解放、实现女性
　　的蜕变》自然食通信社

斋藤美奈子 1994《妊娠小说》筑摩书房

齐藤美穗 2001《从女性杂志看优生思想的普及：直到国民优生法的出台》，近代女
　　性文化史研究会《战争和女性杂志：1931 年—1945 年》Domes 出版

樱井哲夫 1994《"战后"的可能性》讲谈社

樱桃子 1995《我们是这样长成的》新潮社

佐古丞 2007《大正时期经济外交的视角：国家形象的重建》，关静雄编著《"大正"
　　再考：希望与不安的时代》MINERUVA 书房

佐佐木静子 1991《来自医疗一线》，小组、母性解读讲座《解读母性》有斐阁

佐藤香代 2001《日本助产妇史研究》东银座出版社

佐藤孝道 1999《产前诊断：拉响生命质量管理的警钟》有斐阁

佐道正彦 1979《身为产科医生的心得体会》，国际妇女年大阪联络会《生育白皮
　　书：根据对 3 361 人实施的生育问卷调查 致力于母性的社会保障以及婴儿健
　　康出生的权利》国际妇女年大阪联络会

佐藤美子、中村言子 1973《思索有助于缓解会阴缝合部位疼痛的用具》，《助产妇
　　杂志》27 期 5 月刊

泽山美果子 2005《性与生殖的近世》劲草书房

泽山美果子 2009《近世之生育、不生育与孩子的"生命"》，《比较家族史研究》
　　24 期

泽山美果子 2011《从性与生殖看近世女性的身体与孩子的"生命"》，《民众史研
　　究》81 期

产科文献读书会编（代表：杉山次子）2008《平成版 产论、产论翼》岩田书院

志田爱子、汤田典子 1987《主妇之友》，书写我们的历史协会编著《从妇女杂志看
　　20 世纪 30 年代》同时代社

品田知美 2004《"育儿法"革命》中央公论社

清水胜嘉 1991《昭和战前时期 日本公众卫生史》不二出版

下田歌子 1906《女子的卫生》富山房

社团法人全国母子健康中心联合会 1964《母子健康中心设立指南》，厚生省儿童局
　　监修、社团法人全国母子健康中心联合会编《母子健康中心要览：设立与运营
　　指南》社团法人全国母子健康中心联合会

社团法人全国母子健康中心联合会 1964a《母子健康中心名簿》，厚生省儿童局监
　　修、社团法人全国母子健康中心联合会编《母子健康中心要览：设立与运营指
　　南》社团法人全国母子健康中心联合会

布丽吉特·乔丹著，弗洛伊德、罗比·戴维斯校订、增删（宫崎清孝、泷泽美津子
　　译）2001《助产的文化人类学》日本护士协会出版会

白井千晶《现代日本妇产科相关资料》（http://homepage2.nifty.com/～shirai/pdf/

sanka.pdf）

白井松之助编著 1912（1886）《THE CATALOGUE，1912》白井松机械铺

新道由记子 2009《对"第一次生育革命"的再讨论：关于第二次世界大战之前母子保健水平的改善情况考察》，《福祉社会学研究》6 期

新村拓 1996《分娩和生殖观的历史》法政大学出版局

新村拓 2006《生命管理与医疗化的公与私》，太田素子、森谦二编《"生命"和家族：生殖技术和家族Ⅰ》（系列比较家族 第Ⅲ期 四）早稻田大学出版部

菅沼信彦 2008《最新 生殖医疗》名古屋大学出版会

菅沼信彦 2012《生殖辅助医疗的现状与展望》，菅沼信彦、盛永审一郎责任编辑、系列生命伦理学编集委员会编《生殖医疗》（系列生命伦理学六）丸善出版

菅野摄子 2003《无创DNA检查及女性的自我决定：接受无创DNA检查的女性的独白》，根村直美编《性别视角下的健康与性：健康和性别Ⅱ》明石书店

杉立义一 2002《生育的历史》集英社

杉山四五郎 1914《卫生事务相关注意事项》，内务省地方局编纂《第七届地方改良演讲集》（《复刻 第七届地方改良演讲集》1987 年芳文阁复刻）

杉山次子、堀江优子 1996《追求自然的分娩：从生育的角度看日本拉马兹分娩法小史》劲草书房

铃木木美 1928《妇女应掌握的分娩知识》，《家之光》4 期 1 月刊

铃木由利子 2002《被选择的生命："待养的孩子"与"无意被抚养的孩子"》，《日本民俗学》224 期

铃木由利子 2006《堕胎、杀婴及婴儿的性命》，太田素子、森谦二编《"生命"和家族：生殖技术和家族Ⅰ》（系列比较家族 第Ⅲ期 四）早稻田大学出版部

铃木由利子 2011《由居家分娩向医院分娩的转变：会阴保护和会阴切开》，《女性和经验》36 期

铃木由利子 2013《从孩子的出生看"被选择的生命"》，国立历史民俗博物馆、山田慎也编《近代化中的出生与死亡》岩田书院

本杰明·斯波克（生活手帖团队译）1968《斯波克博士的育儿书》生活手帖社

世界卫生组织（户田律子译）1997《WHO59 条 生育护理 实践指导》社团法人山乡渔村文化协会

贾雷德·戴蒙德（仓骨彰译）2013《昨日之前的世界：文明的起源与人类的未来（上）》日本经济新闻出版社

大日本产婆会 1939《大日本产婆会 第十二届全体大会举办议程》，长谷川文编

《大日本产婆会 第十二届全体大会议程手册》福冈县产婆会

大日本产婆会 1943《第十六届大日本产婆会总会决议》，谷口弥三郎编《大日本产
　　婆会 第一届补习演讲会 会议记录》大日本产婆会地方事务所

大日本产婆会 1943a《大日本产婆会举办地与理事长名单》，谷口弥三郎编《大日
　　本产婆会 第一届补习演讲会 会议记录》大日本产婆会地方事务所

大日本防空协会奈良县支部 1942《战局防空必携》

大日本母子爱育会爱育研究所、防卫总司令部 1944《特集 战时育儿生活：保护婴
　　幼儿免受空袭伤害》，《主妇之友》8 月刊

高冈裕之 2009《“医生的近代化”与地域分布：探究“医疗环境的社会史”》，《历
　　史科学》199 期

高木千代 1968《新生儿初浴燃料之困（忙碌的产婆）》，《生活手帖（特集 战时生
　　活记录）》96 期

高田十郎 1943《随笔山村记》桑名文星堂

高桥善丸 1998《药品涂鸦》光琳社出版

竹内繁喜 1962《亲眼目睹的新型分娩方式：美式无痛分娩》，《安产本——孕、产
　　妇和新生儿》(《主妇之友》2 月刊附录）

武知京三 1995《近代日本与大和售药：从售药到家庭配置药》税务经理协会

竹村乔、南野知惠子 1969《助产妇的现在与未来》，《妇产科实况》18 期 12 月刊

竹村庆治 1957《备孕调节（一）（二）（完）》，《十津川》34、35、36 期，十津川
　　村公所

谷川健一、西山弥生 1981《产屋民俗：若狭湾产屋访谈录》国书刊行会

谷口弥三郎 1943《开幕辞》，谷口弥三郎编《大日本产婆会 第一届补习演讲会 会
　　议记录》大日本产婆会地方事务所

谷口弥三郎 1950《对个体助产妇姐妹们的厚望》，《保健与助产》3 期 4 月刊

田间泰子 2006《“近代家族”与身体政治》世界思想社

田间泰子 2009《生育的标准化与助产士：从比较社会研究的视角》，《女性学研
　　究》16 期

玉井真理子 2011《分娩中的先进医疗与生命伦理》，《都市问题》102 期 12 月刊

玉井真理子 2013《解读无创 DNA 产前检查》（2013 年 5 月 29 日，摘自奈良女子
　　大学口头报告时的讲义资料，引用已经取得演讲者的许可）

千坂泰 2011《灾区的围产期医疗发生了什么：负责最前线的围产期医疗》，《日本
　　围产期、新生儿医学会杂志》47 期 4 月刊

千叶德尔、大津忠男 1983《疏苗与水子：育儿民俗学》山乡渔村文化协会

柘植亚澄、菅野摄子、石黑真理 2009《怀孕：谈谈你怀孕和产前检查的经验》洛北出版

寺田秀男 1943《致辞》，谷口弥三郎编《大日本产婆会 第一届补习演讲会 会议记录》大日本产婆会地方事务所

芭芭拉·杜登 1985《对身体的历史解读：以"健康"为名的意识形态批判》，《思想》736 期

芭芭拉·杜登 1987《大众文化中的女性：从"身体"中获得的历史真相（寻找生存所需的文化 2）》，《新日本文学》42 期 5、6 月刊

芭芭拉·杜登（田村云供译）1993《对胎儿的凝视：解读生命的意识形态》阿哞社

东京市政调查会 1928《城市孕产妇保护工作"相关调查"》［近现代资料刊行会 1995《东京市、府社会调查报告书［大正十一年—昭和十八年］》（日本近代都市社会调查收集资料 1）］SBB 出版会

内务省编纂 1921《儿童的卫生》同文馆

长井博（青木爱子述）1983《传说：记录传统的智慧》树心社

中川正左 1932《关于作者西田正俊》，西田正俊编纂《十津川乡》奈良县吉野郡十津川村公所

中川吉晴 1991《致力于生育心理学》，弗雷德里克·勒博耶（中川吉晴译）《无暴力分娩：生育心理学》生命出版社 2001

中根直子 1999《自由分娩》，《围产期护理》1999 年夏季增刊

中根直子 2006《适合产妇的分娩姿势 技巧解说及脱离技巧的思考》，《助产杂志》60 期 1 月刊

中村身加荣 1933《分娩用品及其准备时间》，《怀孕、分娩、妇科病相关咨询 附 安全避孕方式》（《妇人俱乐部》2 月号附录）

中村身加荣 1933a《产婆未能及时赶到时的应急手法》，《怀孕、分娩、妇科病相关咨询 附 安全避孕方式》（《妇人俱乐部》2 月号附录）

中山真纪子 2001《身体相关政策及个人：母子健康中心事业的研究》劲草书房

中山真纪子 2003《公小助产所关闭的原因"从制度角度看助产妇与医生的关系"》，根村直美编《性别视角下的健康与性：健康与性别Ⅱ》明石书店

中山真纪子 2008《针对回避生产风险的相关政策："机构化""医疗化"为我们带来了什么》，川越修、友部谦一编著《生命的风险：20 世纪社会的再生产战略》法政大学出版局

波平惠美子 1984《污秽的构造》青土社

波平惠美子 2007《健康科学与人类学》,《保健科学》49 期 5 月刊

波平惠美子 2009《主题演讲 生产的文化》,安井真奈美编著《生、育与传承:学习过去与跨文化的生产》风响社

波平惠美子 2009(1985)《污秽》讲谈社

奈良县医师协会史编纂委员会编 1982《奈良县医师协会史(下)》奈良县医师协会

奈良县警察史编集委员会编 1977《奈良县警察史 明治、大正篇》奈良县警察本部

奈良女性生活史编纂委员会编 1995《奈良女性生活史 花开》奈良县(奈良县女性中心)

成田龙一 2006《前言》,《日常生活里的总体战》(岩波讲座 亚洲、太平洋战争六)岩波书店

西内正彦 1988 母子保健史刊行委员会编《日本母子保健与森山丰:给予全体母子以保健与医疗的恩惠》日本计划生育协会

西川势津子 1992《生产的智慧:关于女性生活我们应当知道什么》讲谈社

西川麦子 1997《近代产婆物语:以能登地区竹岛实生的讲述为个案》桂书房

西田正俊编纂 1932《十津川乡》奈良县吉野郡十津川村公所

西野俊 1951《山村中的助产妇(第三届全国研究发表会)》,《保健与助产》5 期 7 月刊

野村澄、山田四津 2008《野村澄先生与山田四津先生》,菊池荣监修《日本的助产妇·昭和的工作》REBORN 编辑部

野本宽一 2006《民俗志·女性的一生:母性的力量》文艺春秋

长谷川博子 1993《"医院化"前的生产:依据在熊野的采访调查》,《思想》824 期

长谷川妇美 1939《迎接"圣战"下的大会》,长谷川文编《大日本产婆会 第十二届全体大会议程手册》福冈县产婆会

长谷川真由帆 2004《走向分娩椅之旅:物与身体的历史人类学》岩波书店

早川美奈子 2010《反映时代的助产工具》,《生活用具月报》43 期 2 月刊(通卷506 号)

林健藏 1995《人工流产手术的实行》,奈良女性生活史编纂委员会编《奈良女性生活史 花开》奈良县(奈良县女性中心)

林俊一 1942《农村的母性与婴幼儿》朝日新闻社

原贺泉 2007《泉·河·山的羁绊:"姥怀"》,《MICHARI》NTT 西日本北九州分店

詹妮特·博拉思卡斯(根岸悦子等译)1988《Active Birth》现代书馆

詹妮特·博拉思卡斯（佐藤由美子、菊池荣译）1998《New Active Birth（修订版）》现代书馆

樋口正俊 2006《助产妇雅惠的一生》悠飞社

福岛真人 1995《序文：身体的社会化建构》，福岛真人编《身体建构学：作为社会性学习过程的身体技法》羊书房

藤田真一 1988（1979）《生育革命》朝日新闻社

藤田八千代、植松正子、中岛雅子 1973《助产妇和医疗行为》，《助产妇杂志》27期5月刊

伏见裕子 2010《产屋与医疗：香川县伊吹岛助产妇的个人生活史》，《女性学年报》31期

伏见裕子 2011《二战前期渔村产屋习俗的社会事业化：以香川县"伊吹产院"为中心》，《女性学年报》32期

藤目雪 1999（1997）《性的历史学：由公娼制度、堕胎罪体制走向卖淫防止法、优生保护法体制》（普及版）不二出版

舩桥惠子 1994《分娩这件事：社会学角度的尝试》日本放送出版协会

前田一 1929《从怀孕到平安分娩的"助产妇"》，《职业妇女物语》东洋经济出版部［菅聪子编辑、和田博文监修 2006《性取向》（《收藏：现代都市文化》）YUMANI书房］

松冈悦子 1991《分娩的文化人类学（增订版）》海鸣社

松冈悦子 1993《关于分娩场所及其安全性：依据人口动态统计》，《旭川医科大学纪要》14期

松冈悦子 2007《医院分娩的医疗人类学》，《保健科学》49期5月刊

松冈悦子编 2007《生、不生、不能生：女性的身体与生活方式读本》讲谈社

松冈悦子 2009《产后忧郁与产后抑郁症的文化建构》，波平惠美子编《关于健康、医疗、身体、生殖的医疗人类学的应用学研究》（国立民族学博物馆调查报告85期）

松冈悦子、加纳尚美 2010《关于分娩时的医疗介入与产后忧郁关联性的探讨》，《母性卫生》51期2月刊

松木明知 1990《划过天际的流星：先驱者的医生们的轨迹》医学科学出版社

松崎宪三 2000《东北地区的杀婴图：以"家庭纠纷关系图"为中心》，《民具研究》121期

松田道雄 1960《我是婴儿》岩波新书

松田道雄 1967《育儿百科》岩波书店

松田道雄 1978《日本式育儿法》讲谈社

丸冈秀子 1951《农村生活的设计》社会教育联合会

三浦展 1999《"家族"与"幸福"的战后史：郊外的梦与现实》讲谈社

三木成夫 1983《胎儿的世界：人类的生命记忆》（中公新书 691）

三崎裕子 2008《明治女医的基础资料》，《日本医学史杂志》54 期 3 月刊

三砂千鹤 2004《过去的女性做到了：被遗忘的"蕴藏"于女性身体中的力量》宝
　　岛社

三砂千鹤 2004a《鬼化的女人们：夺回女性身体的主体性》光文社

三宅顺一郎 1991《大和卖药的近代化》，奈良县药业史编纂审议会编《奈良县药业
　　史通史编》奈良县药业联合会

宫本常一 1969《月小屋与娘宿：生活的记录 9》，《妇女百科》（2001《女性民俗
　　志》岩波书店）

宫本常一 1984（1960）《被遗忘的日本人》岩波书店

Mireille Laget（藤本佳子、佐藤保子译）1994《分娩的社会史：医院尚未出现之
　　时》劲草书房

村上信彦 1983《大正时期的职业女性》DOMESU 出版

村上阳一郎 2002《从生命的角度出发：尖端医疗领域提出的问题》NTT 出版

森山丰 1964《论助产与孕产妇保健指导》，厚生省儿童局监修、社团法人全国母子
　　健康中心联合会编《母子健康中心要览：设立与运营指南》社团法人全国母子
　　健康中心联合会

安井洋一 1941《优生结婚》广文堂

安井真奈美 1999《密克罗尼西亚的生育及产后生活：着眼其演变过程》，吉村典子
　　编《分娩前后的环境：身体、文化、近代医疗》昭和堂

安井真奈美 2006《近代的胞衣：〈奈良县风俗志〉中所见生育习俗的变化》，天理
　　大学文学部编《山边的历史与文化》奈良新闻社

安井真奈美 2007《近代大和的民俗资料〈奈良县风俗志〉：聚焦有关高田十郎的内
　　容》，《比较日本文化研究》11 期

安井真奈美 2007a《接生婆与近代产婆共存的时代：〈奈良县风俗志〉中所见明治
　　后期到大正初期的产婆及女性身体》，《天理大学人间学部综合教育中心纪要》
　　6 期

安井真奈美 2008《激发"分娩力"的助产妇：由居家分娩转变为母子健康中心分
　　娩》，《天理大学人权问题研究室纪要》11 期

安井真奈美、青柳裕子、石井希代子、奥田朱美、东田百合子 2009《对助产士的公开采访》，安井真奈美编著《分娩、抚育、传达：学习过往的分娩及跨文化分娩》风响社

安井真奈美编 2011《分娩、育儿的近代篇章：读〈奈良县风俗志〉》法藏馆

安井真奈美 2011a《庆祝女性分娩的礼仪：帕劳》，松冈悦子、小浜正子编《世界的生育：从礼仪到尖端医疗》勉诚出版

安井真奈美 2012《生育：分娩场所在哪？》，山泰幸、足立重和编著《现代文化的田野调查入门；与日常相遇、关注生活》Mineruba 书房

安彦勘吾 1991《明治维新与大和卖药》，奈良县药业史编纂审议会编《奈良县药业史通史编》奈良县药业联合会

矢田部英正 2011《日本人的坐姿》集英社

柳泽忠 1964《针对母子健康中心的参考设计图》，厚生省儿童局监修、社团法人全国母子健康中心联合会编《母子健康中心要览：设立与运营指南》社团法人全国母子健康中心联合会

柳田国男 1969（1927）《具有产婆含义的方言》，《定本柳田国男集》15，筑摩书房

柳田国男 2001（1929）《医生是否过剩？》，《柳田国男全集》28，筑摩书房

柳田国男、桥浦泰雄 1975《产育习俗语汇》国书刊行会

山内敦子 2012《便秘》，堀内成子编《帮助孕妇进行自我保健！充实助产科门诊患者！培育分娩力的助产护理》（《围产期保健》2012 年新春增刊）

山名香奈美 2011《现代助产习俗 助产所分娩：为何选择助产所？》一艺社

山西美奈子 1979《站在助产妇的立场》，国际妇女年大阪联络会编《生育白皮书：根据对 3 361 人实施的生育问卷调查 致力于母性的社会保障以及婴儿健康出生的权利》国际妇女年大阪联络会

山本贵代 2010《女性与生育：晚育时代下如何生活？》日本经济新闻出版社

汤本敦子 1999《长野县近代产婆制度的确立过程研究》（http://www.arsvi.com/2000/000300ya.htm）

吉冈真子监修《产后白皮书》制作人员 2009《产后白皮书：产后的身心状况实际调查》公益财团法人 Madrc Bonita 产后白皮书项目

吉冈真子监修《产后白皮书 2》制作人员 2011《产后白皮书 2：产后的工作方式》公益财团法人 Madre Bonita

吉冈真子监修《产后白皮书 3》制作人员 2012《产后白皮书 3：谈谈产前产后的友好合作关系》公益财团法人 Madre Bonita

吉村典子 1985《与生育相遇》劲草书房

吉村典子 1992《生子》岩波书店

吉村典子 2008《四国山地上须戒地区的生育民俗史：夫妇协力型生育习俗下的安产》,《国立历史民俗博物馆研究报告》141 期

米山公启 2008《医疗差距的时代》筑摩书房

弗雷德里克·勒博耶（村松博雄译）1976《无暴力分娩：为了婴儿》畅销书系列

弗雷德里克·勒博耶（中川吉晴译）1991《无暴力分娩：生育心理学》生命出版社 2001

让·莱夫，爱丁纳·温格（佐伯胖译、福岛真人注解）1993《情景学习：合法的边缘性参与》产业图书

若桑绿 1995《战争中的女性形象：第二次世界大战下的日本女性动员的视觉宣传》筑摩书房

胁田晴子 2002《日本中世纪被歧视民研究》岩波书店

统计资料

金原元 1952《医院要览 1952 年版》医学书院

金原元 1955《医院要览 1956 年版》医学书院

厚生省医务局总务课编 1972《医院要览 1972 年版》医学书院

厚生省大臣官房统计调查部 1959、1962、1968《医疗设施调查 医生、牙科医生、药剂师调查》(1957、1960、1966) 财团法人厚生统计协会

厚生省大臣官房统计调查部 1968《配有设备的医院数》《配有设备的诊所数》《1966 年 医疗设施调查医生、牙科医生、药剂师调查》财团法人厚生统计协会

厚生省大臣官房统计调查部 1971《1970 年度 医疗设施调查》财团法人厚生统计协会

厚生省大臣官房统计调查部 1974《1972 年 医疗设施调查医院报告》财团法人厚生统计协会

厚生统计协会编 2006《关于少子化问题的统计集》(特别编集号、厚生指标 临时增刊) 53 期 16 号 (839)

厚生劳动省 1996《普通医院数（重复计算）：年份、诊疗科目类别》(第 7 表),《普通诊所、牙科诊所数量（重复计算）：年份、诊疗科目类别》(第 8 表)《平成 8 年 医疗设施调查》上卷（http://www.e-stat.go.jp/SG1/estat/List.do?lid =

000001048435）（2011 年 12 月网站浏览）

厚生劳动省 2010《普通医院数（重复计算）：年份、诊疗科目类别》（第 7 表）《普通诊所、牙科诊所数量（重复计算）：年份、诊疗科目类别》（第 8 表）《平成 8 年 医疗设施（动态）调查、医院报告概况》（http://www.mhlw.gojp/toukei/saikin/hw/iryosd/10/dl/shisetesu.pdf）（2011 年 12 月网站浏览）

厚生劳动省 2011《平成二十三年 医疗设施（静态、动态）调查》上卷（http://www.e-stat.gojp/SG 1/estat/List.do?lid=000001102728）（2012 年 6 月网站浏览）

厚生劳动省大臣官房统计情报部人口动态、保健社会统计课保健统计室 2011《从出生顺序差别看不同年份中的不同年龄层母亲生育数》（出生第四—17 表）《2011 年 人口动态调查》上卷（http://www.mhlw.go.jp/toukei/saikin/hw/jinkou/kakuteil1/）

财团法人母子卫生研究会编 2012《母子保健主要统计》母子保健事业团

内务省卫生局 各年《卫生局年报》（《〈明治时期〉卫生局年报》1992 年《〈大正时期〉卫生局年报》1994 年由东洋书林复刻）

奈良县资料

生驹郡役所 1913《产婆及护士培训规则》（1903 年 3 月 27 日，县令第 18 号），《卫生惯例》生驹郡役所文书（奈良县立图书情报馆藏）

生驹郡役所 1913a《产婆及护士培训规则》（1906 年 2 月 15 日，郡告示第 7 号），《卫生惯例》生驹郡役所文书（奈良县立图书情报馆藏）

北葛城郡役所 1916《1916 年度 学事年报》北葛城郡役所文书（奈良县立图书情报馆藏）

十津川村公所 1955（5 月 1 日）《村办诊所开业指导》，《十津川》9 期

十津川村公所 1955a（8 月 1 日）《妇产科定期诊疗开始》，《十津川》12 期

十津川村公所 1955b（9 月 1 日）《妇产科定期诊疗日期更改的通知》，《十津川》13 期

十津川村公所 1956（1 月 1 日）《关于助产妇的设立》，《十津川》17 期

十津川村公所 2010《2009 年 十津川村统计资料编》十津川村公所

十津川村公所 2010a《嘿！欢迎来到十津川 十津川村况要览》十津川村公所

十津川村公所 2011《2010 年度 村政报告书》奈良县吉野郡十津川村

十津川村公所 2012《十津川村洪水记录：2011 年 12 号台风"纪伊半岛洪灾"》

十津川村公所总务课 2010《年表 十津川 120 年（第 4 版）》十津川村

奈良县《奈良县报》275、511、523、525 期、号外

奈良县卫生部 各年《卫生统计年报》奈良县卫生部

奈良县教务课 1875《奈良县范围内的医生管理规则》(《官省指令并转呈地方决议
案 奈良县教务处》) 奈良县厅文书（奈良县立图书情报馆藏）

奈良县厚生劳动部 1963《卫生统计年报》奈良县厚生劳动部

奈良县厚生劳动部公共卫生课 各年《奈良县公共卫生年报》奈良县厚生劳动部公
共卫生课

奈良县统计课 各年《奈良县统计书》（奈良县官网 http://www.pref.nara.jp/dd.aspx?
menuid=26737）

奈良新闻社 1959《奈良县年鉴（1960 年卷）》奈良新闻社

山中永之佑编 1993《堺县法令集二》（羽曳野资料丛书六）羽曳野市

山中永之佑编 1995《堺县法令集四》（羽曳野资料丛书八）羽曳野市

山边郡役所 1898 年修订《医生产婆牙科针灸术整骨术药种商制药者总账（1898 年
5 月修订）》奈良县行政文书（奈良县立图书情报馆藏）

第二章中引用的《奈良县风俗志》一览

生驹郡《伏见村风俗志》《都迹村风俗志》/《〈奈良市〉风俗志》/ 添上郡《大安寺
村风俗志》《狭川村风俗志》/ 北葛城郡《高田町磐园村陵西村浮穴村风俗志》/
山边郡《丹波市町风俗志》《丰原村风俗志》/ 矶城郡《耳成村大福村香久山村
风俗志调查书》《樱井町城岛村安倍村多武峰村风俗志》/ 宇陀郡《三本松村风
俗志》/ 吉野郡《上龙门村风俗志》《下市町风俗志》《国樔村风俗志》《小川村
风俗志》《贺名生村风俗志记载事项调》《黑泷村风俗志资料》《大塔村风俗志
编纂资料》

英文参考论文

Davis-Floyd, Robbie E. and Carolyn F. Sargent, edt. 1997 *Childbirth and Authoritative Knowledge: Cross-Cultural Perspectives*. Berkeley, Los Angeles, London: University of California Press

Kozhimannil, Katy Backes, and Rachel R.Hardeman, Laura B. Attanasio, Cori Blauer-Peterson, Michelle O'Brien 2013 "Doula Care, Birth Outcomes, and Costs Among Medicaid Beneficiaries". *American Journal of Public Health* vol.103 No.4: 113-121.

Marland, Hilary and Anne Marie Rafferty 1997 *Midwives, society, and childbirth: debates and controversies in the modern period.* Routledge

Mouvement francais pour le planning familial 2006 *Liberté, sexualités, féminisme: 50 ans de combat du Planning pour les droits desfemmes.* Paris: La Découverte

Shorter, Edward 1982 *A history of women's bodies.* Basic Books, NewYork

Smeenk, Anke D. J. and Henk A. M. J. ten Have 2003 "Medicalization and obstetric care: An analysis of developments in Dutch midwifery". *Medicine, Health Care and Philosophy* 6: 153−165.

Zola, Irving K.1972 "Medicine as an Institution of Social Control". *The Sociological Review* Vol. 20, Issue 4: 487−504.

* 本书完稿后，木村尚子著《围绕生育与生殖的斗争：产婆、助产妇群体及产科医生的 100 年》（大月书店 2013）出版，关于其研究成果在本书中并未涉及，敬请知悉。